한국
보훈복지
의료공단

필기전형

한국보훈복지의료공단

필기전형

초판 발행	2022년 5월 25일
개정판 발행	2023년 1월 27일

편 저 자 | 취업적성연구소

발 행 처 | ㈜서원각

등록번호 | 1999-1A-107호

주   소 | 경기도 고양시 일산서구 덕산로 88-45(가좌동)

교재주문 | 031-923-2051

팩   스 | 031-923-3815

교재문의 | 카카오톡 플러스 친구[서원각]

영상문의 | 070-4233-2505

홈페이지 | www.goseowon.com

한국보훈복지의료공단은 국가를 위해 희생하고 헌신하신 국가유공자분들의 진료와 재활 및 복지업무를 담당하는 공공기관이다. 보훈병원, 보훈요양원, 보훈교육연구원, 보훈원, 보훈재활체육센터, 보훈휴양원 등의 사업을 통해 최상의 의료·복지서비스를 제공하고 있다. 또한 보훈과 국민 건강복지 최일선 현장에서 행복한 섬김을 실천하고 있다. 한국보훈복지의료공단의 임직원은 국가유공자분들에게 보다 수준 높게 국가정책적 차원에서 진료·복지·재활 등이 이어지도록 노력해야 하며, 건강하고 행복한 삶을 위해 공공의료·복지를 선도하는 파트너가 되어야 한다.

한국보훈복지의료공단에서도 업무에 필요한 역량 및 책임감과 적응력 등을 구비한 인재를 선발하기 위하여 고유의 직업기초능력평가를 치르고 있다. 본서는 한국보훈복지의료공단 채용대비를 위한 필독서로 한국보훈복지의료공단 필기시험의 출제경향을 철저히 분석하여 응시자들이 보다 쉽게 시험유형을 파악하고 효율적으로 대비할 수 있도록 구성하였다.

신념을 가지고 도전하는 사람은 반드시 그 꿈을 이룰 수 있습니다. 처음에 품은 신념과 열정이 취업 성공의 그 날까지 빛바래지 않도록 서원각이 수험생 여러분을 응원합니다.

STRUCTURE

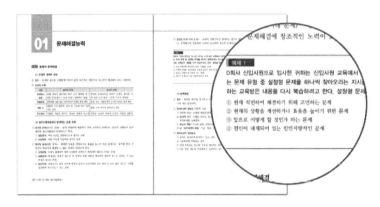

직업기초능력평가

기초적인 이론을 체계적으로 정리하고, 영역별로 출제가 예상되는 문제를 다수 수록하여 확실한 학습 효과를 얻을 수 있습니다.

한국사

주요 핵심이론을 깔끔하게 정리하고, 과년도 기출을 복원한 문제와 함께 다양한 유형의 문제를 수록하여 학습의 효율을 확실하게 높였습니다.

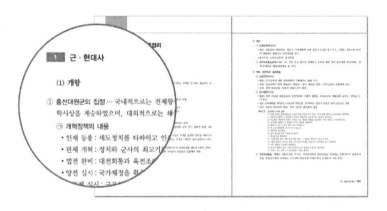

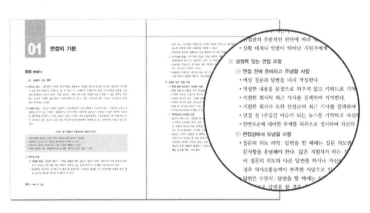

인성검사 및 면접

인성검사의 개요와 실전 인성검사로 인성검사에 대비 할 수 있습니다. 또한 취업의 성공을 위한 면접의 기본과 면접기출을 수록하여 취업의 마무리까지 깔끔하게 책임집니다.

CONTENTS

PART 01

공단 소개 및 채용안내

한국보훈복지의료공단 소개

1 공단 소개 및 설립 배경

(1) 소개

한국보훈복지의료공단은 국가를 위해 희생하고 헌신하신 국가유공자와 보훈 가족의 진료와 중상이자에 대한 의학적 · 정신적 재활 및 직업재활을 통해 사립정착을 도모하고, 복지 증진에 기여하고자 1981년 11월 설립된 국가보훈처 산하 공공기관이다.

(2) 설립 배경

① 국가와 민족을 위해 공헌하신 독립유공자를 비롯한 국가유공자, 그리고 세계평화와 자유수호를 위해 참전한 분들의 진료와, 중상이자에 대한 재활 및 복지증진은 국가발전과 더불어 국가 정책적 차원에서 보다 다양하고 수준 높게 이어져야 한다.

② 이러한 사업수행을 위해 1981년 11월 2일 '한국원호복지공단법'의 제정 · 시행으로 그동안 각기 업무를 수행해 오던 '국립원호병원', '국립직업재활원', '원호단체후원회' 등을 통합하여 '한국원호복지공단'을 설립하게 되었다.

③ 이후 1985년 1월 1일 '한국보훈복지공단'으로 개칭하였고, 1999년 1월 1일 부터는 보훈교육연구원을 운영하여 국가유공자 및 제대군인들을 대상으로 민족정기 선양교육과 사회적응교육을 수행하고 있으며, 2001년 1월 16일 한국보훈복지의료공단('법률명칭 '한국보훈복지의료공단법'으로 개정)으로 기관 명칭을 변경하여 오늘에 이르고 있다.

2 전략체계도

(1) 미션 및 비전

① 미션 … 보훈가족의 건강과 행복한 삶

② 비전 … 공공의료·복지를 선도하는 최고의 파트너

(2) 핵심가치

존경예우	신뢰헌신	창의혁신	책임소통

(3) 경영목표

의료적정성평가 99점	장기요양 기관평가 100점	경영효율성 지수 S등급	보훈 ESG지수 최우수 등급

(4) 전략방향 및 전략과제

보훈의료 품질 및 공공성 강화	다양성 존중의 복지서비스 구현	경영체질 혁신과 미래성장 선도	ESG 기반 지속가능경영
• 진료전문성 강화로 경쟁력 제고 • 환자중심 의료 전달 서비스 • 대국민 의료서비스망 확충	• 보훈요양서비스 품질강화와 효율성 제고 • 보훈복지 운영체계 선진화 • 수혜자 중심 복지 인프라 구축	• 융합서비스로 보훈의료복지 경쟁력 제고 • 핵심업무 중심 경영개선 및 성과중심 조직문화 구축 • 재무-비재무적 리스크 관리	• 그린경영의 적극이행(E) • 포용기반 행복사회 구현(S) • 소통을 통한 투명경영 실현(G)

3 경영 원칙

(1) 경영공시

① **경영공시제도** … 한국보훈복지의료공단의 중요 경영정보를 국민에게 제공하여 경영의 투명성 확보와 국민의 알권리를 충족하고 대국민서비스의 질을 향상시키고자 실시하는 제도

② **목적** … 보훈공단에 대한 중요정보를 국민에게 제공하여 경영투명성을 확보하고 국민참여 기회를 확대하여 대국민 서비스의 질을 향상코자 공시

③ **관련규정**
　㉠ 공공기관의 운영에 관한 법률 (법 제11조, 제12조)
　㉡ 공공기관의 운영에 관한 법률 시행령 (제15조, 제16조)
　㉢ 공공기관의 혁신에 관한 지침 (제12조~제16조)
　㉣ 공공기관의 통합공시에 관한 기준
　㉤ 한국보훈복지의료공단 경영공시운영지침

(2) 윤리경영

① **윤리경영 브랜드** … 다正경영
　임직원 모두가 업무를 다 바르고 공정하게 수행하겠다는 굳은 의지를 표명한 것으로서, 윤리경영 실천을 다 함께 살펴본다는 의미로 공단 캐릭터와 돋보기를 이미지화하여 만든 보훈공단의 윤리경영 브랜드

② **슬로건** … ALL 바른 마음, 청렴의 시작

(3) 인권경영

① **인권비전** … 인권이 보장되는 행복한 보훈공단
　㉠ 인권이 보장되는 : 모든 가치의 근간으로 경영의 제일 가치임을 표현
　㉡ 행복한 보훈공단 : 미션 '삶의 질' 향상과 연계되는 '행복' 개념 도입

② 정책목표 및 추진과제

정책목표	인권경영체계 구축	보훈서비스 이용자 인권향상	구성원 인권보장	이해관계자 인권보호
추진과제	인권 추진조직 구성	병원 및 복지시설 인권선언	차별과 고용불안 없는 근로환경 조성	사회적 책임 이행지수 최고단계 인증
	인권경영 정책 선언	병원 인권지표 개발 운영	자유로운 노동조합 활동 보장	협력업체 인권보호
	인권경영 제도마련	노인 인권보호 및 학대 예방체계 마련	강제노동 및 아동노동 방지 보장	주민 의료 안전체계 확립
	인권침해 구제절차 확립	서비스 이용시설 안전체계 확립	장애인·비정규직 등 취약계층 권리보장	환자 및 보호자 개인정보 보호
	인권 영향평가 실시	인권침해 모니터링 실시	구성원 산업안전 보장	환경 경영체제 수립

(4) 사회공헌

① 추진방향

ㄱ 공단의 역량(의료·복지)을 활용한 공유가치창출(CSV)

ㄴ 정부 국정과제와 연계 지속적인 지역사회 기여 및 사회공헌활동 활성화

ㄷ 사회적 가치창출을 위한 사회공헌 신규 프로그램 지속 발굴

ㄹ 사회공헌활동의 정부정책 등 환경변화

CSR (기업의 사회적 책임)		CSV (공유가치창출)
기업의 수익창출과 사회공헌활동 별도 (기업이 이미 만들어낸 이익의 일부를 사회에 환원하는 방식)	→	기업의 영업활동 자체가 사회적 가치를 창출하는 동시에 경제적 수익추구 (경제적, 사회적 가치를 동시에 창출하여 기업의 이윤으로 연결)

② 추진체계

ㄱ 환경분석

• 기관의 지역상생 및 사회가치실현 강조

• 코로나19, 취약계층 사회안전망 필요

ㄴ 중점추진 : 공단의 역량(의료·복지)을 활용, 공유가치창출(CSV)로 지역사회 기여

© 비전 및 슬로건

비전	공공의료 · 복지를 선도하는 최고의 파트너
사회공헌 목표	공단 역량 활용, 지역사회 참여 및 상생으로 사회가치 실현
슬로건	행복한 섬김으로 아름다운 세상을

② 전략 및 실행과제, 추진조직

전략	실행과제	추진조직
생명나눔 '의료봉사'	독립유공자 후손 거주국가 및 국내 의료취약계층 의료봉사	의료봉사 전문봉사단 (의료진 구성)
재능나눔 '역량봉사'	공단의 자원 및 직원의 역량을 활용한 나눔활동	전문기술 봉사단 (기술 보유자 구성)
희망나눔 '지역사회봉사'	지역사회 참여 및 지역상생 등 밀착형 나눔활동	행복한 섬김이 봉사단 (18개 기관, 600명)

4 공단 사업

(1) 의료 사업

① 개요

㉠ 국가와 민족을 위하여 희생한 국가유공자와 그 가족에 대한 진료와 재활 서비스를 제공하기 위해 서울, 부산, 광주, 대구, 대전, 인천 6개 지역에 총 3,400여 병상의 보훈병원을 설립하여 공공의료 서비스를 제공하고 있다.

㉡ 양질의 의료서비스를 제공하기 위해 국내 유수의 의료 시설을 갖추고, 보훈의학연구소에서 보훈대상자 특성에 맞는 연구 활동을 시행하는 한편 국가유공자의 신체기능 회복과 재활을 위한 재활센터와 보장구센터, 노인성질환에 대한 전문 의료진의 케어서비스 제공을 위해 보훈요양병원을 운영하고 있다.

② **보훈병원 소개** … 보훈의료전달체계 1, 2, 3차 통합 진료체계 구축

보훈공단은 집에서 가까운 위탁병원에서 1차 진료, 지방보훈병원에서 2차 진료, 전문진료센터를 갖춘 중앙보훈병원에서 3차 진료를 받을 수 있도록 통합적인 보훈의료 전달체계를 확립하고, 각 병원 간 유기적 협력을 통해 환자 중심의 통합 의료 서비스를 제공하여 양질의 진료와 이용 편의성을 동시에 갖추고 있다.

③ 보훈병원 및 위탁병원 진료체계 및 이용대상

㉠ 보훈병원 진료체계 및 이용대상자 : 국가유공자 및 그 유가족 등의 진료는 거주지 관할 보훈병원에서 실시

구분	대상
국비환자	애국지사, 전·공상군경, 4·19혁명부상자, 공상공무원, 6·18자유상이자, 고엽제후유(의)증환자, 특수임무부상자, 5·18민주화운동부상자, 지원공상군경, 지원공상공무원, 재해부상군경, 재해부상공무원 등
감면환자	(본인) 참전유공자, 무공수훈자, 보국수훈자, 4·19혁명공로자, 특수임무공로자, 5·18기타희생자, 창군 및 장기복무 제대군인(10년 이상) (유가족) 배우자 또는 선순위유족 등 관련 법률에 따른 의료지원 대상자
일반환자	국비환자 및 감면환자 외 건강보험, 의료급여환자 등

㉡ 위탁병원 진료체계 및 이용대상자

• 특수질환자 등은 전문병원 진료위탁 의뢰

• 보훈병원과 원거리 거주자의 진료편의 제공을 위해 일반병원을 지정하여 위탁진료 실시

구분	내용
전문위탁 (국비환자)	전문위탁은 국비 진료 대상자 중 전문의 소견과 당해 보훈병원의 의료진, 시설장비 등 진료여건을 고려하여 보훈병원에서 진료가 곤란한 환자에 대하여 전문병원에 위탁 의뢰하여 진료를 받을 수 있도록 하는 제도
지정위탁 (국비환자)	보훈병원이 없거나 보훈병원과 원거리 지역에 거주하는 국가유공자 등이 접근이 용이한 근거리 의료기관에서 보다 편리하게 진료 받을 수 있도록 민간병원을 위탁병원으로 지정 운영하는 제도
응급위탁 (국비환자)	국비 진료 대상자 중 불의의 재해나 그 밖의 위급한 상태에서 즉시 필요한 처치를 하지 아니하면 생명을 보전할 수 없거나 중대한 합병증을 초래할 것으로 판단되는 응급증상이 발생한 경우에는 의료법 제3조에 따른 타 의료기관 응급실을 통하여 진료를 받은 후 그 진료비를 환불 받을 수 있는 제도
감면위탁 (감면환자)	75세 이상 국가유공자 및 강원·제주·도서벽지 등에 거주하는 감면진료 대상자가 민간병원에서 진료 받을 수 있도록 지정하여 운영하는 제도

④ 보장구센터 운영

㉠ 국가유공자 및 일반장애인의 각종 보장구 제작 및 수리

㉡ 중앙보훈병원 산하 보장구센터 및 지방보훈병원 분센터 운영

⑤ 고엽제 검진

㉠ 고엽제 검진 대상자 정의

구분		대상요건
본인	월남전 참전	• 1964년 7월 18일부터 1973년 3월 23일 사이에 월남전에 참전하여 고엽제 살포지역에서 병역법, 군인사업 또는 군무원인사업법에 의한 군인이나 군무원으로서 복무하고 전역·퇴직하신 분 • 정부의 승인을 얻어 전투나 군의 작전에 종군한 기자로서 고엽제 후유의증 환자지원 및 단체설립에 관한 법률 제5조 제1항, 제2항에 해당하는 질병이 있으신 분
	국내전방 복무	1967년 10월 9일부터 1972년 7월 31일 사이에 남방한계선 인접지역에서 병역법, 군인사법 또는 군무원인사법에 의한 군인이나 군무원으로서 복무하거나 고엽제 살포업무에 참가하고 전역·퇴직하신 분으로 동법 제5조 제1항, 제2항에 해당하는 질병이 있으신 분
고엽제 후유증 2세 환자		법 제5조 제1항 각호에 해당하는 질병으로 법 제4조와 제7조에 따라 규정에 의하여 이 법 적용대상자로 결정·등록된 자 및 제8조에 따라 이미 사망한 고엽제 후유의증환자로 인성된 분의 사녀로서 월남전에 참전한 이후 또는 1967년 10월 9일부디 1972년 1월 31일 사이에 남방한계선 인접지역에서 복무하거나 고엽제 사포업무에 참가한 날 이후에 임신되어 출생한 자녀 중 법 제5조 제3항에 해당하는 질병이 있으신 분
유족		월남전에 참전하고 전역되신 분과 남방한계선 인접지역에서 복무하고 전역되신 분등으로서 법 제4조의 규정에 의한 등록 전에 사망한 분으로서 법 제5조 제1항에 해당하는 고엽제후유증으로 인정되어 「국가유공자 등 예우 및 지원에 관한 법률」 제6조의3 제1항에 따른 신체검사에서 상이등급으로 판정된 분의 유족

㉡ 고엽제 검진 절차

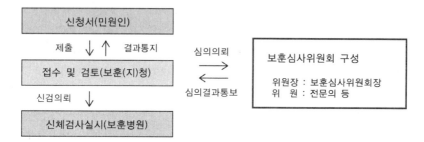

(2) 복지 사업

① 개요 … 국가 유공자 및 그 유·가족 등의 보훈복지 사업 수행

② 사업내용 … 보훈요양원 운영, 보훈원 운영, 보훈복지타운 운영, 보훈휴양원 운영

CHAPTER

02 채용안내

1 인재상

(1) 보훈인

① 국가관과 보훈의식이 투철한 인재

② 국가와 보훈에 대하여 투철한 소명의식을 가지고 국가와 국가유공자를 섬기는 공단인

(2) 봉사인

① 맑은 품성과 사랑으로 봉사하는 화합형 인재

② 국가유공자를 위하여 깨끗하고 맑은 심성을 가지고 정성과 사랑으로 헌신하는 공단인

(3) 화합인

① 믿음과 협력으로 소통하는 화합형 인재

② 공단발전을 위하여 모든 구성원들과 믿음과 협력으로 화합하는 공단인

(4) 전문인

① 의료 복지 서비스의 전문성을 갖춘 인재

② 의료 복지 분야의 전문적 지식을 가지고 끊임없이 학습하는 공단인

2 채용절차

※ 본 안내는 개략적인 내용이므로, 지원 전 반드시 공고문을 확인하시기 바랍니다.

(1) 채용절차 및 채용분야

① 정기공채(사무직) 채용절차

| 서류전형 | → | 필기전형 | → | 인성검사 | → | 면접전형(2회) | → | 임용 |

    ㉠ 서류전형 : 자격/면허

    ㉡ 필기전형 : 직업기초능력평가, 직무수행능력평가

    ㉢ 면접전형 : 토론, 역량면접 등

② 사무직 신규채용 인원의 20%를 고졸자로 채용

③ 본사 혁신도시 이전지역(강원) 인재 일정비율(10~20%) 할당 채용

(2) 채용 절차별 세부사항

① 필기전형 ⋯ 총 100문항 100점

직업기초능력(NCS)	• 40문항 40점 • 문제해결, 대인관계, 조직이해, 의사소통, 자원관리
직무수행능력	• 50문항 50점 • 계열별 시험과목 －법 · 행정 : 법학(25), 행정학(25) －경영 · 경제 · 회계, 세무사 : 경영학(15), 경제학(15), 회계학(20) －보건행정 · 사회복지 : 보건행정학(25), 사회복지학(25) －기록물관리 : 기록물관리학(50) －안전 : 산업안전학(50) －건축 : 건축학(50)
한국사(근현대사)	• 10문항 10점

② AI 역량검사

    ㉠ **검사대상** : 필기시험 합격자

    ㉡ **검사방법** : 문자메시지 및 이메일 발송 등을 통해 AI 역량검사 관련 안내사항(일정, 응시방법, 유의사항 등) 통보

    ㉢ **결과활용** : 면접 시 면접위원 참고자료로 활용

③ 면접전형

    ㉠ **방법** : 대면면접 원칙 / 인성면접＋발표(PT)면접

    ㉡ **평가항목**

      • 인성면접 : 인성 및 자기소개서 기반 직업기초능력 평가

      • 발표면접 : 3개 항목(논리력, 발표력, 직무전문성)별 평가

    ㉢ **평가방법** : 심사기준 평가항목별로 5개 점수 구분하여 절대평가 및 면접위원별 접수 합계 산술평균

PART

02

NCS
직업기초능력평가

CHAPTER 01 문제해결능력

1 문제와 문제해결

(1) 문제의 정의와 분류

① 정의 … 문제란 업무를 수행함에 있어서 답을 요구하는 질문이나 의논하여 해결해야 되는 사항이다.

② 문제의 분류

구분	창의적 문제	분석적 문제
문제제시 방법	현재 문제가 없더라도 보다 나은 방법을 찾기 위한 문제 탐구→문제 자체가 명확하지 않음	현재의 문제점이나 미래의 문제로 예견될 것에 대한 문제 탐구→문제 자체가 명확함
해결방법	창의력에 의한 많은 아이디어의 작성을 통해 해결	분석, 논리, 귀납과 같은 논리적 방법을 통해 해결
해답 수	해답의 수가 많으며, 많은 답 가운데 보다 나은 것을 선택	답의 수가 적으며 한정되어 있음
주요특징	주관적, 직관적, 감각적, 정성적, 개별적, 특수성	객관적, 논리적, 정량적, 이성적, 일반적, 공통성

(2) 업무수행과정에서 발생하는 문제 유형

① 발생형 문제(보이는 문제) … 현재 직면하여 해결하기 위해 고민하는 문제이다. 원인이 내재되어 있기 때문에 원인지향적인 문제라고도 한다.
   ㉠ 일탈문제 : 어떤 기준을 일탈함으로써 생기는 문제
   ㉡ 미달문제 : 어떤 기준에 미달하여 생기는 문제

② 탐색형 문제(찾는 문제) … 현재의 상황을 개선하거나 효율을 높이기 위한 문제이다. 방치할 경우 큰 손실이 따르거나 해결할 수 없는 문제로 나타나게 된다.
   ㉠ 잠재문제 : 문제가 잠재되어 있어 인식하지 못하다가 확대되어 해결이 어려운 문제
   ㉡ 예측문제 : 현재로는 문제가 없으나 현 상태의 진행 상황을 예측하여 찾아야 앞으로 일어날 수 있는 문제가 보이는 문제
   ㉢ 발견문제 : 현재로서는 담당 업무에 문제가 없으나 선진기업의 업무 방법 등 보다 좋은 제도나 기법을 발견하여 개선시킬 수 있는 문제

③ 설정형 문제(미래 문제) … 장래의 경영전략을 생각하는 것으로 앞으로 어떻게 할 것인가 하는 문제이다. 문제해결에 창조적인 노력이 요구되어 창조적 문제라고도 한다.

예제 1

D회사 신입사원으로 입사한 귀하는 신입사원 교육에서 업무수행과정에서 발생하는 문제 유형 중 설정형 문제를 하나씩 찾아오라는 지시를 받았다. 이에 대해 귀하는 교육받은 내용을 다시 복습하려고 한다. 설정형 문제에 해당하는 것은?

① 현재 직면하여 해결하기 위해 고민하는 문제
② 현재의 상황을 개선하거나 효율을 높이기 위한 문제
③ 앞으로 어떻게 할 것인가 하는 문제
④ 원인이 내재되어 있는 원인지향적인 문제

(3) 문제해결

① **정의** … 목표와 현상을 분석하고 이 결과를 토대로 과제를 도출하여 최적의 해결책을 찾아 실행 · 평가해 가는 활동이다.

② **문제해결에 필요한 기본적 사고**

　㉠ **전략적 사고** : 문제와 해결방안이 상위 시스템과 어떻게 연결되어 있는지를 생각한다.

　㉡ **분석적 사고** : 전체를 각각의 요소로 나누어 그 의미를 도출하고 우선순위를 부여하여 구체적인 문제해결방법을 실행한다.

　㉢ **발상의 전환** : 인식의 틀을 전환하여 새로운 관점으로 바라보는 사고를 지향한다.

　㉣ **내 · 외부자원의 활용** : 기술, 재료, 사람 등 필요한 자원을 효과적으로 활용한다.

③ **문제해결의 장애요소**

　㉠ 문제를 철저하게 분석하지 않는 경우

　㉡ 고정관념에 얽매이는 경우

　㉢ 쉽게 떠오르는 단순한 정보에 의지하는 경우

　㉣ 너무 많은 자료를 수집하려고 노력하는 경우

④ 문제해결방법
  ㉠ **소프트 어프로치** : 문제해결을 위해서 직접적인 표현보다는 무언가를 시사하거나 암시를 통하여 의사를 전달하여 문제해결을 도모하고자 한다.
  ㉡ **하드 어프로치** : 상이한 문화적 토양을 가지고 있는 구성원을 가정하고, 서로의 생각을 직설적으로 주장하고 논쟁이나 협상을 통해 서로의 의견을 조정해 가는 방법이다.
  ㉢ **퍼실리테이션(facilitation)** : 촉진을 의미하며 어떤 그룹이나 집단이 의사결정을 잘 하도록 도와주는 일을 의미한다.

2 문제해결능력을 구성하는 하위능력

(1) 사고력

① **창의적 사고** … 개인이 가지고 있는 경험과 지식을 통해 새로운 가치 있는 아이디어를 산출하는 사고 능력이다.
  ㉠ 창의적 사고의 특징
  • 정보와 정보의 조합
  • 사회나 개인에게 새로운 가치 창출
  • 창조적인 가능성

예제 2

M사 홍보팀에서 근무하고 있는 귀하는 입사 5년차로 창의적인 기획안을 제출하기로 유명하다. S부장은 이번 신입사원 교육 때 귀하에게 창의적인 사고란 무엇인지 교육을 맡아달라고 부탁하였다. 창의적인 사고에 대한 귀하의 설명으로 옳지 않은 것은?

① 창의적인 사고는 새롭고 유용한 아이디어를 생산해 내는 정신적인 과정이다.
② 창의적인 사고는 특별한 사람들만이 할 수 있는 대단한 능력이다.
③ 창의적인 사고는 기존의 정보들을 특정한 요구조건에 맞거나 유용하도록 새롭게 조합시킨 것이다.
④ 창의적인 사고는 통상적인 것이 아니라 기발하거나, 신기하며 독창적인 것이다.

출제의도

창의적 사고에 대한 개념을 정확히 파악하고 있는지를 묻는 문항이다.

해 설

흔히 사람들은 창의적인 사고에 대해 특별한 사람들만이 할 수 있는 대단한 능력이라고 생각하지만 그리 대단한 능력이 아니며 이미 알고 있는 경험과 지식을 해체하여 다시 새로운 정보로 결합하여 가치 있는 아이디어를 산출하는 사고라고 할 수 있다.

 ②

ⓛ 발산적 사고 : 창의적 사고를 위해 필요한 것으로 자유연상법, 강제연상법, 비교발상법 등을 통해 개발할 수 있다.

구분	내용
자유연상법	생각나는 대로 자유롭게 발상 ex) 브레인스토밍
강제연상법	각종 힌트에 강제적으로 연결 지어 발상 ex) 체크리스트
비교발상법	주제의 본질과 닮은 것을 힌트로 발상 ex) NM법, Synectics

Point 》 브레인스토밍
- ㉠ 진행방법
  - 주제를 구체적이고 명확하게 정한다.
  - 구성원의 얼굴을 볼 수 있는 좌석 배치와 큰 용지를 준비한다.
  - 구성원들의 다양한 의견을 도출할 수 있는 사람을 리더로 선출한다.
  - 구성원은 다양한 분야의 사람들로 5~8명 정도로 구성한다.
  - 발언은 누구나 자유롭게 할 수 있도록 하며, 모든 발언 내용을 기록한다.
  - 아이디어에 대한 평가는 비판해서는 안 된다.
- ㉡ 4대 원칙
  - 비판엄금(Support) : 평가 단계 이전에 결코 비판이나 판단을 해서는 안 되며 평가는 나중까지 유보한다.
  - 자유분방(Silly) : 무엇이든 자유롭게 말하고 이런 바보 같은 소리를 해서는 안 된다는 등의 생각은 하지 않아야 한다.
  - 질보다 양(Speed) : 질에는 관계없이 가능한 많은 아이디어들을 생성해내도록 격려한다.
  - 결합과 개선(Synergy) : 다른 사람의 아이디어에 자극되어 보다 좋은 생각이 떠오르고, 서로 조합하면 재미있는 아이디어가 될 것 같은 생각이 들면 즉시 조합시킨다.

② 논리적 사고 … 사고의 전개에 있어 전후의 관계가 일치하고 있는가를 살피고 아이디어를 평가하는 사고능력이다.

㉠ 논리적 사고를 위한 5가지 요소 : 생각하는 습관, 상대 논리의 구조화, 구체적인 생각, 타인에 대한 이해, 설득

㉡ 논리적 사고 개발 방법
- 피라미드 구조 : 하위의 사실이나 현상부터 사고하여 상위의 주장을 만들어가는 방법
- so what기법 : '그래서 무엇이지?'하고 자문자답하여 주어진 정보로부터 가치 있는 정보를 이끌어 내는 사고 기법

③ 비판적 사고 … 어떤 주제나 주장에 대해서 적극적으로 분석하고 종합하며 평가하는 능동적인 사고이다.

㉠ 비판적 사고 개발 태도 : 비판적 사고를 개발하기 위해서는 지적 호기심, 객관성, 개방성, 융통성, 지적 회의성, 지적 정직성, 체계성, 지속성, 결단성, 다른 관점에 대한 존중과 같은 태도가 요구된다.

ⓒ 비판적 사고를 위한 태도
- 문제의식 : 비판적인 사고를 위해서 가장 먼저 필요한 것은 바로 문제의식이다. 자신이 지니고 있는 문제와 목적을 확실하고 정확하게 파악하는 것이 비판적인 사고의 시작이다.
- 고정관념 타파 : 지각의 폭을 넓히는 일은 정보에 대한 개방성을 가지고 편견을 갖지 않는 것으로 고정관념을 타파하는 일이 중요하다.

(2) 문제처리능력과 문제해결절차

① **문제처리능력** … 목표와 현상을 분석하고 이를 토대로 문제를 도출하여 최적의 해결책을 찾아 실행 · 평가하는 능력이다.

② **문제해결절차** … 문제 인식 → 문제 도출 → 원인 분석 → 해결안 개발 → 실행 및 평가
- ㉠ **문제 인식** : 문제해결과정 중 'waht'을 결정하는 단계로 환경 분석 → 주요 과제 도출 → 과제 선정의 절차를 통해 수행된다.
  - 3C 분석 : 환경 분석 방법의 하나로 사업환경을 구성하고 있는 요소인 자사(Company), 경쟁사 (Competitor), 고객(Customer)을 분석하는 것이다.

예제 3

L사에서 주력 상품으로 밀고 있는 TV의 판매 이익이 감소하고 있는 상황에서 귀하는 B부장으로부터 3C분석을 통해 해결방안을 강구해 오라는 지시를 받았다. 다음 중 3C에 해당하지 않는 것은?

① Customer
② Company
③ Competitor
④ Content

출제의도

3C의 개념과 구성요소를 정확히 숙지하고 있는지를 측정하는 문항이다.

해 설

3C 분석에서 사업 환경을 구성하고 있는 요소인 자사(Company), 경쟁사(Competitor), 고객을 3C(Customer)라고 한다. 3C 분석에서 고객 분석에서는 '고객은 자사의 상품 · 서비스에 만족하고 있는지'를, 자사 분석에서는 '자사가 세운 달성목표와 현상 간에 차이가 없는지'를 경쟁사 분석에서는 '경쟁기업의 우수한 점과 자사의 현상과 차이가 없는지'에 대한 질문을 통해서 환경을 분석하게 된다.

답 ④

- SWOT 분석 : 기업내부의 강점과 약점, 외부환경의 기회와 위협요인을 분석·평가하여 문제해결 방안을 개발하는 방법이다.

		내부환경요인	
		강점(Strengths)	약점(Weaknesses)
외부환경요인	기회 (Opportunities)	SO 내부강점과 외부기회 요인을 극대화	WO 외부기회를 이용하여 내부약점을 강점으로 전환
	위협 (Threat)	ST 외부위협을 최소화하기 위해 내부강점을 극대화	WT 내부약점과 외부위협을 최소화

ⓛ **문제 도출** : 선정된 문제를 분석하여 해결해야 할 것이 무엇인지를 명확히 하는 단계로, 문제 구조 파악 → 핵심 문제 선정 단계를 거쳐 수행된다.
- Logic Tree : 문제의 원인을 파고들거나 해결책을 구체화할 때 제한된 시간 안에서 넓이와 깊이를 추구하는데 도움이 되는 기술로 주요 과제를 나무모양으로 분해·정리하는 기술이다.

ⓒ **원인 분석** : 문제 도출 후 파악된 핵심 문제에 대한 분석을 통해 근본 원인을 찾는 단계로 Issue 분석 → Data 분석 → 원인 파악의 절차로 진행된다.

ⓔ **해결안 개발** : 원인이 밝혀지면 이를 효과적으로 해결할 수 있는 다양한 해결안을 개발하고 최선의 해결안을 선택하는 것이 필요하다.

ⓜ **실행 및 평가** : 해결안 개발을 통해 만들어진 실행계획을 실제 상황에 적용하는 활동으로 실행계획 수립 → 실행 → Follow-up의 절차로 진행된다.

예제 4

C사는 최근 국내 매출이 지속적으로 하락하고 있어 사내 분위기가 심상치 않다. 이에 대해 Y부장은 이 문제를 극복하고자 문제처리 팀을 구성하여 해결방안을 모색하도록 지시하였다. 문제처리 팀의 문제해결 절차를 올바른 순서로 나열한 것은?

① 문제 인식 → 원인 분석 → 해결안 개발 → 문제 도출 → 실행 및 평가
② 문제 도출 → 문제 인식 → 해결안 개발 → 원인 분석 → 실행 및 평가
③ 문제 인식 → 원인 분석 → 문제 도출 → 해결안 개발 → 실행 및 평가
④ 문제 인식 → 문제 도출 → 원인 분석 → 해결안 개발 → 실행 및 평가

출제의도

실제 업무 상황에서 문제가 일어났을 때 해결 절차를 알고 있는지를 측정하는 문항이다.

해 설

일반적인 문제해결절차는 '문제 인식 → 문제 도출 → 원인 분석 → 해결안 개발 → 실행 및 평가'로 이루어진다.

답 ④

출제예상문제

1 빨간색, 파란색, 노란색 구슬이 각각 한 개씩 있다. 이 세 개의 구슬을 A, B, C 세 사람에게 하나씩 나누어 주고, 세 사람 중 한 사람만 진실을 말하도록 하였더니 구슬을 받고 난 세 사람이 다음과 같이 말하였다.

> A : 나는 파란색 구슬을 가지고 있다.
> B : 나는 파란색 구슬을 가지고 있지 않다.
> C : 나는 노란색 구슬을 가지고 있지 않다.

빨간색, 파란색, 노란색의 구슬을 받은 사람을 차례대로 나열한 것은?

① A, B, C

② A, C, B

③ C, A, B

④ C, B, A

✔ **해설** 1) A가 진실을 말할 때,
　　　A : 파란색 구슬, B : 파란색 구슬, C : 노란색 구슬
　　　이 경우, 빨간색 구슬을 가진 사람이 없어서 모순이다.
　　2) B가 진실을 말할 때,
　　　A : 빨간색 또는 노란색 구슬, B : 빨간색 또는 노란색 구슬, C : 노란색 구슬
　　　이 경우, 파란색 구슬을 가진 사람이 없어서 모순이다.
　　3) C가 진실을 말할 때,
　　　A : 빨간색 또는 노란색 구슬, B : 파란색 구슬, C : 빨간색 또는 파란색 구슬
　　　이로부터, A는 노란색 구슬, B는 파란색 구슬, C는 빨간색 구슬을 가지고 있다.
　　1), 2), 3)에 의하여 빨간색, 파란색, 노란색 구슬을 받은 사람을 차례로 나열하면 C, B, A이다.

2 언어영역 3문항, 수리영역 4문항, 외국어영역 3문항, 사회탐구영역 2문항이 있다. A, B, C, D 네 사람에게 3문항씩 각각 다른 영역의 문항을 서로 중복되지 않게 나누어 풀게 하였다. 다음은 네 사람이 푼 문항을 조사한 결과 일부이다. 항상 옳은 것은?

> • A는 언어영역 1문항을 풀었다.
> • B는 외국어영역 1문항을 풀었다.
> • C는 사회탐구영역 1문항을 풀었다.
> • D는 외국어영역 1문항을 풀었다.

① A가 외국어영역 문항을 풀었다면 D는 언어영역 문항을 풀었다.
② A가 외국어영역 문항을 풀었다면 C는 언어영역 문항을 풀었다.
③ A가 외국어영역 문항을 풀었다면 B는 언어영역 문항을 풀었다.
④ A가 사회탐구영역 문항을 풀었다면 D는 언어영역 문항을 풀지 않았다.

✔ 해설 각각 경우의 표를 만들면

	언어	수리	외국어	사회탐구
A	○	○		
B		○	○	
C		○		○
D		○	○	
계	3	4	3	2

이중 A가 외국어 문제를 풀었다면 B, 또는 D가 사회탐구 문제를 풀었으므로 C는 반드시 언어영역 문제를 풀어야 한다.
만약 A가 사회탐구 문제를 풀었다면 B와 D는 사회탐구 문제를 풀 수 없으므로 반드시 언어영역 문제를 풀어야 하고 C 외국어영역 문제를 풀어야 한다.

3 제시된 조건을 고려하였을 때, 만일 영호와 옥숙을 같은 날 보낼 수 없다면, 목요일에 보내야 하는 남녀 사원은 누구인가?

영업부의 박 부장은 월요일부터 목요일까지 매일 남녀 각 한 명씩 두 사람을 회사 홍보 행사 담당자로 보내야 한다. 영업부에는 현재 남자 사원 4명(길호, 철호, 영호, 치호)과 여자 사원 4명(영숙, 옥숙, 지숙, 미숙)이 근무하고 있으며, 다음과 같은 제약 사항이 있다.

㉠ 매일 다른 사람을 보내야 한다.
㉡ 치호는 철호 이전에 보내야 한다.
㉢ 옥숙은 수요일에 보낼 수 없다.
㉣ 철호와 영숙은 같이 보낼 수 없다.
㉤ 영숙은 지숙과 미숙 이후에 보내야 한다.
㉥ 치호는 영호보다 앞서 보내야 한다.
㉦ 옥숙은 지숙 이후에 보내야 한다.
㉧ 길호는 철호를 보낸 바로 다음 날 보내야 한다.

---

① 길호와 영숙
② 영호와 영숙
③ 치호와 옥숙
④ 길호와 옥숙

✔**해설** 남자사원의 경우 ㉡, ㉥, ㉧에 의해 다음과 같은 두 가지 경우가 가능하다.

	월요일	화요일	수요일	목요일
경우 1	치호	영호	철호	길호
경우 2	치호	철호	길호	영호

[경우 1]
옥숙은 수요일에 보낼 수 없고, 철호와 영숙은 같이 보낼 수 없으므로 옥숙과 영숙은 수요일에 보낼 수 없다. 또한 영숙은 지숙과 미숙 이후에 보내야 하고, 옥숙은 지숙 이후에 보내야 하므로 조건에 따르면 다음과 같다.

	월요일	화요일	수요일	목요일
남	치호	영호	철호	길호
여	지숙	옥숙	미숙	영숙

[경우 2]

		월요일	화요일	수요일	목요일
	남	치호	철호	길호	영호
경우 2-1	여	미숙	지숙	영숙	옥숙
경우 2-2	여	지숙	미숙	영숙	옥숙
경우 2-3	여	지숙	옥숙	미숙	영숙

문제에서 영호와 옥숙을 같이 보낼 수 없다고 했으므로, [경우 1], [경우 2-1], [경우 2-2]는 해당하지 않는다. 따라서 [경우 2-3]에 의해 목요일에 보내야 하는 남녀사원은 영호와 영숙이다.

4 서초고 체육 대회에서 찬수, 민경, 석진, 린 네 명이 달리기를 하였는데 네 사람의 성은 가나다라 순으로 "강", "김", "박", "이"이다. 다음을 보고 성과 이름이 맞게 연결된 것을 고르면?

> • 강 양은 "내가 넘어지지만 않았어도…"라며 아쉬워했다.
> • 석진이는 성이 "이"인 사람보다 빠르지만, 민경이 보다는 늦다.
> • 자기 딸이 1등을 했다고 아버지 "김"씨는 매우 기뻐했다.
> • 찬수는 꼴찌가 아니다.
> • 민경이와 린이만 여자이다.

① 이찬수, 김민경, 박석진, 강린
② 김찬수, 이민경, 강석진, 박린
③ 박찬수, 강민경, 이석진, 김린
④ 강찬수, 김민경, 이석진, 박린

✔해설 민경이와 린이만 여자이고 김 씨와 강 씨는 여자이다.
또 석진이는 박 씨 또는 이 씨 인데, 두 번째 문장에 의해 석진이 성은 박 씨이다. 따라서 찬수의 성은 이 씨이고, 찬수는 꼴찌가 아니다. 석진이는 찬수보다 빠르고 민경이보다 늦었다고 했으므로 1등이 민경이, 2등이 석진이, 3등이 찬수이다. 따라서 1등을 한 민경이의 성이 김 씨이고 린이는 강 씨이다.

5 '가, 나, 다, 라, 마'가 일렬로 서 있다. 아래와 같은 조건을 만족할 때, '가'가 맨 왼쪽에 서 있을 경우, '나'는 몇 번째에 서 있는가?

> • '가'는 '다' 바로 옆에 서있다.　　　• '나'는 '라'와 '마' 사이에 서있다.

① 두 번째　　　　　　　　② 세 번째
③ 네 번째　　　　　　　　④ 다섯 번째

✔해설 문제 지문과 조건으로 보아 '가', '다'의 자리는 정해져 있다.

가	다			

'나'는 '라'와 '마' 사이에 있으므로 다음과 같이 두 가지 경우가 있을 수 있다.

라	나	마	마	나	라

따라서 '가'가 맨 왼쪽에 서 있을 때, '나'는 네 번째에 서 있게 된다.

6 지하철 10호선은 총 6개의 주요 정거장을 경유한다. 주어진 조건이 다음과 같을 경우, C가 4번째 정거장일 때, E 바로 전의 정거장이 될 수 있는 것은?

- 지하철 10호선은 순환한다.
- 주요 정거장을 각각 A, B, C, D, E, F라고 한다.
- E는 3번째 정거장이다.
- B는 6번째 정거장이다.
- D는 F의 바로 전 정거장이다.
- C는 A의 바로 전 정거장이다.

① F
② E
③ D
④ B

✔해설 C가 4번째 정거장이므로 표를 완성하면 다음과 같다.

순서	1	2	3	4	5	6
정거장	D	F	E	C	A	B

따라서 E 바로 전의 정거장은 F이다.

|7~8| 다음은 한국보훈복지의료공단의 복지사업에 대한 내용이다. 물음에 답하시오.

한국보훈복지의료공단은 무의·무탁 노령 국가유공자 및 유족과 미성년 자녀 양로·양육보호를 위해 보훈원을 운영하고 있다.

1. 보훈원 위치
경기도 수원시 장안구 광교산로 97번지

2. 보호대상

구분	양로보호	양육보호
대상	국가유공자 및 유족 중 무의탁, 생계곤란자	국가유공자의 자녀 중 무의탁, 생계곤란자
자격 연령	• 국가유공자 본인(남 60세, 여 55세 이상) • 유족(남 65세, 여 60세 이상)	만 20세까지 보호 (단, 대학생은 졸업 시까지 보호)

3. 시설정원

합계	양로시설					전문요양센터	
	계	3인실	2인실	1인실(원룸형)	1인실(투룸형)	계	4인실
215	187	15	104	56	12	28	28

4. 보호내용
㉠ 의식주, 생필품 제공 및 의료보호, 취미생활, 종교활동 등 지원
㉡ 사망시 국립묘지 및 공단묘지(창훈묘원) 안장
㉢ 대학졸업시까지 교육 보호 및 직장 알선

7 보훈원에서 보호받게 된 정인씨의 다음 정보를 토대로 추정할 수 있는 정인씨의 최소 나이는?

> ㉠ 대상 : 국가유공자의 유족
> ㉡ 자격 : 생계곤란자
> ㉢ 성별 : 여성

① 54세   ② 56세
③ 58세   ④ 60세

✔해설 국가유공자의 유족이고, 생계곤란자이며 여성인 정인씨는 보훈원에서 '양로보호'의 대상이 된다. 따라서 유족의 자격 연령은 여성은 60세 이상이므로 정인씨의 나이는 최소 60세 이상이다.

8 2022년 현재 20세인 영준이는 이번 해에 ○○대학교에 입학하였다. 국가유공자의 자녀 중 생계곤란자인 영준이가 보훈원에서 보호 받게 된다면 몇 세까지 보호받을 수 있는가? (단, 2022년 3월에 학교에 입학하여 4년 후에 졸업하게 된다.)

① 21세   ② 22세
③ 23세   ④ 24세

✔해설 영준이는 양육보호 대상으로 대학 졸업 시까지 보호를 받게 된다. 따라서 영준이는 2026년 2월 졸업 시까지 보호받게 되므로, 24세 2월까지 보호받을 수 있다.

▌9~10 ▌ 다음은 2022년 한국보훈복지의료공단 의료사업 현황이다. 물음에 답하시오.

〈의료사업〉

국가와 민족을 위하여 희생한 국가유공자와 그 가족에 대한 진료와 재활 서비스를 제공하기 위해 서울, 부산, 광주, 대구, 대전, 인천 6개 지역에 총 3,400여 병상의 보훈병원을 설립하여 공공의료 서비스를 제공하고 있습니다.

〈보훈병원 현황〉

〈'21. 2 기준〉

구분	중앙(서울)	부산	광주	대구	대전	인천
대지면적	87,473㎡	66,764㎡	67,997㎡	31,346㎡	40,944㎡	28.548㎡
건물면적 (본관 규모)	133,832㎡	41,374㎡	44,631㎡	37,632㎡	38,541㎡	11,183㎡
장례식장 규모	13실	8실	5실	6실(공사중)	8실	–
병상 수 (3,457)	1,383석	499석	571석	484석	383석	137석
진료과목	31과	21과	24과	22과	20과	15과
소재지	강동구 진황도로 61길 53번지	사상구 백양대로 420	광산구 첨단 월봉로 99	달서구 월곡로 60	대덕구 대청로 82번길 147	미추홀구 인주대로 138
진료권	서울, 경기, 강원	부산, 경남, 제주, 울산	광주, 전남북	대구, 경북	대전, 충남북, 세종	인천, 경기서북구

9 공단은 다음 조건에 따라 선정된 지역의 보훈병원을 증축할 계획을 가지고 있다. 다음 중 선정되는 지역으로 적절한 것은?

〈선정 조건〉

㉠ 대지면적 : 50,000m² 이하

㉡ 건물면적 : 50,000m² 이하

㉢ 장례식장 규모 : 5실 이하

㉣ 병상 수 : 500개 이하

※ 선택지가 여러 개인 경우 진료과목이 가장 적은 곳을 선택한다.

---

① 대구   ② 광주

③ 인천   ④ 대전

> ✔해설 ㉠ 대지면적이 50,000m² 이하인 곳 : 대구, 대전, 인천
> ㉡ 건물면적이 50,000m² 이하인 곳 : 부산, 광주, 대구, 대전, 인천
> ㉢ 장례식장 규모가 5실 이하인 곳 : 광주, 인천
> ㉣ 병상 수가 500개 이하인 곳 : 부산, 대구, 대전, 인천
> 모든 조건에 해당하는 곳은 인천이다.

10 제시된 보훈병원 중 한 곳은 건물면적을 1.2배 확장하면 53,557.2㎡가 되고, 이 보훈병원의 병상 수는 건물면적이 100㎡ 증가할 때 마다 1석이 증가된다고 한다. 건물면적을 1.2배 확장했을 때, 늘어난 병상 수는? (단, 소수점 아래는 버림한다.)

① 89석   ② 90석

③ 91석   ④ 92석

> ✔해설 ㉠ 건물면적이 53,557.2÷1.2＝44,631m²인 지역은 광주이다.
> ㉡ 기존의 광주 보훈병원의 건물면적이 44,631m²이고, 확장된 건물면적이 53,557.2m²이므로 증가된 면적은 8,926.2m²이다.
> ㉢ 증가된 병상 수는 8,926.2÷100≒89(석)이다.

11 한국보훈지의료공단에서 근무하는 A는 도시락으로 매일 콩나물, 상추, 버섯 중 한 가지를 싸온다고 한다. 다음 조건을 참고하여 옳은 것을 모두 고르시오.

5월						
日	月	火	水	木	金	土
			1	2	3	4
5	6	7	8	9	10	11
12	13	14	15	16	17	18
19	20	21	22	23	24	25
26	27	28	29	30	31	

- 동일한 채소를 연속해서 이틀 이상 먹을 수 없다.
- 매주 화요일은 콩나물을 먹을 수 없다.
- 17일은 상추를 먹어야 한다.
- 하루에 한 종류의 채소만 먹어야 한다.

㉠ 한 달 동안 먹을 수 있는 상추는 최대 15번이다.
㉡ 한 달 동안 먹을 수 있는 콩나물은 최대 14번이다.
㉢ 6일에 상추를 먹었다는 조건이 추가된다면 한 달 동안 콩나물, 상추, 버섯을 한 번 이상씩 먹는다.

① ㉠

② ㉡

③ ㉡, ㉢

④ ㉠, ㉢

✔ 해설 ㉠ 17일에 상추를 먹어야한다고 했고, 이틀 연속으로 동일한 채소를 먹을 수 없으므로 홀수일에 상추를 먹고 짝수일에 버섯이나 콩나물을 먹으면 되므로 상추를 최대로 먹을 수 있는 횟수는 16번이다.
㉡ 매주 화요일에 콩나물을 먹을 수 없다고 했으므로 6일 월요일에는 콩나물을 먹는다고 가정하면 2, 4, 8, 10, 12, 15, 18, 20, 22, 24, 26, 29, 31일에 먹으면 되므로 14번이다.
㉢ 6일에 상추를 먹어야 하므로 2, 4, 6, 8, 10, 12, 14일까지 먹으면 17일에 상추를 먹어야하므로 15일과 16일은 다른 채소를 먹어야 한다. 15, 16일에 콩나물이나 버섯을 먹으면 되므로 한 달 동안 모두 한 번 이상을 먹게 된다.

12 한국보훈복지의료공단에 다니는 甲은 학술지에 실린 국가별 보훈복지의료율 관련 자료가 훼손된 것을 발견하였다. ㉠~㉆까지가 명확하지 않은 상황에서 〈보기〉의 내용만을 가지고 그 내용을 추론한다고 할 때, 바르게 나열된 것은?

㉠	㉡	㉢	㉣	㉤	㉥	㉆	평균
68%	47%	46%	37%	28%	27%	25%	39.7%

〈보기〉

㉮ 스웨덴, 미국, 한국은 평균보다 높은 보훈복지의료율을 보인다.

㉯ 보훈복지의료율이 가장 높은 국가의 절반에 못 미치는 보훈복지의료율을 보인 나라는 칠레, 멕시코, 독일이다.

㉰ 한국과 멕시코의 보훈복지의료율의 합은 스웨덴과 칠레의 보훈복지의료율의 합보다 20%p 많다.

㉱ 일본보다 보훈복지의료율이 높은 국가의 수와 낮은 국가의 수는 동일하다.

① 미국 – 한국 – 스웨덴 – 일본 – 멕시코 – 독일 – 칠레

② 스웨덴 – 미국 – 한국 – 일본 – 칠레 – 멕시코 – 독일

③ 한국 – 미국 – 스웨덴 – 일본 – 독일 – 칠레 – 멕시코

④ 한국 – 스웨덴 – 미국 – 일본 – 독일 – 멕시코 – 칠레

✔ 해설
- ㉱를 통해 일본은 ㉠~㉆의 일곱 국가 중 4번째인 ㉣에 위치한다는 것을 알 수 있다.
- ㉮와 ㉯를 근거로 ㉠~㉢은 스웨덴, 미국, 한국이, ㉤~㉆은 칠레, 멕시코, 독일이 해당된다는 것을 알 수 있다.
- ㉰에서 20%p의 차이가 날 수 있으려면, 한국은 ㉠이 되어야 한다. ㉠이 한국이라고 할 때, 일본을 제외한 ㉡, ㉢, ㉤, ㉥, ㉆ 국가의 조합으로 20%p의 차이가 나는 조합을 찾으면, (68 + 25)와 (46 + 27) 뿐이다. 따라서 ㉢은 스웨덴, ㉥은 칠레, ㉆은 멕시코임을 알 수 있다.
- ㉮와 ㉯에 의하여 남은 ㉡은 미국, ㉤은 독일이 된다.

▌13~14 ▐ 다음은 ○○공단에서 실시하고 있는 탄력근무제에 대한 사내 규정의 일부이다. 다음을 읽고 이어지는 물음에 답하시오.

제17조(탄력근무 유형 등)
① 탄력근무의 유형은 시차출퇴근제와 시간선택제로 구분한다.
② 시차출퇴근제는 근무시간을 기준으로 다음 각 호와 같이 구분한다. 이 경우 시차출퇴근 C형은 12세 이하이거나 초등학교에 재학 중인 자녀를 양육하는 직원만 사용할 수 있다.
   1. 시차출퇴근 A형 : 8:00~17:00
   2. 시차출퇴근 B형 : 10:00~19:00
   3. 시차출퇴근 C형 : 9:30~18:30
③ 시간선택제는 다음 각 호의 어느 하나에 해당하는 직원이 근무시간을 1시간부터 3시간까지 단축하는 근무형태로서 그 근무유형 및 근무시간은 별도로 정한 바와 같다.
   1. 「임금피크제 운영규정」 제4조에 따라 임금피크제의 적용을 받는 직원
   2. 「인사규정 시행규칙」 제34조의2 제1항 제1호 또는 제2호에 해당되는 근무 직원
   3. 일·가정 양립, 자기계발 등 업무 내·외적으로 조화로운 직장생활을 위하여 월 2회의 범위 안에서 조기퇴근을 하려는 직원

제18조(시간선택제 근무시간 정산)
① 시간선택제 근무 직원은 그 단축 근무로 통상근무에 비해 부족해진 근무시간을 시간선택제 근무를 실시한 날이 속하는 달이 끝나기 전까지 정산하여야 한다.
② 제1항에 따른 정산은 다음 각 호에 따른 방법으로 실시한다. 이 경우 정산근무시간은 10분 단위로 인정한다.
   1. 조기퇴근을 제외한 시간선택제 근무시간 정산 : 해당 시간선택제 근무로 근무시간이 단축되는 날을 포함하여 08:00부터 09:00까지 또는 18:00부터 21:00까지 사이에 근무
   2. 조기퇴근 근무시간 정산 : 다음 각 목의 방법으로 실시. 이 경우 사전에 미리 근무시간 정산을 할 것을 신청하여야 한다.
      가. 근무시작시간 전에 정산하는 경우 : 각 근무유형별 근무시작시간 전까지 근무
      나. 근무시간 이후에 정산하는 경우 : 각 근무유형별 근무종료시간부터 22:00까지 근무
③ 시간선택제 근무 직원은 휴가·교육 등으로 제1항에 따른 정산을 실시하지 못함에 따른 임금손실을 방지하기 위하여 사전에 정산근무를 실시하는 등 적정한 조치를 하여야 한다.

제19조(신청 및 승인)

① 탄력근무를 하려는 직원은 그 근무시작 예정일의 5일 전까지 별지 제4호 서식의 탄력근무 신청서를 그 소속 부서의 장에게 제출하여야 한다.

② 제20조 제2항에 따라 탄력근무가 직권해지된 날부터 6개월이 지나지 아니한 경우에는 탄력근무를 신청할 수 없다.

③ 다음 각 호의 직원은 제17조 제3항 제3호의 조기퇴근을 신청할 수 없다.

　　1. 임신부

　　2. 제17조 제3항 제1호 및 제2호에 해당하여 시간선택제를 이용하고 있는 직원

　　3. 제8조 및 제9조의 단시간근무자

　　4. 육아 및 모성보호 시간 이용 직원

④ 부서의 장은 제1항에 따라 신청서를 제출받으면 다음 각 호의 어느 하나에 해당하는 경우 외에는 그 신청에 대하여 승인하여야 한다.

　　1. 업무공백 최소화 등 원활한 업무진행을 위하여 승인인원의 조정이 필요한 경우

　　2. 민원인에게 불편을 초래하는 등 정상적인 사업운영이 어렵다고 판단되는 경우

⑤ 탄력근무는 매월 1일을 근무 시작일로 하여 1개월 단위로 승인한다.

⑥ 제17조 제3항 제3호에 따른 조기퇴근의 신청, 취소 및 조기퇴근일의 변경은 별지 제4호의2 서식에 따라 개인이 신청한다. 이 경우 조기퇴근 신청에 관하여 승인권자는 월 2회의 범위에서 승인한다.

13 다음 중 위의 탄력근무제에 대한 올바른 설명이 아닌 것은 어느 것인가?

① 조기퇴근은 매월 2회까지만 실시할 수 있다.

② 시간선택제 근무제를 사용하려는 직원은 신청 전에 정산근무를 먼저 해 둘 수 있다.

③ 규정에 맞는 경우라 하더라도 탄력근무제를 신청하여 승인이 되지 않을 수도 있다.

④ 시차출퇴근제와 시간선택제의 다른 점 중 하나는 해당 월의 총 근무 시간의 차이이다.

> ✔해설 시차출퇴근제와 시간선택제는 해당 월의 총 근무 시간이 같다. 시간선택제는 1~3시간 단축 근무를 하게 되지만 그로 인해 부족해진 근무 시간은 해당 월이 끝나기 전에 정산하여 근무를 하여야 한다.
> ① 조기퇴근은 매월 2회까지로 규정되어 있다.
> ② 정산근무가 여의치 않을 경우를 대비하여 신청을 계획하고 있을 경우 사전에 미리 정산근무부터 해 둘 수 있다.
> ③ 업무상의 사유와 민원 업무 처리 등의 사유로 승인이 되지 않을 수 있다.

14 탄력근무제를 실시하였거나 실시하려고 계획하는 평가원 직원의 다음과 같은 판단 중, 규정에 어긋나는 것은 어느 것인가?

① 놀이방에 7살짜리 아이를 맡겨 둔 K씨는 시차출퇴근 C형을 신청하려고 한다.

② 7월 2일 조기퇴근을 실시한 H씨는 7월 말일 이전 근무일에 저녁 9시경까지 정산근무를 하려고 한다.

③ 6월 3일에 조기퇴근을 실시하고 한 달 후인 7월 3일에 재차 사용한 M씨는 7월 4일부터 8월 4일까지의 기간 동안 2회의 조기퇴근을 신청하려고 한다.

④ 7월 15일에 탄력근무제를 사용하고자 하는 R씨는 7월 7일에 팀장에게 신청서를 제출하였다.

> ✔ 해설 '탄력근무는 매월 1일을 근무 시작일로 하여 1개월 단위로 승인한다.'고 규정되어 있으므로 M씨의 판단은 적절하다고 할 수 없다.
> ① 12세 이하 자녀를 둔 경우이므로 시차출퇴근 C형 사용이 가능하다.
> ② 조기퇴근의 경우이므로 근무시간 이후 정산을 원할 경우 22:00까지 가능하며 조기퇴근을 실시한 해당 월 이내에 정산을 하려고 하므로 적절한 판단이다.
> ④ 5일 이전에 신청한 경우이므로 적절한 판단이다.

┃15~16┃ 다음 자료를 보고 이어지는 물음에 답하시오.

건폐율이란 대지에 건축물의 그림자가 덮고 있는 비율을 의미한다. 그러나 건폐율로는 건축물의 평면적인 규모를 가늠할 수 있을 뿐 전체 건축물의 면적(연면적)이나 층수 등의 입체적인 규모는 알 수 없다. 건축물의 입체적인 규모를 가늠할 수 있는 것은 용적률이다. 건폐율과 용적률의 최대 허용치는 토지의 용도지역에 따라 다음과 같은 기준이 적용된다.

용도지역구분			건폐율	용적률
도시지역	일반주거지역	제1종	60% 이하	100%~200%
		제2종		150%~250%
		제3종	50% 이하	200%~300%
	준주거지역		70% 이하	200%~500%
	상업지역	중심상업지역	90% 이하	400%~1,500%
		일반상업지역	80% 이하	300%~1,300%
		근린상업지역	70% 이하	200%~900%
		유통상업지역	80% 이하	200%~1,100%

※ 건폐율 = 건축면적 ÷ 대지면적 × 100

※ 용적률 = 지상층 연면적 ÷ 대지면적 × 100

15 A씨는 자신이 소유한 대지에 건물을 지으려고 한다. 대지의 면적이 다음 그림과 같을 때, 허용된 최대 건폐율과 용적률을 적용하여 건물을 짓는다면 건물 한 층의 면적과 층수는 각각 얼마인가? (단, 주차장 및 지하 공간 등은 고려하지 않는다.)

〈A씨 소유 대지의 크기〉

- A씨는 '출입문' 쪽 건물 면의 길이를 18m로 유지하고자 한다.
- A씨의 대지는 제2종 일반주거지역에 속하며, 대지 주변 도로의 폭은 규정된 너비를 확보한 상태라고 가정한다.

① 150m², 4층   ② 180m², 5층

③ 180m², 4층   ④ 150m², 5층

> **✔해설** A씨 소유 대지의 면적은 15 × 20 = 300m²이며, 제2종 일반주거지역이므로 최대 60%의 건폐율과 250%의 용적률이 적용된다. 건물의 한 면 길이가 18m로 주어져 있으므로 나머지 한 면의 길이를 x 라 할 때, 제시된 산식에 의하여 건폐율 60 ≧ (18 × x) ÷ 300 × 100이 되므로 x ≧ 10이다. 따라서 A씨는 최대 18m × 10m의 건축물을 지을 수 있으므로 건축물의 면적은 180m²가 된다.
> 다음으로 지상층 연면적을 y라고 할 때, 용적률 산식에 대입해 보면 250 ≧ y ÷ 300 × 100이므로 y ≧ 750이다. 따라서 750 ÷ 180 = 4.1666…이므로 최대 층수는 4층이 된다.

16 다음 중 A씨가 소유한 대지 내에 지을 수 있는 건축물의 면적과 층수가 아닌 것은 어느 것인가?

① 100m², 7층   ② 140m², 6층

③ 150m², 5층   ④ 170m², 3층

> **✔해설** 건폐율과 용적률의 범위를 벗어나는 건축물의 면적과 층수를 찾으면 된다. 제시된 보기의 면적이 모두 허용 최대 건폐율인 60%(180m²)를 충족하고 있다. 따라서 최대 허용 용적률에 의해 연면적이 750m²를 초과하지 않아야 하므로 보기 ②가 정답이 된다.

❘17~20❘ 다음 사실이 모두 참일 때 결론에 대해 옳은 것을 고르시오.

17

> **사실**
> 나는 오후에 영화관에 가거나 집에 갈 것이다.
> 나는 오후에 집에 가지 않았다.
>
> **결론**
> A : 나는 오전에 영화관에 갔다.
> B : 나는 오후에 영화관에 갔다.

① A만 옳다.　　　　　　　　　② B만 옳다.

③ A와 B 모두 옳다.　　　　　　④ A와 B 모두 그르다.

 해설　오후에 영화관에 가거나 집에 갈 것이고, 집에 가지 않았으므로 오후에 영화관에 갔다(B는 옳다). 하지만 오전에는 어딜 갔는지 알 수 없다.

18

> **사실**
> • 영희, 철수, 진하, 유리, 민수는 5층 건물의 각 층에 살고 있다.
> • 영희와 진하는 홀수 층에 살고 있다.
> • 철수는 영희보다 한층 아래 살고 있다.
> • 유리는 한층만 걸어 올라가면 집이다.
>
> **결론**
> • A : 영희는 3층에 산다.
> • B : 철수는 4층에 산다.

① A만 옳다.　　　　　　　　　② B만 옳다.

③ A와 B 모두 옳다.　　　　　　④ A와 B 모두 그르다.

해설

5층	영희
4층	철수
3층	민수(또는 진하)
2층	유리
1층	진하(또는 민수)

19

사실
- 모든 생물은 죽는다.
- 사람은 생물이다.
- 돌은 생물이 아니다.

결론
- A : 사람은 죽는다.
- B : 돌은 죽지 않는다.

① A만 옳다.   ② B만 옳다.

③ A와 B 모두 옳다.   ④ A와 B 모두 그르다.

✔해설 사람→생물→죽음이므로 A는 옳은 내용이다. 모든 생물은 죽는다는 전제를 반대로 하면 죽지 않는 것은 생물이 아닌 것이다. 따라서 B또한 옳은 내용이다.

20

사실
소희는 책 읽는 것을 좋아한다.
책 읽는 것을 좋아하는 사람은 똑똑하다.
현명한 사람은 똑똑하다.

결론
A : 소희는 똑똑하다.
B : 소희는 현명하다.

① A만 옳다.   ② B만 옳다.

③ A와 B 모두 옳다.   ④ A와 B 모두 그르다.

✔해설 책 읽는 것을 좋아하므로 소희가 똑똑하다는 A는 옳은 설명이지만 B는 옳은지 그른지 알 수 없다.

21 공금횡령사건과 관련해 갑, 을, 병, 정이 참고인으로 소환되었다. 이들 중 갑, 을, 병은 소환에 응하였으나 정은 응하지 않았다. 다음 정보가 모두 참일 때, 귀가 조치된 사람을 모두 고르면?

> • 참고인 네 명 가운데 한 명이 단독으로 공금을 횡령했다.
> • 소환된 갑, 을, 병 가운데 한 명만 진실을 말했다.
> • 갑은 '을이 공금을 횡령했다', 을은 '내가 공금을 횡령했다', 병은 '정이 공금을 횡령했다'라고 진술했다.
> • 위의 세 정보로부터 공금을 횡령하지 않았음이 명백히 파악된 사람은 모두 귀가 조치되었다.

① 병
② 갑, 을
③ 갑, 병
④ 갑, 을, 병

✔해설 ㉠ 갑이 말이 진실일 경우: 갑의 말에 의해 을이 범인이 되지만, 이것은 을의 진술과 모순된다.
ㄴ 을의 말이 진실일 경우: 을의 말에 의해 을이 범인이 되지만, 이것은 갑의 진술과 모순된다.
ㄷ 병의 말이 진실일 경우: 병의 말에 의해 정이 범인이 되고, 갑과 을의 진술과도 모순되지 않는다. 따라서 공금을 횡령한 사람은 정이고 갑, 을, 병은 귀가 조치된다.

22 다음 진술이 참이 되기 위해 꼭 필요한 전제를 〈보기〉에서 고르면?

> 노래를 잘 부르는 사람은 상상력이 풍부하다.

> 〈보기〉
> ㉠ 그림을 잘 그리는 사람은 IQ가 높고, 상상력이 풍부하다.
> ㉡ IQ가 높은 사람은 그림을 잘 그린다.
> ㉢ 키가 작은 사람은 IQ가 높다.
> ㉣ 키가 작은 사람은 상상력이 풍부하지 않다.
> ㉤ 노래를 잘 부르지 못하는 사람은 그림을 잘 그리지 못한다.
> ㉥ 그림을 잘 그리지 못하는 사람은 노래를 잘 부르지 못한다.

① ㉠㉡
② ㉠㉥
③ ㉢㉣
④ ㉣㉥

✔해설 노래를 잘 부르는 사람은 그림을 잘 그린다(㉥의 대우).
그림을 잘 그리는 사람은 상상력이 풍부하다(㉠).
∴ 노래를 잘 부르는 사람은 상상력이 풍부하다.

23 다음의 조건을 통해 네 자리 수를 만들 때, 항상 참인 것은?

> ㉠ 0과 소수는 사용 불가 하다.
> ㉡ 네 개의 숫자는 서로 겹치지 않는다.
> ㉢ 네 개의 숫자는 큰 수부터 차례로 나열한다.
> ㉣ 네 자리 수는 짝수로 시작한다.

① 네 자리 수는 6으로 시작한다.

② 네 자리 수는 3가지가 만들어진다.

③ 네 자리 수는 홀수이다.

④ 네 자리 수는 4를 포함하지 않는다.

✔해설 ㉡ 네 개의 숫자는 서로 겹치지 않는다.
㉠ 0, 2, 3, 5, 7은 사용 불가 (1, 4, 6, 8, 9 사용 가능)
㉣ 숫자는 4, 6, 8로 시작 가능
㉢ 네 자리 숫자가 큰 수부터 차례로 나열되려면 4, 6은 네 자리 수가 될 수 없으므로 사용 불가 (8 사용 가능)
따라서 만들 수 있는 네 자리 수는 8641이다.

24 갑, 을, 병, 정, 무 5명은 각각 1~5월 중 한 번만 휴가를 갔다. 조건이 다음과 같을 때 항상 옳은 것은?

> • 무는 병보다 3달 먼저 휴가를 갔다.
> • 을은 갑보다 먼저 휴가를 갔다.
> • 갑은 을과 정의 휴가 사이에 휴가를 갔다.

① 갑은 3월에 휴가를 갔다.　　　② 병은 5월에 휴가를 갔다.

③ 정은 마지막으로 휴가를 가지 않았다.　　　④ 을은 무보다 먼저 휴가를 갔다.

✔해설

경우의 수	1월	2월	3월	4월	5월
1	무	을	갑	병	정
2	을	무	갑	정	병

25 Z회사에 근무하는 7명의 직원이 교육을 받으려고 한다. 교육실에서 직원들이 앉을 좌석의 조건이 다음 과 같을 때 직원 중 빈 자리 바로 옆 자리에 배정받을 수 있는 사람은?

<교육실 좌석>

첫 줄	A	B	C
중간 줄	D	E	F
마지막 줄	G	H	I

<조건>

- 직원은 강훈, 연정, 동현, 승만, 문성, 봉선, 승일 7명이다.
- 서로 같은 줄에 있는 좌석들끼리만 바로 옆 자리일 수 있다.
- 봉선의 자리는 마지막 줄에 있다.
- 동현이의 자리는 승만이의 바로 옆 자리이며, 또한 빈 자리 바로 옆이다.
- 승만이의 자리는 강훈이의 바로 뒷 자리이다.
- 문성이와 승일이는 같은 줄의 좌석을 배정 받았다.
- 문성이나 승일이는 누구도 강훈이의 바로 옆 자리에 배정받지 않았다.

① 승만　　　　　　　　　　② 문성

③ 연정　　　　　　　　　　④ 봉선

✔해설 주어진 조건을 정리해 보면 마지막 줄에는 봉선, 문성, 승일이가 앉게 되며 중간 줄에는 동현이와 승만 이가 앉게 된다. 그러나 동현이가 승만이 바로 옆 자리이며, 또한 빈자리가 바로 옆이라고 했으므로 승 만이는 빈자리 옆에 앉지 못한다. 첫 줄에는 강훈이와 연정이가 앉게 되고 빈자리가 하나 있다. 따라서 연정이는 빈 자리 옆에 배정 받을 수 있다.

26 다음은 어떤 사람이 A지점에서 B지점을 거쳐 C지점으로 출근을 할 때 각 경로의 거리와 주행속도를 나타낸 것이다. 오전 8시 정각에 A지점을 출발했을 경우에 대한 설명으로 옳은 것은?

구간	경로	주행속도(km/h)		거리(km)
		출근 시간대	기타 시간대	
A→B	경로 1	30	45	30
	경로 2	60	90	
B→C	경로 3	40	60	40
	경로 4	80	120	

※ 출근 시간대는 오전 8~9시까지이며, 그 이외의 시간은 기타 시간대로 간주한다.

① C지점에 가장 빨리 도착하는 시각은 오전 9시 10분이다.

② C지점에 가장 늦게 도착하는 시각은 오전 9시 20분이다.

③ B지점에 가장 빨리 도착하는 시각은 오전 8시 40분이다.

④ 경로 2와 경로 3을 이용하는 경우와, 경로 1과 경로 4를 이용하는 경우 C지점에 도착하는 시간은 동일하다.

✔ 해설 시간 $= \dfrac{\text{거리}}{\text{속도}}$ 공식을 이용하면 다음과 같다.

구간	경로	시간			
		출근 시간대		기타 시간대	
A→B	경로 1	30	1시간	45	40분
	경로 2	60	30분	90	20분
B→C	경로 3	40	1시간	60	40분
	경로 4	80	30분	120	20분

① C지점에 가장 빨리 도착하는 방법은 경로 2와 경로 4를 이용하는 경우이므로, 가장 빨리 도착하는 시각은 오전 9시이다.

② C지점에 가장 늦게 도착하는 방법은 경로 1과 경로 3을 이용하는 경우이므로, 가장 늦게 도착하는 시각은 오전 9시 40분이다.

③ B지점에 가장 빨리 도착하는 방법은 경로 2이므로 그 시간은 오전 8시 30분이 된다.

④ 경로 2와 3을 이용하는 경우와 경로 1과 4를 이용하는 경우 C지점에 도착하는 시각은 1시간 20분으로 동일하다.

27 다음은 배탈의 발생과 그 원인에 대한 설명이다. 배탈의 원인이 생수, 냉면, 생선회 중 하나라고 할 때, 다음의 진술 중 반드시 참인 것은?

> ㉠ 갑은 생수와 냉면 그리고 생선회를 먹었는데 배탈이 났다.
> ㉡ 을은 생수와 생선회를 먹지 않고 냉면만 먹었는데 배탈이 나지 않았다.
> ㉢ 병은 생수와 생선회는 먹었고 냉면은 먹지 않았는데 배탈이 났다.
> ㉣ 정은 생수와 냉면을 먹었고 생선회는 먹지 않았는데 배탈이 나지 않았다.

① ㉡㉣의 경우만 고려할 경우 냉면이 배탈의 원인이다.

② ㉠㉡㉣의 경우만 고려할 경우 냉면이 배탈의 원인이다.

③ ㉠㉢㉣의 경우만 고려할 경우 생수가 배탈의 원인이다.

④ ㉡㉢㉣의 경우만 고려할 경우 생선회가 배탈의 원인이다.

> **✔해설** ① 을과 정만 고려한 경우 배탈이 나지 않은 을은 냉면을 먹었다.
> ② 갑, 을, 정만 고려한 경우 갑은 배탈의 원인이 생수, 냉면, 생선회 중 하나임을 알려주는데 이는 유용한 정보가 될 수 없으며, 냉면은 배탈의 원인이 되지 않음을 알 수 있다.
> ③ 갑, 병, 정만 고려한 경우 배탈이 나지 않은 정은 생수를 먹었다.
> ④ 을, 병, 정만 고려한 경우 배탈이 나지 않은 을과 정은 생선회를 먹지 않았으며, 배탈이 난 병은 생선회를 먹었다. 여기서 생선회가 배탈의 원인임을 짐작할 수 있다.

28 A, B, C, D, E는 비슷한 시기에 태어났다. 태어난 순서가 아래와 같을 때, 다음 중 옳은 것은?

> • A는 B보다 먼저 태어났다.
> • C는 E보다 먼저 태어났다.
> • D보다 늦게 태어난 사람은 1명이다.
> • C는 B보다 늦게 태어났다.

① A는 두 번째로 태어났다.

② B는 두 번째로 태어났다.

③ C는 첫 번째로 태어났다.

④ D는 첫 번째로 태어났다.

> **✔해설** 명제를 종합해보면 A, B, C, D, E 순서로 태어났다.

| 29~30 | 다음 상황과 자료를 보고 물음에 답하시오.

도서출판 서원각에 근무하는 K씨는 고객으로부터 9급 건축직 공무원 추천도서를 요청받았다. K씨는 도서를 추천하기 위해 다음과 같은 9급 건축직 발행도서의 종류와 특성을 참고하였다.

K씨 : 감사합니다. 도서출판 서원각입니다.
고객 : 9급 공무원 건축직 관련 도서 추천을 좀 받고 싶습니다.
K씨 : 네, 어떤 종류의 도서를 원하십니까?
고객 : 저는 기본적으로 이론은 대학에서 전공을 했습니다. 그래서 많은 예상문제를 풀 수 있는 것이 좋습니다.
K씨 : 아. 문제가 많은 것이라면 딱 잘라서 말씀드리기가 어렵습니다.
고객 : 알아요. 그래도 적당히 가격도 그리 높지 않고 예상문제가 많이 들어 있는 것이면 됩니다.
K씨 : 네. 알겠습니다. 많은 예상문제풀이가 가능한 것 외에는 다른 필요한 사항은 없으십니까?
고객 : 가급적이면 20,000원 이하가 좋을 듯 합니다.

도서명	예상문제 문항 수	기출문제 수	이론 유무	가격
실력평가모의고사	400	120	무	18,000
전공문제집	500	160	유	25,000
문제완성	600	40	무	20,000
합격선언	300	200	유	24,000

29 다음 중 K씨가 고객의 요구에 맞는 도서를 추천해 주기 위해 가장 우선적으로 고려해야 하는 특성은 무엇인가?

① 기출문제 수　　　　　　　　　② 이론 유무
③ 가격　　　　　　　　　　　　　④ 예상문제 문항 수

✔해설　고객은 많은 문제를 풀어보기를 원하므로 우선적으로 예상문제의 수가 많은 것을 찾아야 한다.

30 고객의 요구를 종합적으로 반영하였을 때 많은 문제와 가격을 맞춘 가장 적당한 도서는?

① 실력평가모의고사　　　　　　　② 전공문제집
③ 문제완성　　　　　　　　　　　④ 합격선언

✔해설　고객의 요구인 20,000원 가격선과 예상문제의 수가 많은 도서는 문제완성이 된다.

CHAPTER 02 대인관계능력

1 직장생활에서의 대인관계

(1) 대인관계능력

① 의미 : 직장생활에서 협소석인 관계를 유지하고, 조직구성원들에게 도움을 줄 수 있으며, 조직내부 및 외부의 갈등을 원만히 해결하고 고객의 요구를 충족시켜줄 수 있는 능력이다.

② 인간관계를 형성할 때 가장 중요한 것은 자신의 내면이다.

예제 1

인간관계를 형성하는데 있어 가장 중요한 것은?

① 외적 성격 위주의 사고
② 이해득실 위주의 만남
③ 자신의 내면
④ 피상적인 인간관계 기법

출제의도

인간관계형성에 있어서 가장 중요한 요소가 무엇인지 묻는 문제다.

해 설

③ 인간관계를 형성하는데 있어서 가장 중요한 것은 자신의 내면이고 이때 필요한 기술이나 기법 등은 자신의 내면에서 자연스럽게 우러나와야 한다.

답 ③

---

(2) 대인관계 향상 방법

① 감정은행계좌 : 인간관계에서 구축하는 신뢰의 정도

② 감정은행계좌를 적립하기 위한 6가지 주요 예입 수단
   ㉠ 상대방에 대한 이해심
   ㉡ 사소한 일에 대한 관심
   ㉢ 약속의 이행
   ㉣ 기대의 명확화
   ㉤ 언행일치
   ㉥ 진지한 사과

2 대인관계능력을 구성하는 하위능력

(1) 팀워크능력

① 팀워크의 의미

ㄱ 팀워크와 응집력

- 팀워크 : 팀 구성원이 공동의 목적을 달성하기 위해 상호 관계성을 가지고 협력하여 일을 해 나가는 것
- 응집력 : 사람들로 하여금 집단에 머물도록 만들고 그 집단의 멤버로서 계속 남아있기를 원하게 만드는 힘

예제 2

A회사에서는 격주로 사원 소식지 '우리가족'을 발행하고 있다. 이번 호의 특집 테마는 팀워크에 대한 것으로, 좋은 사례를 모으고 있다. 다음 중 팀워크의 사례로 가장 적절하지 않은 것은 무엇인가?

① 팀원들의 개성과 장점을 살려 사내 직원 연극대회에서 대상을 받을 수 있었던 사례
② 팀장의 갑작스러운 부재 상황에서 팀원들이 서로 역할을 분담하고 소통을 긴밀하게 하면서 팀의 당초 목표를 원만하게 달성할 수 있었던 사례
③ 자재 조달의 차질로 인해 납기 준수가 어려웠던 상황을 팀원들이 똘똘 뭉쳐 헌신적으로 일한 결과 주문 받은 물품을 성공적으로 납품할 수 있었던 사례
④ 팀의 분위기가 편안하고 인간적이어서 주기적인 직무순환 시기가 도래해도 다른 부서로 가고 싶어 하지 않는 사례

출제의도

팀워크와 응집력에 대한 문제로 각 용어에 대한 정의를 알고 이를 실제 사례를 통해 구분할 수 있어야 한다.

해 설

④ 응집력에 대한 사례에 해당한다.

답 ④

ㄴ 팀워크의 유형

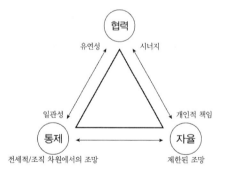

② 효과적인 팀의 특성

ㄱ 팀의 사명과 목표를 명확하게 기술한다.

ㄴ 창조적으로 운영된다.

ㄷ 결과에 초점을 맞춘다.

  ♳ 역할과 책임을 명료화시킨다.

  ♴ 조직화가 잘 되어 있다.

  ♵ 개인의 강점을 활용한다.

  ♶ 리더십 역량을 공유하며 구성원 상호간에 지원을 아끼지 않는다.

  ♷ 팀 풍토를 발전시킨다.

  ♸ 의견의 불일치를 건설적으로 해결한다.

  ♹ 개방적으로 의사소통한다.

  ♺ 객관적인 결정을 내린다.

  ♻ 팀 자체의 효과성을 평가한다.

③ **멤버십의 의미**

  ⊙ 멤버십은 조직의 구성원으로서의 자격과 지위를 갖는 것으로 훌륭한 멤비십은 팔로워십(followership)의 역할을 충실하게 수행하는 것이다.

  ⓛ **멤버십 유형** : 독립적 사고와 적극적 실천에 따른 구분

구분	소외형	순응형	실무형	수동형	주도형
자아상	• 자립적인 사람 • 일부러 반대의견 제시 • 조직의 양심	• 기쁜 마음으로 과업 수행 • 팀플레이를 함 • 리더나 조직을 믿고 헌신함	• 조직의 운영방침에 민감 • 사건을 균형 잡힌 시각으로 봄 • 규정과 규칙에 따라 행동함	• 판단, 사고를 리더에 의존 • 지시가 있어야 행동	• 스스로 생각하고 건설적 비판을 하며 자기 나름의 개성이 있고 혁신적·창조적 • 솔선수범하고 주인의식을 가지며 적극적으로 참여하고 자발적, 기대 이상의 성과를 내려고 노력
동료/ 리더의 시각	• 냉소적 • 부정적 • 고집이 셈	• 아이디어가 없음 • 인기 없는 일은 하지 않음 • 조직을 위해 자신과 가족의 요구를 양보함	• 개인의 이익을 극대화하기 위한 흥정에 능함 • 적당한 열의와 평범한 수완으로 업무 수행	• 하는 일이 없음 • 제 몫을 하지 못 함 • 업무 수행에는 감독이 반드시 필요	
조직에 대한 자신의 느낌	• 자신을 인정 안 해줌 • 적절한 보상이 없음 • 불공정하고 문제가 있음	• 기존 질서를 따르는 것이 중요 • 리더의 의견을 거스르는 것은 어려운 일임 • 획일적인 태도 행동에 익숙함	• 규정준수를 강조 • 명령과 계획의 빈번한 변경 • 리더와 부하 간의 비인간적 풍토	• 조직이 나의 아이디어를 원치 않음 • 노력과 공헌을 해도 아무 소용이 없음 • 리더는 항상 자기 마음대로 함	

④ 팀워크 촉진 방법

    ㉠ 동료 피드백 장려하기

    ㉡ 갈등 해결하기

    ㉢ 창의력 조성을 위해 협력하기

    ㉣ 참여적으로 의사결정하기

(2) 리더십능력

① 리더십의 의미 : 리더십이란 조직의 공통된 목적을 달성하기 위하여 개인이 조직원들에게 영향을 미치는 과정이다.

    ㉠ **리더십 발휘 구도** : 산업 사회에서는 상사가 하급자에게 리더십을 발휘하는 수직적 구조였다면 정보 사회로 오면서 하급자뿐만 아니라 동료나 상사에게까지도 발휘하는 정방위적 구조로 바뀌었다.

    ㉡ 리더와 관리자

리더	관리자
• 새로운 상황 창조자	• 상황에 수동적
• 혁신지향적	• 유지 지향적 둠.
• 내일에 초점을 둠.	• 오늘에 초점을 둠.
• 사람의 마음에 불을 지핀다.	• 사람을 관리한다.
• 사람을 중시	• 체제나 기구를 중시
• 정신적	• 기계적
• 계산된 리스크를 취한다.	• 리스크를 회피한다.
• '무엇을 할까'를 생각한다.	• '어떻게 할까'를 생각한다.

예제 3

리더에 대한 설명으로 옳지 않은 것은?

① 사람을 중시한다.

② 오늘에 초점을 둔다.

③ 혁신지향적이다.

④ 새로운 상황 창조자이다.

출제의도

리더와 관리자에 대한 문제로 각각에 대해 완벽하게 구분할 수 있어야 한다.

해 설

② 리더는 내일에 초점을 둔다.

답 ②

---

② 리더십 유형

    ㉠ **독재자 유형** : 정책의사결정과 대부분의 핵심정보를 그들 스스로에게만 국한하여 소유하고 고수하려는 경향이 있다. 통제 없이 방만한 상태, 가시적인 성과물이 안 보일 때 효과적이다.

ⓒ **민주주의에 근접한 유형** : 그룹에 정보를 잘 전달하려고 노력하고 전체 그룹의 구성원 모두를 목표방향으로 설정에 참여하게 함으로써 구성원들에게 확신을 심어주려고 노력한다. 혁신적이고 탁월한 부하직원들을 거느리고 있을 때 효과적이다.

ⓒ **파트너십 유형** : 리더와 집단 구성원 사이의 구분이 희미하고 리더가 조직에서 한 구성원이 되기도 한다. 소규모 조직에서 경험, 재능을 소유한 조직원이 있을 때 효과적으로 활용할 수 있다.

ⓔ **변혁적 리더십 유형** : 개개인과 팀이 유지해 온 업무수행 상태를 뛰어넘어 전체 조직이나 팀원들에게 변화를 가져오는 원동력이 된다. 조직에 있어 획기적인 변화가 요구될 때 활용할 수 있다.

③ **동기부여 방법**

ⓐ 긍정적 강화법을 활용한다.

ⓑ 새로운 도전의 기회를 부여한다.

ⓒ 창의적인 문제해결법을 찾는다.

ⓓ 책임감으로 철저히 무장한다.

ⓔ 몇 가지 코칭을 한다.

ⓕ 변화를 두려워하지 않는다.

ⓖ 지속적으로 교육한다.

④ **코칭**

ⓐ 코칭은 조직의 지속적인 성장과 성공을 만들어내는 리더의 능력으로 직원들의 능력을 신뢰하며 확신하고 있다는 사실에 기초한다.

ⓑ **코칭의 기본 원칙**

• 관리는 만병통치약이 아니다.

• 권한을 위임한다.

• 훌륭한 코치는 뛰어난 경청자이다.

• 목표를 정하는 것이 가장 중요하다.

⑤ **임파워먼트** : 조직성원들을 신뢰하고 그들의 잠재력을 믿으며 그 잠재력의 개발을 통해 High Performance 조직이 되도록 하는 일련의 행위이다.

ⓐ **임파워먼트의 이점**(High Performance 조직의 이점)

• 나는 매우 중요한 일을 하고 있으며, 이 일은 다른 사람이 하는 일보다 훨씬 중요한 일이다.

• 일의 과정과 결과에 나의 영향력이 크게 작용했다.

• 나는 정말로 도전하고 있고 나는 계속해서 성장하고 있다.

• 우리 조직에서는 아이디어가 존중되고 있다.

• 내가 하는 일은 항상 재미가 있다.

• 우리 조직의 구성원들은 모두 대단한 사람들이며, 다 같이 협력해서 승리하고 있다.

ⓒ 임파워먼트의 충족 기준
  • 여건의 조건 : 사람들이 자유롭게 참여하고 기여할 수 있는 여건 조성
  • 재능과 에너지의 극대화
  • 명확하고 의미 있는 목적에 초점
ⓒ 높은 성과를 내는 임파워먼트 환경의 특징
  • 도전적이고 흥미 있는 일
  • 학습과 성장의 기회
  • 높은 성과와 지속적인 개선을 가져오는 요인들에 대한 통제
  • 성과에 대한 지식
  • 긍정적인 인간관계
  • 개인들이 공헌하며 만족한다는 느낌
  • 상부로부터의 지원
ⓔ 임파워먼트의 장애요인
  • 개인 차원 : 주어진 일을 해내는 역량의 결여, 동기의 결여, 결의의 부족, 책임감 부족, 의존성
  • 대인 차원 : 다른 사람과의 성실성 결여, 약속 불이행, 성과를 제한하는 조직의 규범, 갈등처리 능력 부족, 승패의 태도
  • 관리 차원 : 통제적 리더십 스타일, 효과적 리더십 발휘 능력 결여, 경험 부족, 정책 및 기획의 실행 능력 결여, 비전의 효과적 전달능력 결여
  • 조직 차원 : 공감대 형성이 없는 구조와 시스템, 제한된 정책과 절차
⑥ 변화관리의 3단계 : 변화 이해 → 변화 인식 → 변화 수용

(3) 갈등관리능력

① 갈등의 의미 및 원인
  ㉠ 갈등이란 상호 간의 의견차이 때문에 생기는 것으로 당사자 간에 가치, 규범, 이해, 아이디어, 목표 등이 서로 불일치하여 충돌하는 상태를 의미한다.
  ㉡ 갈등을 확인할 수 있는 단서
    • 지나치게 감정적으로 논평과 제안을 하는 것
    • 타인의 의견발표가 끝나기도 전에 타인의 의견에 대해 공격하는 것
    • 핵심을 이해하지 못한데 대해 서로 비난하는 것
    • 편을 가르고 타협하기를 거부하는 것
    • 개인적인 수준에서 미묘한 방식으로 서로를 공격하는 것
  ㉢ 갈등을 증폭시키는 원인 : 적대적 행동, 입장 고수, 감정적 관여 등

② 실제로 존재하는 갈등 파악

　㉠ 갈등의 두 가지 쟁점

핵심 문제	감정적 문제
• 역할 모호성 • 방법에 대한 불일치 • 목표에 대한 불일치 • 절차에 대한 불일치 • 책임에 대한 불일치 • 가치에 대한 불일치 • 사실에 대한 불일치	• 공존할 수 없는 개인적 스타일 • 통제나 권력 확보를 위한 싸움 • 자존심에 대한 위협 • 질투 • 분노

예제 4

갈등의 두 가지 쟁점 중 감정적 문제에 대한 설명으로 적절하지 않은 것은?

① 공존할 수 없는 개인적 스타일
② 역할 모호성
③ 통제나 권력 확보를 위한 싸움
④ 자존심에 대한 위협

출제의도

갈등의 두 가지 쟁점인 핵심문제와 감정적 문제에 대해 묻는 문제로 이 두 가지 쟁점을 구분할 수 있는 능력이 필요하다.

해 설

② 갈등의 두 가지 쟁점 중 핵심 문제에 대한 설명이다.

답 ②

　㉡ 갈등의 두 가지 유형
　　• 불필요한 갈등 : 개개인이 저마다 문제를 다르게 인식하거나 정보가 부족한 경우, 편견 때문에 발생한 의견 불일치로 적대적 감정이 생길 때 불필요한 갈등이 일어난다.
　　• 해결할 수 있는 갈등 : 목표와 욕망, 가치, 문제를 바라보는 시각과 이해하는 시각이 다를 경우에 일어날 수 있는 갈등이다.

③ 갈등해결 방법
　㉠ 다른 사람들의 입장을 이해한다.
　㉡ 사람들이 당황하는 모습을 자세하게 살핀다.
　㉢ 어려운 문제는 피하지 말고 맞선다.
　㉣ 자신의 의견을 명확하게 밝히고 지속적으로 강화한다.
　㉤ 사람들과 눈을 자주 마주친다.
　㉥ 마음을 열어놓고 적극적으로 경청한다.
　㉦ 타협하려 애쓴다.

ⓞ 어느 한쪽으로 치우치지 않는다.
ⓩ 논쟁하고 싶은 유혹을 떨쳐낸다.
ⓒ 존중하는 자세로 사람들을 대한다.

④ 윈-윈(Win-Win) 갈등 관리법 : 갈등과 관련된 모든 사람으로부터 의견을 받아서 문제의 본질적인 해결책을 얻고자 하는 방법이다.

⑤ 갈등을 최소화하기 위한 기본원칙

㉠ 먼저 다른 팀원의 말을 경청하고 나서 어떻게 반응할 것인가를 결정한다.

㉡ 모든 사람이 거의 대부분의 문제에 대해 나름의 의견을 가지고 있다는 점을 인식한다.

㉢ 의견의 차이를 인정한다.

㉣ 팀 갈등해결 모델을 사용한다.

㉤ 자신이 받기를 원하지 않는 형태로 남에게 작업을 넘겨주지 않는다.

㉥ 다른 사람으로부터 그러한 작업을 넘겨받지 않는다.

㉦ 조금이라도 의심이 날 때에는 분명하게 말해 줄 것을 요구한다.

㉧ 가정하는 것은 위험하다.

㉨ 자신의 책임이 어디서부터 어디까지인지를 명확히 하고 다른 팀원의 책임과 어떻게 조화되는지를 명확히 한다.

㉩ 자신이 알고 있는 바를 알 필요가 있는 사람들을 새롭게 파악한다.

㉪ 다른 팀원과 불일치하는 쟁점이나 사항이 있다면 다른 사람이 아닌 당사자에게 직접 말한다.

(4) 협상능력

① 협상의 의미

㉠ **의사소통 차원** : 이해당사자들이 자신들의 욕구를 충족시키기 위해 상대방으로부터 최선의 것을 얻어내려 설득하는 커뮤니케이션 과정

㉡ **갈등해결 차원** : 갈등관계에 있는 이해당사자들이 대화를 통해서 갈등을 해결하고자 하는 상호작용과정

㉢ **지식과 노력 차원** : 우리가 얻고자 하는 것을 가진 사람의 호의를 쟁취하기 위한 것에 관한 지식이며 노력의 분야

㉣ **의사결정 차원** : 선호가 서로 다른 협상 당사자들이 합의에 도달하기 위해 공동으로 의사결정 하는 과정

㉤ **교섭 차원** : 둘 이상의 이해당사자들이 여러 대안들 가운데서 이해당사자들 모두가 수용 가능한 대안을 찾기 위한 의사결정과정

② 협상 과정

단계	내용
협상 시작	• 협상 당사자들 사이에 상호 친근감을 쌓음 • 간접적인 방법으로 협상의사를 전달함 • 상대방의 협상의지를 확인함 • 협상진행을 위한 체제를 짬
상호 이해	• 갈등문제의 진행상황과 현재의 상황을 점검함 • 적극적으로 경청하고 자기주장을 제시함 • 협상을 위한 협상대상 안건을 결정함
실질 이해	• 겉으로 주장하는 것과 실제로 원하는 것을 구분하여 실제로 원하는 것을 찾아 냄 • 분할과 통합 기법을 활용하여 이해관계를 분석함
해결 대안	• 협상 안건마다 대안들을 평가함 • 개발한 대안들을 평가함 • 최선의 대안에 대해서 합의하고 선택함 • 대안 이행을 위한 실행계획을 수립함
합의 문서	• 합의문을 작성함 • 합의문상의 합의내용, 용어 등을 재점검함 • 합의문에 서명함

③ 협상전략

  ㉠ **협력전략** : 협상 참여자들이 협동과 통합으로 문제를 해결하고자 하는 협력적 문제해결전략

  ㉡ **유화전략** : 양보전략으로 상대방이 제시하는 것을 일방적으로 수용하여 협상의 가능성을 높이려는 전략이다. 순응전략, 화해전략, 수용전략이라고도 한다.

  ㉢ **회피전략** : 무행동전략으로 협상으로부터 철수하는 철수전략이다. 협상을 피하거나 잠정적으로 중단한다.

  ㉣ **강압전략** : 경쟁전략으로 자신이 상대방보다 힘에 있어서 우위를 점유하고 있을 때 자신의 이익을 극대화하기 위한 공격적 전략이다.

④ 상대방 설득 방법의 종류

  ㉠ **See-Feel-Change 전략** : 시각화를 통해 직접 보고 스스로가 느끼게 하여 변화시켜 설득에 성공하는 전략

  ㉡ **상대방 이해 전략** : 상대방에 대한 이해를 바탕으로 갈등해결을 용이하게 하는 전략

  ㉢ **호혜관계 형성 전략** : 혜택들을 주고받은 호혜관계 형성을 통해 협상을 용이하게 하는 전략

  ㉣ **헌신과 일관성 전략** : 협상 당사자 간에 기대하는 바에 일관성 있게 헌신적으로 부응하여 행동함으로써 협상을 용이하게 하는 전략

ⓜ **사회적 입증 전략** : 과학적인 논리보다 동료나 사람들의 행동에 의해서 상대방을 설득하는 전략

ⓗ **연결전략** : 갈등 문제와 갈등관리자를 연결시키는 것이 아니라 갈등을 야기한 사람과 관리자를 연결시킴으로서 협상을 용이하게 하는 전략

ⓢ **권위전략** : 직위나 전문성, 외모 등을 활용하여 협상을 용이하게 하는 전략

ⓞ **희소성 해결 전략** : 인적, 물적 자원 등의 희소성을 해결함으로서 협상과정상의 갈등해결을 용이하게 하는 전략

ⓩ **반항심 극복 전략** : 억압하면 할수록 더욱 반항하게 될 가능성이 높아지므로 이를 피함으로서 협상을 용이하게 하는 전략

(5) 고객서비스능력

① **고객서비스의 의미** : 고객서비스란 다양한 고객의 요구를 파악하고 대응법을 마련하여 고객에게 양질의 서비스를 제공하는 것을 말한다.

② **고객의 불만표현 유형 및 대응방안**

불만표현 유형	대응방안
거만형	• 정중하게 대하는 것이 좋다. • 자신의 과시욕이 채워지도록 뽐내게 내버려 둔다. • 의외로 단순한 면이 있으므로 일단 호감을 얻게 되면 득이 될 경우도 있다.
의심형	• 분명한 증거나 근거를 제시하여 스스로 확신을 갖도록 유도한다. • 때로는 책임자로 하여금 응대하는 것도 좋다.
트집형	• 이야기를 경청하고 맞장구를 치며 추켜세우고 설득해 가는 방법이 효과적이다. • '손님의 말씀이 맞습니다.' 하고 고객의 지적이 옳음을 표시한 후 '저도 그렇게 생각하고 있습니다만……' 하고 설득한다. • 잠자코 고객의 의견을 경청하고 사과를 하는 응대가 바람직하다.
빨리빨리형	• '글쎄요.', '아마' 하는 식으로 애매한 화법을 사용하지 않는다. • 만사를 시원스럽게 처리하는 모습을 보이면 응대하기 쉽다.

③ 고객 불만처리 프로세스

단계	내용
경청	• 고객의 항의를 경청하고 끝까지 듣는다. • 선입관을 버리고 문제를 파악한다.
감사와 공감표시	• 일부러 시간을 내서 해결의 기회를 준 것에 감사를 표시한다. • 고객의 항의에 공감을 표시한다.
사과	• 고객의 이야기를 듣고 문제점에 대해 인정하고, 잘못된 부분에 대해 사과한다.
해결약속	• 고객이 불만을 느낀 상황에 대해 관심과 공감을 보이며, 문제의 빠른 해결을 약속한다.
정보파악	• 문제해결을 위해 꼭 필요한 질문만 하여 정보를 얻는다. • 최선의 해결방법을 찾기 어려우면 고객에게 어떻게 해주면 만족스러운지를 묻는다.
신속처리	• 잘못된 부분을 신속하게 시정한다.
처리확인과 사과	• 불만처리 후 고객에게 처리 결과에 만족하는지를 물어본다.
피드백	• 고객 불만 사례를 회사 및 전 직원에게 알려 다시는 동일한 문제가 발생하지 않도록 한다.

④ 고객만족 조사

ㄱ 목적 : 고객의 주요 요구를 파악하여 가장 중요한 고객요구를 도출하고 자사가 가지고 있는 자원을 토대로 경영 프로세스의 개선에 활용함으로써 경쟁력을 증대시키는 것이다.

ㄴ 고객만족 조사계획에서 수행되어야 할 것

• 조사 분야 및 대상 결정
• 조사목적 설정 : 전체적 경향의 파악, 고객에 대한 개별대응 및 고객과의 관계유지 파악, 평가목적, 개선목적
• 조사방법 및 횟수
• 조사결과 활용 계획

예제 5

고객중심 기업의 특징으로 옳지 않은 것은?

① 고객이 정보, 제품, 서비스 등에 쉽게 접근할 수 있도록 한다.
② 보다 나은 서비스를 제공할 수 있도록 기업정책을 수립한다.
③ 고객 만족에 중점을 둔다.
④ 기업이 행한 서비스에 대한 평가는 한번으로 끝낸다.

출제의도

고객서비스능력에 대한 포괄적인 문제로 실제 고객중심 기업의 입장에서 생각해 보면 쉽게 풀 수 있는 문제다.

해 설

④ 기업이 행한 서비스에 대한 평가는 수시로 이루어져야 한다.

답 ④

출제예상문제

1 다음에서 나타난 신교수의 동기부여 방법으로 가장 적절한 것은?

> 신교수는 매 학기마다 새로운 수업을 들어가면 첫 번째로 내주는 과제가 있다. 한국사에 대한 본인의 생각을 A4용지 한 장에 적어오라는 것이다. 이 과제는 정답이 없고 옳고 그름이 기준이 아니라는 것을 명시해준다. 그리고 다음시간에 학생 각자가 적어온 글들을 읽어보도록 하는데, 개개인에게 꼼꼼히 인상깊었던 점을 알려주고 구체적인 부분을 언급하며 칭찬한다.

① 변화를 두려워하지 않는다.
② 지속적으로 교육한다.
③ 책임감으로 철저히 무장한다.
④ 긍정적 강화법을 활용한다.

> ✔ **해설** 동기부여 방법
> ㉠ 긍정적 강화법을 활용한다.
> ㉡ 새로운 도전의 기회를 부여한다.
> ㉢ 창의적인 문제해결법을 찾는다.
> ㉣ 책임감으로 철저히 무장한다.
> ㉤ 몇 가지 코칭을 한다.
> ㉥ 변화를 두려워하지 않는다.
> ㉦ 지속적으로 교육한다.

Answer 1.④

2 모바일 중견회사 감사 부서는 생산 팀에서 생산성 10% 하락, 팀원들 간의 적대감이나 잦은 갈등, 비효율적인 회의 등의 문제점을 발견하였다. 이를 해결하기 위한 방안으로 가장 적절한 것을 고르시오.

① 아이디어가 넘치는 환경 조성을 위해 많은 양의 아이디어를 요구한다.

② 어느 정도 시간이 필요하므로 갈등을 방치한다.

③ 동료의 행동과 수행에 대한 피드백을 감소시킨다.

④ 의견 불일치가 발생할 경우 생산팀장은 제3자로 개입하여 중재한다.

> ✔ 해설 성공적으로 운영되는 팀은 의견의 불일치를 바로바로 해소하고 방해요소를 미리 없애 혼란의 내분을 방지한다.

3 다음 대화를 보고 이 과장의 말이 협상의 5단계 중 어느 단계에 해당하는지 고르면?

> 김 실장 : 이 과장, 출장 다녀오느라 고생했네.
> 이 과장 : 아닙니다. KTX 덕분에 금방 다녀왔습니다.
> 김 실장 : 그래, 다행이군. 오늘 협상은 잘 진행되었나?
> 이 과장 : 그게 말입니다. 실장님. 오늘 협상을 진행하다가 새로운 사실을 알게 되었습니다. 민원인측이 지금껏 주장했던 고가차도 건립계획 철회는 표면적 요구사항이었던 것 같습니다. 오늘 장시간 상대방 측 대표들과 이야기를 나누면서 고가차고 건립자체보다 그로 인한 초등학교 예정부지의 이전, 공사 및 도로 소음 발생, 그리고 녹지 감소가 실질적 불만이라는 걸 알게 되었습니다. 고가차도 건립을 계획대로 추진하면서 초등학교의 건립 예정지를 현행 유지하고, 3중 방음시설 설치, 아파트 주변 녹지 조성 계획을 제시하면 충분히 협상을 진척시킬 수 있을 것 같습니다.

① 협상시작단계 ② 상호이해단계

③ 실질이해단계 ④ 해결대안단계

> ✔ 해설 이 과장은 상대방 측 대표들과 만나서 현재 상황과 이들이 원하는 주장이 무엇인지를 파악한 후 김 실장에게 협상이 가능한 안건을 제시한 것이므로 실질이해 전 단계인 상호이해단계로 볼 수 있다.
> ※ 협상과정의 5단계
> ㉠ 협상시작 : 협상 당사자들 사이에 친근감을 쌓고, 간접적인 방법으로 협상 의사를 전달하며 상대방의 협상의지를 확인하고 협상 진행을 위한 체계를 결정하는 단계이다.
> ㉡ 상호이해 : 갈등 문제의 진행 상황과 현재의 상황을 점검하고 적극적으로 경청하며 자기주장을 제시한다. 협상을 위한 협상안건을 결정하는 단계이다.
> ㉢ 실질이해 : 겉으로 주장하는 것과 실제로 원하는 것을 구분하여 실제 원하는 것을 찾아내고 분할과 통합기법을 활용하여 이해관계를 분석하는 단계이다.
> ㉣ 해결방안 : 협상 안건마다 대안들을 평가하고 개발한 대안들을 평가하며 최선의 대안에 대해 합의하고 선택한 후 선택한 대안 이행을 위한 실행 계획을 수립하는 단계이다.
> ㉤ 합의문서 : 합의문을 작성하고 합의문의 합의 내용 및 용어 등을 재점검한 후 합의문에 서명하는 단계이다.

4 김 대리는 사내 교육 중 하나인 리더십 교육을 들은 후 관련 내용을 다음과 같이 정리하였다. 다음 제시된 내용을 보고 잘못 정리한 부분을 찾으면?

임파워먼트	
개념	• 리더십의 핵심 개념 중 하나, '권한 위임'이라고 할 수 있음 • ㉠ 조직 구성원들을 신뢰하고 그들의 잠재력을 믿으며, 그 잠재력의 개발을 통해 고성과 조직이 되도록 하는 일련의 행위 • 권한을 위임받았다고 인식하는 순간부터 직원들의 업무효율성은 높아짐
충족기준	• 여건의 조성 : 임파워먼트는 사람들이 자유롭게 참여하고 기여할 수 있는 일련의 여건들을 조성하는 것 • ㉡ 재능과 에너지의 극대화 : 임파워먼트는 사람들의 재능과 욕망을 최대한으로 활용할 뿐만 아니라, 나아가 확대할 수 있도록 하는 것 • 명확하고 의미 있는 목적에 초점 : 임파워먼트는 사람들이 분명하고 의미 있는 목적과 사명을 위해 최대의 노력을 발휘하도록 해주는 것
여건	• 도전적이고 흥미 있는 일 • 학습과 성장의 기회 • ㉢ 높은 성과와 지속적인 개선을 가져오는 요인들에 대한 통제 • 성과에 대한 지식 • 긍정적인 인간관계 • 개인들이 공헌하며 만족한다는 느낌 • 상부로부터의 지원
장애요인	• 개인 차원 : 주어진 일을 해내는 역량의 결여, 동기의 결여, 결의의 부족, 책임감 부족, 의존성 • ㉣ 대인 차원 : 다른 사람과의 성실성 결여, 약속 불이행, 성과를 제한하는 조직의 규범, 갈등처리 능력 부족, 제한된 정책과 절차 • 관리 차원 : 통제적 리더십 스타일, 효과적 리더십 발휘 능력 결여, 경험 부족, 정책 및 기획의 실행 능력 결여, 비전의 효과적 전달 능력 결여 • 조직 차원 : 공감대 형성이 없는 구조와 시스템

① ㉠

② ㉡

③ ㉢

④ ㉣

✔해설 ㉣ 제한된 정책과 절차는 조직 차원의 장애요인으로 들어가야 하는 부분이다.

Answer 2.④ 3.② 4.④

5 갈등은 다음과 같이 몇 가지 과정을 거치면서 진행되는 것이 일반적인 흐름이라고 볼 때, 빈칸의 ㈎, ㈏, ㈐에 들어가야 할 말을 순서대로 올바르게 나열한 것은?

---

1. 의견 불일치

인간은 다른 사람들과 함께 부딪치면서 살아가게 되는데, 서로 생각이나 신념, 가치관이 다르고 성격도 다르기 때문에 다른 사람들과 의견의 불일치를 가져온다. 많은 의견 불일치는 상대방의 생각과 동기를 설명하는 기회를 주고 대화를 나누다보면 오해가 사라지고 더 좋은 관계로 발전할 수 있지만, 사소한 오해로 인한 작은 갈등이라도 그냥 내버려두면 심각한 갈등으로 발전하게 된다.

2. 대결 국면

의견 불일치가 해소되지 않으면 대결 국면으로 빠져들게 된다. 이 국면에서는 이제 단순한 해결방안은 없고 제기된 문제들에 대하여 새로운 다른 해결점을 찾아야 한다. 일단 대결국면에 이르게 되면 감정이 개입되어 상대방의 수상에 대한 문세점을 찾기 시작하고, 자신의 입장에 대해서는 그럴듯한 변명으로 옹호하면서 양보를 완강히 거부하는 상태에까지 이르게 된다. 즉, (㈎)은(는) 부정하면서 자기주장만 하려고 한다. 서로의 입장을 고수하려는 강도가 높아지면서 서로 간의 긴장은 더욱 높아지고 감정적인 대응이 더욱 격화되어 간다.

3. 격화 국면

격화 국면에 이르게 되면 상대방에 대하여 더욱 적대적인 현상으로 발전해 나간다. 이제 의견일치는 물 건너가고 (㈏)을(를) 통해 문제를 해결하려고 하기 보다는 강압적, 위협적인 방법을 쓰려고 하며, 극단적인 경우에는 언어폭력이나 신체적인 폭행으로까지 번지기도 한다. 상대방에 대한 불신과 좌절, 부정적인 인식이 확산되면서 다른 요인들에까지 불을 붙이는 상황에 빠지기도 한다. 이 단계에서는 상대방의 생각이나 의견, 제안을 부정하고, 상대방은 그에 대한 반격으로 대응함으로써 자신들의 반격을 정당하게 생각한다.

4. 진정 국면

시간이 지나면서 정점으로 치닫던 갈등은 점차 감소하는 진정 국면에 들어선다. 계속되는 논쟁과 긴장이 귀중한 시간과 에너지만 낭비하고 이러한 상태가 무한정 유지될 수 없다는 것을 느끼고 점차 흥분과 불안이 가라앉고 이성과 이해의 원상태로 돌아가려 한다. 그러면서 (㈐)이(가) 시작된다. 이 과정을 통해 쟁점이 되는 주제를 논의하고 새로운 제안을 하고 대안을 모색하게 된다. 이 단계에서는 중개자, 조정자 등의 제3자가 개입함으로써 갈등 당사자 간에 신뢰를 쌓고 문제를 해결하는데 도움이 되기도 한다.

5. 갈등의 해소

진정 국면에 들어서면 갈등 당사자들은 문제를 해결하지 않고는 자신들의 목표를 달성하기 어렵다는 것을 알게 된다. 물론 경우에 따라서는 결과에 다 만족할 수 없는 경우도 있지만 어떻게 해서든지 서로 일치하려고 한다.

---

① 상대방의 자존심 - 업무 - 침묵

② 제3자의 존재 - 리더 - 반성

③ 조직 전체의 분위기 - 이성 - 의견의 일치

④ 상대방의 입장 - 설득 - 협상

✔ 해설 대결 국면에서의 핵심 사항은 상대방의 입장에 대한 무비판적인 부정이며, 격화 국면에서는 설득이 전혀 효과를 발휘할 수 없게 된다. 진정 국면으로 접어들어 비로소 협상이라는 대화가 시작되며 험난한 단계를 거쳐 온 갈등은 이때부터 서서히 해결의 실마리가 찾아지게 된다.

Answer 5.④

6 다음 글에서와 같이 노조와의 갈등에 있어 최 사장이 보여 준 갈등해결방법은 어느 유형에 속하는가?

> 노조위원장은 임금 인상안이 받아들여지지 않자 공장의 중간관리자급들을 동원해 전격 파업을 단행하기로 하였고, 이들은 임금 인상과 더불어 자신들에게 부당한 처우를 강요한 공장장의 교체를 요구하였다. 회사의 창립 멤버로 회사 발전에 기여가 큰 공장장을 교체한다는 것은 최 사장이 단 한 번도 상상해 본 적 없는 일인지라 오히려 최 사장에게는 임금 인상 요구가 하찮게 여겨질 정도로 무거운 문제에 봉착하게 되었다. 1시간 뒤 가진 노조 대표와의 협상 테이블에서 최 사장은 임금과 부당한 처우 관련 모든 문제는 자신에게 있으니 공장장을 볼모로 임금 인상을 요구하지는 말 것을 노조 측에 부탁하였고, 공장장 교체 요구를 철회한다면 임금 인상안을 매우 긍정적으로 검토하겠다는 약속을 하게 되었다. 또한, 노조원들의 처우 관련 개선안이나 불만사항은 자신에게 직접 요청하여 합리적인 사안의 경우 즉시 수용할 것임을 전달하기도 하였다. 결국 이러한 최 사장의 노력을 받아들인 노조는 파업을 중단하고 다시 업무에 복귀하게 되었다.

① 수용형
② 경쟁형
③ 타협형
④ 통합형

> ✔해설 최 사장은 공장장 교체 요구를 철회시켜 자신에게 믿음을 보여 준 직원을 계속 유지시킬 수 있었고, 노조 측은 처우 개선과 임금 인상 요구를 관철시켰으므로 'win-win'하였다고 볼 수 있다. 통합형은 협력형(collaborating)이라고도 하는데, 자신은 물론 상대방에 대한 관심이 모두 높은 경우로서 '나도 이기고 너도 이기는 방법(win-win)'을 말한다. 이 방법은 문제해결을 위하여 서로 간에 정보를 교환하면서 모두의 목표를 달성할 수 있는 해법을 찾는다. 아울러 서로의 차이를 인정하고 배려하는 신뢰감과 공개적인 대화를 필요로 한다. 통합형이 가장 바람직한 갈등해결 유형이라 할 수 있다.

7 다음의 대화를 통해 알 수 있는 내용으로 가장 알맞은 것은?

> K팀장 : 좋은 아침입니다. 어제 말씀드린 보고서는 다 완성이 되었나요?
> L사원 : 예, 아직 완성을 하지 못했습니다. 시간이 많이 부족한 것 같습니다.
> K팀장 : 보고서를 작성하는데 어려움이 있나요?
> L사원 : 팀장님의 지시대로 하는데 어려움은 없습니다. 그러나 저에게 주신 자료 중 잘못된 부분이
>   있는 것 같습니다.
> K팀장 : 아. 저도 몰랐던 부분이네요. 잘못된 점이 무엇인가요?
> L사원 : 직접 보시면 아실 것 아닙니까? 일부러 그러신 겁니까?
> K팀장 : 아 그렇습니까?

① K팀장은 아침부터 L사원을 나무라고 있다.

② L사원은 K팀장과 사이가 좋지 못하다.

③ K팀장은 리더로서의 역할이 부족하다.

④ L사원은 팀원으로서의 팔로워십이 부족하다.

✔ **해설** 대화를 보면 L사원이 팔로워십이 부족함을 알 수 있다. 팔로워십은 팀의 구성원으로서의 역할을 충실하게 잘 수행하는 능력을 말한다. L사원은 헌신, 전문성, 용기, 정직, 현명함을 갖추어야 하고 리더의 결점이 있으면 올바르게 지적하되 덮어주는 아량을 갖추어야 한다.

8 제약회사 영업부에 근무하는 U씨는 영업부 최고의 성과를 올리는 영업사원으로 명성이 자자하다. 그러나 그런 그에게도 단점이 있었으니 그것은 바로 서류 작업을 정시에 마친 적이 없다는 것이다. U씨가 회사로 복귀하여 서류 작업을 지체하기 때문에 팀 전체의 생산성에 차질이 빚어지고 있다면 영업부 팀장인 K씨의 행동으로 올바른 것은?

① U씨의 영업실적은 뛰어나므로 다른 직원에게 서류 작업을 지시한다.
② U씨에게 퇴근 후 서류 작업을 위한 능력을 개발하라고 지시한다.
③ U씨에게 서류작업만 할 수 있는 아르바이트 직원을 붙여준다.
④ U씨로 인한 팀의 분위기를 설명하고 해결책을 찾아보라고 격려한다.

> ✔해설 팀장인 K씨는 U씨에게 팀의 생산성에 영향을 미치는 내용을 상세히 설명하고 이 문제와 관련하여 해결책을 스스로 강구하도록 격려하여야 한다.

9 다음 사례에서 박부장이 취할 수 있는 행동으로 적절하지 않은 것은?

> OO기업에 다니는 박부장은 최근 경기침체에 따른 회사의 매출부진과 관련하여 근무환경을 크게 변화시키기로 결정하였다. 하지만 그의 부하들은 물론 상사와 동료들조차도 박부장의 결정에 회의적이었고 부정적인 시각을 내보였다. 그들은 변화에 소극적이었으며 갑작스런 변화는 오히려 회사의 존립자체를 무너뜨릴 수 있다고 판단하였다. 하지만 박부장은 갑작스런 변화가 처음에는 회사를 좀 더 어렵게 할 수는 있으나 장기적으로 본다면 틀림없이 회사에 큰 장점으로 작용할 것이라고 확신하고 있었고 여기에는 전 직원의 협력과 노력이 필요하였다.

① 직원들의 감정을 세심하게 살핀다.
② 변화의 긍정적인 면을 강조한다.
③ 주관적인 자세를 유지한다.
④ 변화에 적응할 시간을 준다.

> ✔해설 변화에 소극적인 직원들을 성공적으로 이끌기 위한 방법
> ㉠ 개방적인 분위기를 조성한다.
> ㉡ 객관적인 자세를 유지한다.
> ㉢ 직원들의 감정을 세심하게 살핀다.
> ㉣ 변화의 긍정적인 면을 강조한다.
> ㉤ 변화에 적응할 시간을 준다.

10 다음의 사례를 보고 리츠칼튼 호텔 고객서비스의 특징으로 옳은 것을 고르면?

> Robert는 미국 출장길에 샌프란시스코의 리츠칼튼 호텔에서 하루를 묵은 적이 있었다.
>
> 그는 서양식의 푹신한 베개가 싫어서 프런트에 전화를 걸어 좀 딱딱한 베개를 가져다 달라고 요청하였다. 호텔 측은 곧이어 딱딱한 베개를 구해왔고 덕분에 잘 잘 수 있었다.
>
> 다음날 현지 업무를 마치고 다음 목적지인 뉴욕으로 가서 우연히 다시 리츠칼튼 호텔에서 묵게 되었는데 아무 생각 없이 방 안에 들어간 그는 깜짝 놀랐다. 침대 위에 전날 밤 사용하였던 것과 같은 딱딱한 베개가 놓여 있는 게 아닌가.
>
> 어떻게 뉴욕의 호텔이 그것을 알았는지 그저 놀라울 뿐이었다. 그는 호텔 측의 이 감동적인 서비스를 잊지 않고 출장에서 돌아와 주위 사람들에게 침이 마르도록 칭찬했다.
>
> 어떻게 이런 일이 가능했을까? 리츠칼튼 호텔은 모든 체인점이 항시 공유할 수 있는 고객 데이터베이스를 구축하고 있었고, 데이터베이스에 저장된 정보를 활용해서 그 호텔을 다시 찾는 고객에게 완벽한 서비스를 제공하고 있었던 것이다.

① 불만 고객에 대한 사후 서비스가 철저하다.

② 신규 고객 유치를 위해 이벤트가 다양하다.

③ 고객이 물어보기 전에 고객이 원하는 것을 실행한다.

④ 고객이 원하는 것이 이루어질 때까지 노력한다.

> ✔해설 리츠칼튼 호텔은 고객이 무언가를 물어보기 전에 고객이 원하는 것에 먼저 다가가는 것을 서비스 정신으로 삼고 있다. 기존 고객의 데이터베이스를 공유하여 고객이 원하는 서비스를 미리 제공할 수 있는 것이다.

11 리더는 조직원들에게 지속적으로 자신의 잠재력을 발휘하도록 만들기 위한 외적인 동기 유발제 그 이상을 제공해야 한다. 이러한 리더의 역량이라고 볼 수 없는 것은?

① 조직을 위험에 빠지지 않도록 리스크 관리를 철저히 하여 안심하고 근무할 수 있도록 해준다.

② 높은 성과를 달성한 조직원에게는 따뜻한 말과 칭찬으로 보상해 준다.

③ 직원 자신이 상사로부터 인정받고 있으며 일부 권한을 위임받았다고 느낄 수 있도록 동기를 부여한다.

④ 직원들이 자신의 업무에 책임을 지도록 하는 환경 속에서 일할 수 있게 해 준다.

> ✔해설 리더는 변화를 두려워하지 않아야 하며, 리스크를 극복할 자질을 키워야한다. 위험을 감수해야 할 이유가 합리적이고 목표가 실현가능한 것이라면 직원들은 기꺼이 변화를 향해 나아갈 것이며, 위험을 선택한 자신에게 자긍심을 가지며 좋은 결과를 이끌어내고자 지속적으로 노력할 것이다.

Answer 8.④ 9.③ 10.③ 11.①

12 직장생활을 하다보면 조직원들 사이에 갈등이 존재할 수 있다. 이러한 갈등은 서로 불일치하는 규범, 이해, 목표 등이 충돌하는 상태를 의미한다. 다음 중 갈등을 확인할 수 있는 단서로 볼 수 없는 것은?

① 지나치게 논리적으로 논평과 제안을 하는 태도
② 타인의 의견발표가 끝나기도 전에 타인의 의견에 대해 공격하는 태도
③ 핵심을 이해하지 않고 무조건 상대를 비난하는 태도
④ 무조건 편을 가르고 타협하기를 거부하는 태도

> ✔해설 갈등을 확인할 수 있는 단서
> ㉠ 지나치게 감정적으로 논평과 제안을 하는 것
> ㉡ 타인의 의견발표가 끝나기도 전에 타인의 의견에 대해 공격하는 것
> ㉢ 핵심을 이해하지 못한 채 서로 비난하는 것
> ㉣ 편을 가르고 타협하기를 거부하는 것
> ㉤ 개인적인 수준에서 미묘한 방식으로 서로를 공격하는 것

13 다음 중 임파워먼트에 해당하는 사례는 무엇인가?

① 영업부 팀장 L씨는 사원 U씨에게 지난 상반기의 판매 수치를 정리해 오라고 요청하였다. 또한 데이터베이스를 업데이트하고, 회계부서에서 받은 수치를 반영하여 새로운 보고서를 제출하라고 지시하였다.
② 편집부 팀장 K씨는 사원 S씨에게 지난 3달간의 도서 판매 실적을 정리해 달라고 요청하였다. 또한 신간등록이 되어 있는지 확인 후 업데이트하고, 하반기에 내놓을 새로운 도서의 신간 기획안을 제출하라고 지시하였다.
③ 마케팅팀 팀장 I씨는 사원 Y씨에게 상반기 판매 수치를 정리하고 이 수치를 분석하여 하반기 판매 향상에 도움이 될 만한 마케팅 계획을 직접 개발하도록 지시했다.
④ 홍보부 팀장 H씨는 사원 R씨에게 지난 2년간의 회사 홍보물 내용을 검토하고 업데이트 할 내용을 정리한 후 보고서로 작성하여 10부를 복사해 놓으라고 지시하였다.

> ✔해설 임파워먼트는 권한 위임을 의미한다. 직원들에게 일정 권한을 위임함으로서 훨씬 수월하게 성공의 목표를 이룰 수 있을 뿐 아니라 존경받는 리더로 거듭날 수 있다. 권한 위임을 받은 직원은 자신의 능력을 인정받아 권한을 위임받았다고 인식하는 순간부터 업무효율성이 증가하게 된다.

14 갈등관리 상황에서 자기와 상대이익을 만족시키려는 의도가 모두 높을 때 제시할 수 있는 갈등해소 방안으로 가장 적합한 것은?

① 협동　　　　　　　　　　　　② 경쟁

③ 타협　　　　　　　　　　　　④ 회피

 해설

구분		상대방의 이익을 만족시키려는 정도		
		낮음	중간	높음
자신의 이익을 만족시키려는 정도	낮음	회피		순응
	중간		타협	
	높음	경쟁		협동

15 '협상'을 위해 취해야 할 (가)~(라)의 행동을 바람직한 순서대로 알맞게 나열한 것은?

> (가) 자신의 의견을 적극적으로 개진하여 상대방이 수용할 수 있는 근거를 제시한다.
> (나) 상대방의 의견을 경청하고 자신의 주장을 제시한다.
> (다) 합의를 통한 결과물을 도출하여 최종 서명을 이끌어낸다.
> (라) 상대방 의견을 분석하여 무엇이 그러한 의견의 근거가 되었는지 찾아낸다.

① (라)-(다)-(나)-(가)

② (라)-(가)-(나)-(다)

③ (나)-(가)-(다)-(라)

④ (나)-(라)-(가)-(다)

해설 협상은 보통 '협상 시작→상호 이해→실질 이해→해결 대안→합의 문서'의 다섯 단계로 구분한다. 제시된 보기는 (가)-해결 대안, (나)-상호 이해, (다)-합의 문서, (라)-실질 이해이다.

16 다음의 사례는 FABE 화법을 활용한 대화내용이다. 이를 읽고 밑줄 친 부분에 대한 내용으로 가장 알맞은 것을 고르시오.

<개인 보험가입에 있어서의 재무 설계 시 이점>

상담원 : 저희 보험사의 재무 설계는 고객님의 자산 흐름을 상당히 효과적으로 만들어 줍니다.

상담원 : 그로 인해 고객님께서는 언제든지 원하는 때에 원하는 일을 이룰 수 있습니다.

상담원 : <u>그 중에서도 가장 소득이 적고 많은 비용이 들어가는 은퇴시기에 고객님은 편안하게 여행을 즐기시고 또한 언제든지 친구들을 만나서 부담 없이 만나 행복한 시간을 보낼 수 있습니다.</u>

상담원 : 저희 보험사에서 재무 설계는 우선 예산을 조정해 드리고 있으며, 선택과 집중을 통해 고객님의 생애에 있어 가장 중요한 부분들을 먼저 준비할 수 있도록 도와드리기 때문입니다.

① 해당 상품 및 서비스의 설명이 완료되어 마무리하는 부분이다.

② 해당 이익이 고객에게 반영될 시에 발생 가능한 상황을 공감시키는 과정이다.

③ 이득이 발생할 수 있음을 예시하는 것이라 할 수 있다.

④ 제시하는 상품의 특징을 언급하는 부분이라 할 수 있다.

> ✔해설 B 혜택(beneifts)을 가시화시켜 설명하는 단계로 제시하는 이익이 고객에게 반영되는 경우 실제적으로 발생할 상황을 공감시키는 과정이다. 지문은 실제 발생 가능한 상황을 제시하였으며, 만족·행복에 대한 공감을 하도록 유도하는 과정이다.

17 다음 중 동기부여 방법으로 옳지 않은 것은?

① 긍정적 강화법을 활용한다.　　　　② 새로운 도전의 기회를 부여한다.

③ 몇 가지 코칭을 한다.　　　　　　④ 일정기간 교육을 실시한다.

> ✔해설 동기부여 방법
> ㉠ 긍정적 강화법을 활용한다.
> ㉡ 새로운 도전의 기회를 부여한다.
> ㉢ 창의적인 문제해결법을 찾는다.
> ㉣ 책임감으로 철저히 무장한다.
> ㉤ 몇 가지 코칭을 한다.
> ㉥ 변화를 두려워하지 않는다.
> ㉦ 지속적으로 교육한다.

18 이해당사자들이 대화와 논쟁을 통해서 서로를 설득하여 문제를 해결하는 것을 '협상'이라고 한다. 다음 중 협상의 예로 볼 수 없는 것은?

① 남편은 외식을 하자고 하나 아내는 생활비의 부족으로 인하여 외식을 거부하였다. 아내는 집에서 고기를 굽고 맥주를 한 잔 하면서 외식을 하는 분위기를 내자고 새로운 제안을 하였고 남편은 이에 흔쾌히 승낙하였다.

② K씨는 3월이 다가오자 연봉협상에 큰 기대를 갖고 있다. 그러나 회사 사정이 어려워지면서 사장은 연봉을 올려줄 수 없는 상황이 되었고 K씨는 자신이 바라는 수준의 임금을 회사의 경제력과 자신의 목표 등을 감안하여 적정선을 맞추어 사장에게 제시하였더니 K씨는 원하는 연봉을 받을 수 있게 되었다.

③ U씨는 아내와 함께 주말에 영화를 보기로 하였다. 그런데 주말에 갑자기 장모님이 올라 오셔서 극장에 갈 수 없는 상황이 되었다. 이에 아내는 영화는 다음에 보고 오늘은 장모님과 시간을 보내자고 하였다. U씨는 영화를 못보는 것이 아쉬워 장모님을 쌀쌀맞게 대했다.

④ W씨는 자녀의 용돈문제로 고민이다. 하나 밖에 없는 딸이지만 자신이 생각하기에 그렇게 많은 용돈은 필요가 없을 듯하다. 그러나 딸아이는 계속적으로 용돈을 올려달라고 시위 중이다. 퇴근 후 지친 몸을 이끌고 집으로 온 W씨에게 딸아이는 어깨도 주물러 주고, 애교도 떨며 W씨의 기분을 좋게 만들었다. 결국 W씨는 딸의 용돈을 올려주었다.

> ✔해설 협상이란 것은 갈등상태에 있는 이해당사자들이 대화와 논쟁을 통하여 서로를 설득하여 문제를 해결하는 정보전달과정이자 의사결정과정이다. 위의 ①②④는 우리가 흔히 일상생활에서 겪을 수 있는 협상의 예를 보여주고 있다.

19 다음 중 거만형 불만고객에 대한 대응방안으로 옳지 않은 것은?

① 정중하게 대하는 것이 좋다.
② 분명한 증거나 근거를 제시하여 스스로 확신을 갖도록 유도한다.
③ 자신의 과시욕이 채워지도록 뽐내게 내버려 둔다.
④ 의외로 단순한 면이 있으므로 일단 호감을 얻게 되면 득이 될 경우도 있다.

> ✔해설 ② 의심형 불만고객에 대한 대응방안이다.

20 다음에 해당하는 협상전략은 무엇인가?

> 양보전략으로 상대방이 제시하는 것을 일방적으로 수용하여 협상의 가능성을 높이려는 전략이다. 순응전략, 화해전략, 수용전략이라고도 한다.

① 협력전략　　　　　　　　　　　② 회피전략
③ 강압전략　　　　　　　　　　　④ 유화전략

> ✔해설　① 협력전략 : 협상 참여자들이 협동과 통합으로 문제를 해결하고자 하는 협력적 문제해결전략이다.
> ② 회피전략 : 무행동전략으로 협상으로부터 철수하는 철수전략이다. 협상을 피하거나 잠정적으로 중단한다.
> ③ 강압전략 : 경쟁전략으로 자신이 상대방보다 힘에 있어서 우위를 점유하고 있을 때 자신의 이익을 극대화하기 위한 공격적 전략이다.

21 조직구성원들로 하여금 리더에 대한 신뢰를 갖게 하는 카리스마는 물론, 조직변화의 필요성을 감지하고 그러한 변화를 이끌어 낼 수 있는 새로운 비전을 제시할 수 있는 능력이 요구되는 리더십을 무엇이라 하는가?

① 변혁적 리더십
② 거래적 리더십
③ 카리스마 리더십
④ 서번트 리더십

> ✔해설　② 거래적 리더십 : 리더가 부하들과 맺은 거래적 계약관계에 기반을 두고 영향력을 발휘하는 리더십
> ③ 카리스마 리더십 : 자기 자신과 부하들에 대한 극단적인 신뢰, 이들을 완전히 장악하는 거대한 존재감, 그리고 명확한 비전을 가지고 일단 결정된 사항에 대해서는 절대로 흔들리지 않는 확신을 가지는 리더십
> ④ 서번트 리더십 : 타인을 위한 봉사에 초점을 두고 종업원과 고객의 커뮤니티를 우선으로 그들의 욕구를 만족시키기 위해 헌신하는 리더십

22 다음 글에서 대인관계능력을 구성하는 하위능력 중 가장 필요한 능력은 무엇인가?

올해 A회사에 입사하여 같은 팀에서 근무하게 된 甲과 乙은 다른 팀에 있는 입사동기들과 신입사원 워크숍을 가게 되었다. 그 곳에서 각 팀별로 1박 2일 동안 스스로 의·식·주를 해결하며 주어진 과제를 수행하는 임무가 주어졌는데 甲은 부지런히 섬 이 곳 저 곳을 다니며 먹을 것을 구해오고 숙박할 장소를 마련하는 등 솔선수범 하였지만 乙은 단지 섬을 돌아다니며 경치 구경만 하고 사진 찍기에 여념이 없었다. 그리고 과제수행에 있어서도 甲은 적극적으로 임한 반면 乙은 소극적인 자세를 취해 그 결과 甲과 乙의 팀만 과제를 수행하지 못했고 결국 인사상의 불이익을 당하게 되었다.

① 소통능력 　　　　　　　　② 리더십능력
③ 팀워크능력 　　　　　　　④ 협상능력

✅ **해설** 현재 甲과 乙에게 가장 필요한 능력은 서로 협동을 하는 팀워크능력이다.

23 다음 빈칸에 들어갈 말로 가장 적절한 것은?

대인관계 향상이란 인간관계에서 구축되는 ＿＿＿의 정도를 높이는 것을 의미한다. 다른 사람에 대해 공손하고 친절하며, 정직하고 약속을 지킨다면 ＿＿＿을/를 높이는 셈이 된다.

① 화해 　　　　　　　　　　② 갈등
③ 교제 　　　　　　　　　　④ 신뢰

✅ **해설** 대인관계 향상이란 인간관계에서 구축되는 신뢰의 정도를 높이는 것을 의미한다. 다른 사람에 대해 공손하고 친절하며, 정직하고 약속을 지킨다면 신뢰를 높이는 셈이 된다.

Answer 20.④ 21.① 22.③ 23.④

24 직장인 K씨는 야구에 전혀 관심이 없다. 그러나 하나 밖에 없는 아들은 야구를 엄청 좋아한다. 매일 바쁜 업무로 인하여 아들과 서먹해진 느낌을 받은 K씨는 휴가를 내어 아들과 함께 전국으로 프로야구 경기를 관람하러 다녔고, 그 덕분에 K씨와 아들의 사이는 급속도로 좋아졌다. K씨의 행동에 대한 설명으로 옳은 것은?

① K씨는 회사에 흥미를 잃었다.

② K씨는 새롭게 야구경기에 눈을 뜨게 되었다.

③ K씨는 아들에 대한 이해와 배려가 깊다.

④ K씨는 아들이 자기를 욕할까봐 무섭다.

✔해설 K씨의 행동은 대인관계 향상 방법의 하나인 상대방을 이해하는 마음에 해당한다.

25 직장동료 L씨는 항상 모두에게 예의가 바르고 곧은 사람으로 정평이 나있다. 그런데 어느 날 당신과 단둘이 있을 때, 상사에 대한 비난을 맹렬히 퍼붓기 시작하였다. 이 순간 당신이 느낄 수 있는 감정으로 적절하지 못한 것은?

① 와, 이 사람 보기와는 다르구나.

② 이 사람이 혹시 다른데서 내 험담을 하지나 않을까?

③ 이런 사람에게도 불만이 있기는 하구나!

④ 사람은 역시 겉모습으로만 판단하면 안 되는구나!

✔해설 행동과 말이 일치하지 않는 L씨의 행동에 대한 감정으로는 객관적으로 그 사람에 대한 칭찬은 나오기가 어렵다.

26 직장인 Y씨는 태어나서 지금까지 단 한 번도 지키지 못할 약속은 한 적이 없다. 그리고 모든 상황에서 이를 지키기 위하여 노력을 한다. 그러나 사람의 일이 모두 뜻대로 되지 않듯이 예기치 않은 사건의 발생으로 약속을 지키지 못하는 경우는 생기기 마련이다. 이럴 때 Y씨는 상대방에게 충분히 자신의 상황을 설명하여 약속을 연기한다. Y씨의 행동은 대인관계 향상 방법 중 어디에 해당하는가?

① 상대방에 대한 이해
② 사소한 일에 대한 관심
③ 약속의 이행
④ 언행일치

> ✔해설 약속의 이행…책임을 지고 약속을 지키는 것은 중요한 일이다. 약속을 어기게 되면 다음에 약속을 해도 상대방은 믿지 않게 마련이다. 약속은 대개 사람들의 기대를 크게 만들기 때문에 항상 약속을 지키는 습관을 가져야 신뢰감을 형성할 수 있게 된다.

27 다음 사례에 나타난 리더십 유형의 특징으로 옳은 것은?

> 이번에 새로 팀장이 된 정후는 입사 6년차인 비교적 젊은 팀장이다. 그는 자신의 팀에 있는 팀원을 모두 나름대로의 능력과 경험을 가지고 있으며 자신은 그들 중 하나에 불과하다고 생각한다. 따라서 다른 팀의 팀장들과 같이 일방적으로 팀원들에게 지시를 내리거나 팀원들의 의견을 듣고 그 중에서 마음에 드는 의견을 선택적으로 추리는 등의 행동을 하지 않고 평등한 입장에서 팀원들을 대한다. 또한 그는 그의 팀원들에게 의사결정 및 팀의 방향을 설정하는데 참여할 수 있는 기회를 줌으로써 팀 내 행동에 따른 결과 및 성과에 대해 책임을 공유해 나가고 있다. 이는 모두 팀원들의 능력에 대한 믿음에서 비롯된 것이다.

① 책임을 공유한다.
② 핵심정보를 공유하지 않는다.
③ 실수를 용납하지 않는다.
④ 모든 정보는 리더의 것이다.

> ✔해설 ②,③,④는 전형적인 독재자 유형의 특징이다.
> 파트너십 유형의 특징 - 평등, 집단의 비전, 책임 공유

28 다음 사례에서 최부장이 취할 수 있는 가장 적절한 행동은 무엇인가?

> 서울에 본사를 둔 S그룹은 매년 상반기와 하반기에 한 번씩 전 직원이 워크숍을 떠난다. 이는 평소 직원들 간의 단체생활을 중시 여기는 S그룹 회장의 지침 때문이다. 하지만 워낙 직원이 많은 S그룹이다 보니 전 직원이 한꺼번에 움직이는 것은 불가능하고 각 부서별로 그 부서의 장이 재량껏 계획을 세우고 워크숍을 진행하도록 되어 있다. 이에 따라 생산부서의 최부장은 부원들과 강원도 태백산에 가서 1박 2일로 야영을 하기로 했다. 하지만 워크숍을 가는 날 아침 갑자기 예약한 버스가 고장이 나서 출발을 못한다는 연락을 받았다.

① 어쩔 수 없는 일이므로 상사에게 사정을 이야기하고 이번 워크숍은 그냥 집에서 쉰다.
② 부원들에게 의견을 물어보고 각자 자율적으로 하고 싶은 활동을 하도록 한다.
③ 장소보다도 워크숍을 통한 부원들의 단합과 화합이 중요하므로 서울 근교의 적당한 장소를 찾아 워크숍을 진행한다.
④ 무슨 일이 있어도 계획을 실행하기 위해 새로 예약 가능한 버스를 찾아보고 태백산으로 간다.

> ✔ **해설** 워크숍을 하는 이유는 직원들 간의 단합과 화합을 키우기 위해서이고 또한 각 부서의 장에게 나름대로의 재량권이 주어졌으므로 위의 사례에서 최부장이 할 수 있는 행동으로 가장 적절한 것은 ③이다.

29 다음 중 협력을 장려하는 환경을 조성하기 위한 노력으로 적절하지 않은 것은?

① 아이디어가 상식에서 벗어난다고 비판을 하지 말아야 한다.
② 팀원들이 침묵을 하지 않도록 자극을 주어야 한다.
③ 팀원들의 말에 흥미를 가져야 한다.
④ 많은 양의 아이디어를 요구하여야 한다.

> ✔ **해설** 협력을 장려하는 환경을 조성하기 위한 노력
> ㉠ 팀원들의 말에 흥미를 가져야 한다.
> ㉡ 모든 아이디어를 기록하여야 한다.
> ㉢ 상식에서 벗어난 아이디어로 비판을 하지 말아야 한다.
> ㉣ 아이디어를 개발하도록 팀원들을 고무시켜야 한다.
> ㉤ 많은 양의 아이디어를 요구하여야 한다.
> ㉥ 침묵을 지키는 것을 존중하여야 한다.
> ㉦ 관점을 바꿔야 한다.

30 다음에서 설명하는 멤버십의 유형은?

• 조직의 운영방침에 민감하다.
• 사건을 균형 잡힌 시각으로만 본다.
• 규정과 규칙에 따라 행동한다.

---

① 소외형   ② 순응형
③ 실무형   ④ 수동형

 멤버십의 특성
    ㉠ 소외형
      • 자립적인 사람
      • 일부러 반대 의견 제시
      • 조직의 양심
    ㉡ 순응형
      • 기쁜 마음으로 과업 수행
      • 팀플레이를 좋아함
      • 리더나 조직을 믿고 헌신
    ㉢ 수동형
      • 판단, 사고를 리더에게 의존
      • 지시가 있어야만 행동

CHAPTER 03 조직이해능력

1 **조직과 개인**

(1) 조직

① 조직과 기업
   ㉠ 조직 : 두 사람 이상이 공동의 목표를 달성하기 위해 의식적으로 구성된 상호작용과 조정을 행하는 행동의 집합체
   ㉡ 기업 : 노동, 자본, 물자, 기술 등을 투입하여 제품이나 서비스를 산출하는 기관

② 조직의 유형

기준	구분	예
공식성	공식조직	조직의 규모, 기능, 규정이 조직화된 조직
	비공식조직	인간관계에 따라 형성된 자발적 조직
영리성	영리조직	사기업
	비영리조직	정부조직, 병원, 대학, 시민단체
조직규모	소규모 조직	가족 소유의 상점
	대규모 조직	대기업

(2) 경영

① 경영의 의미 ··· 경영은 조직의 목적을 달성하기 위한 전략, 관리, 운영활동이다.

② 경영의 구성요소
   ㉠ 경영목적 : 조직의 목적을 달성하기 위한 방법이나 과정
   ㉡ 인적자원 : 조직의 구성원 · 인적자원의 배치와 활용
   ㉢ 자금 : 경영활동에 요구되는 돈 · 경영의 방향과 범위 한정
   ㉣ 경영전략 : 변화하는 환경에 적응하기 위한 경영활동 체계화

③ 경영자의 역할

대인적 역할	정보적 역할	의사결정적 역할
• 조직의 대표자	• 외부환경 모니터	• 문제 조정
• 조직의 리더	• 변화전달	• 대외적 협상 주도
• 상징자, 지도자	• 정보전달자	• 분쟁조정자, 자원배분자, 협상가

(3) 조직체제 구성요소

① **조직목표** … 전체 조직의 성과, 자원, 시장, 인력개발, 혁신과 변화, 생산성에 대한 목표

② **조직구조** … 조직 내의 부문 사이에 형성된 관계

③ **조직문화** … 조직구성원들 간에 공유하는 생활양식이나 가치

④ **규칙 및 규정** … 조직의 목표나 전략에 따라 수립되어 조직구성원들이 활동범위를 제약하고 일관성을 부여하는 기능

예제 1

주어진 글의 빈칸에 들어갈 말로 가장 적절한 것은?

> 조직이 지속되게 되면 조직구성원들 간 생활양식이나 가치를 공유하게 되는데 이를 조직의 (㉠)라고 한다. 이는 조직구성원들의 사고와 행동에 영향을 미치며 일체감과 정체성을 부여하고 조직이 (㉡)으로 유지되게 한다. 최근 이에 대한 중요성이 부각되면서 긍정적인 방향으로 조성하기 위한 경영층의 노력이 이루어지고 있다.

① ㉠ : 목표, ㉡ : 혁신적　　② ㉠ : 구조, ㉡ : 단계적
③ ㉠ : 문화, ㉡ : 안정적　　④ ㉠ : 규칙, ㉡ : 체계적

출제의도
본 문항은 조직체계의 구성요소들의 개념을 묻는 문제이다.

해 설
조직문화란 조직구성원들 간에 공유하게 되는 생활양식이나 가치를 말한다. 이는 조직구성원들의 사고와 행동에 영향을 미치며 일체감과 정체성을 부여하고 조직이 안정적으로 유지되게 한다.

답 ③

---

(4) 조직변화의 과정

환경변화 인지 → 조직변화 방향 수립 → 조직변화 실행 → 변화결과 평가

(5) 조직과 개인

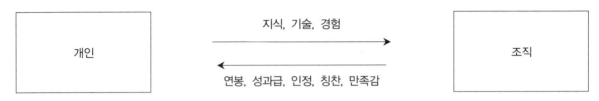

| 개인 | → 지식, 기술, 경험 → | 조직 |

(개인) ——지식, 기술, 경험——→ (조직)
(개인) ←——연봉, 성과급, 인정, 칭찬, 만족감—— (조직)

2 조직이해능력을 구성하는 하위능력

(1) 경영이해능력

① 경영 … 경영은 조직의 목적을 달성하기 위한 전략, 관리, 운영활동이다.

    ㉠ 경영의 구성요소 : 경영목적, 인적자원, 자금, 전략

    ㉡ 경영의 과정

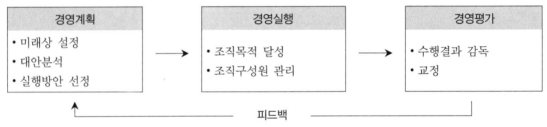

경영계획	경영실행	경영평가
• 미래상 설정 • 대안분석 • 실행방안 선정	• 조직목적 달성 • 조직구성원 관리	• 수행결과 감독 • 교정

피드백

    ㉢ 경영활동 유형

      • 외부경영활동 : 조직외부에서 조직의 효과성을 높이기 위해 이루어지는 활동이다.

      • 내부경영활동 : 조직내부에서 인적, 물적 자원 및 생산기술을 관리하는 것이다.

② 의사결정과정

    ㉠ 의사결정의 과정

      • 확인 단계 : 의사결정이 필요한 문제를 인식한다.

      • 개발 단계 : 확인된 문제에 대하여 해결방안을 모색하는 단계이다.

      • 선택 단계 : 해결방안을 마련하며 실행가능한 해결안을 선택한다.

    ㉡ 집단의사결정의 특징

      • 지식과 정보가 더 많아 효과적인 결정을 할 수 있다.

      • 다양한 견해를 가지고 접근할 수 있다.

      • 결정된 사항에 대하여 의사결정에 참여한 사람들이 해결책을 수월하게 수용하고, 의사소통의 기회도 향상된다.

- 의견이 불일치하는 경우 의사결정을 내리는데 시간이 많이 소요된다.
- 특정 구성원에 의해 의사결정이 독점될 가능성이 있다.

③ 경영전략
  ㉠ 경영전략 추진과정

전략목표설정		환경분석		경영전략 도출		경영전략 실행		평가 및 피드백
• 비전 설정 • 미션 설정	→	• 내부환경 분석 • 외부환경 분석 (SWOT 등)	→	• 조직전략 • 사업전략 • 부문전략	→	• 경영목적 달성	→	• 경영전략 결과 평가 • 전략목표 및 경영전략 재조명

  ㉡ 마이클 포터의 본원적 경쟁전략

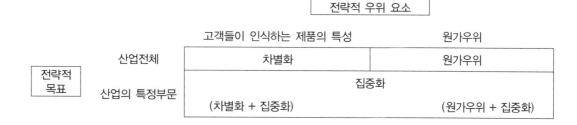

		전략적 우위 요소	
		고객들이 인식하는 제품의 특성	원가우위
전략적 목표	산업전체	차별화	원가우위
	산업의 특정부문	집중화	
		(차별화 + 집중화)	(원가우위 + 집중화)

예제 2

다음은 경영전략을 세우는 방법 중 하나인 SWOT에 따른 어느 기업의 분석결과
이다. 다음 중 주어진 기업 분석 결과에 대응하는 전략은?

강점(Strength)	• 차별화된 맛과 메뉴 • 폭넓은 네트워크
약점(Weakness)	• 매출의 계절적 변동폭이 큼 • 딱딱한 기업 이미지
기회(Opportunity)	• 소비자의 수요 트랜드 변화 • 가계의 외식 횟수 증가 • 경기회복 가능성
위협(Threat)	• 새로운 경쟁자의 진입 가능성 • 과도한 가계부채

내부환경 외부환경	강점(Strength)	약점(Weakness)
기회 (Opportunity)	① 계절 메뉴 개발을 통한 분기 매출 확보	② 고객의 소비패턴을 반영한 광고를 통한 이미지 쇄신
위협 (Threat)	③ 소비 트렌드 변화를 반영한 시장 세분화 정책	④ 고급화 전략을 통한 매출 확대

④ 경영참가제도

  ㉠ 목적

    • 경영의 민주성을 제고할 수 있다.

    • 공동으로 문제를 해결하고 노사 간의 세력 균형을 이룰 수 있다.

    • 경영의 효율성을 제고할 수 있다.

    • 노사 간 상호 신뢰를 증진시킬 수 있다.

  ㉡ 유형

    • 경영참가 : 경영자의 권한인 의사결정과정에 근로자 또는 노동조합이 참여하는 것

    • 이윤참가 : 조직의 경영성과에 대하여 근로자에게 배분하는 것

    • 자본참가 : 근로자가 조직 재산의 소유에 참여하는 것

예제 3

다음은 중국의 H사에서 시행하는 경영참가제도에 대한 기사이다. 밑줄 친 이 제도는 무엇인가?

> H사는 '사람' 중심의 수평적 기업문화가 발달했다. H사는 이 제도의 시행을 통해 직원들이 경영에 간접적으로 참여할 수 있게 하였는데 이에 따라 자연스레 기업에 대한 직원들의 책임 의식도 강화됐다. 참여주주는 8만2471명이다. 모두 H사의 임직원이며, 이 중 창립자인 CEO R은 개인 주주로 총 주식의 1.18%의 지분과 퇴직연금으로 주식총액의 0.21%만을 보유하고 있다.

① 노사협의회제도　　　　　　② 이윤분배제도

③ 종업원지주제도　　　　　　④ 노동주제도

---

(2) 체제이해능력

① **조직목표** : 조직이 달성하려는 장래의 상태

  ㉠ 조직목표의 기능

    • 조직이 존재하는 정당성과 합법성 제공

    • 조직이 나아갈 방향 제시

    • 조직구성원 의사결정의 기준

    • 조직구성원 행동수행의 동기유발

    • 수행평가 기준

    • 조직설계의 기준

ⓛ 조직목표의 특징
- 공식적 목표와 실제적 목표가 다를 수 있음
- 다수의 조직목표 추구 가능
- 조직목표 간 위계적 상호관계가 있음
- 가변적 속성
- 조직의 구성요소와 상호관계를 가짐

② 조직구조

ⓒ 조직구조의 결정요인 : 전략, 규모, 기술, 환경

ⓛ 조직구조의 유형과 특징

유형	특징
기계적 조직	• 구성원들의 업무가 분명하게 규정 • 엄격한 상하 간 위계질서 • 다수의 규칙과 규정 존재
유기적 조직	• 비공식적인 상호의사소통 • 급변하는 환경에 적합한 조직

③ 조직문화

ⓒ 조직문화 기능
- 조직구성원들에게 일체감, 정체성 부여
- 조직몰입 향상
- 조직구성원들의 행동지침 : 사회화 및 일탈행동 통제
- 조직의 안정성 유지

ⓛ 조직문화 구성요소(7S) : 공유가치(Shared Value), 리더십 스타일(Style), 구성원(Staff), 제도 · 절차(System), 구조(Structure), 전략(Strategy), 스킬(Skill)

④ 조직 내 집단

ⓒ 공식적 집단 : 조직에서 의식적으로 만든 집단으로 집단의 목표, 임무가 명확하게 규정되어 있다.
예 임시위원회, 작업팀 등

ⓛ 비공식적 집단 : 조직구성원들의 요구에 따라 자발적으로 형성된 집단이다.
예 스터디모임, 봉사활동 동아리, 각종 친목회 등

(3) 업무이해능력

① 업무 : 업무는 상품이나 서비스를 창출하기 위한 생산적인 활동이다.

　㉠ 업무의 종류

부서	업무(예)
총무부	주주총회 및 이사회개최 관련 업무, 의전 및 비서업무, 집기비품 및 소모품의 구입과 관리, 사무실 임차 및 관리, 차량 및 통신시설의 운영, 국내외 출장 업무 협조, 복리후생 업무, 법률자문과 소송관리, 사내외 홍보 광고업무
인사부	조직기구의 개편 및 조정, 업무분장 및 조정, 인력수급계획 및 관리, 직무 및 정원의 조정 종합, 노사관리, 평가관리, 상벌관리, 인사발령, 교육체계 수립 및 관리, 임금제도, 복리후생제도 및 지원업무, 복무관리, 퇴직관리
기획부	경영계획 및 전략 수립, 전사기획업무 종합 및 조정, 중장기 사업계획의 종합 및 조정, 경영정보 조사 및 기획보고, 경영진단업무, 종합예산수립 및 실적관리, 단기사업계획 종합 및 조정, 사업계획, 손익추정, 실적관리 및 분석
회계부	회계제도의 유지 및 관리, 재무상태 및 경영실적 보고, 결산 관련 업무, 재무제표분석 및 보고, 법인세, 부가가치세, 국세 지방세 업무자문 및 지원, 보험가입 및 보상업무, 고정자산 관련 업무
영업부	판매 계획, 판매예산의 편성, 시장조사, 광고 선전, 견적 및 계약, 제조지시서의 발행, 외상매출금의 청구 및 회수, 제품의 재고 조절, 거래처로부터의 불만처리, 제품의 애프터서비스, 판매원가 및 판매가격의 조사 검토

예제 4

다음은 I기업의 조직도와 팀장님의 지시사항이다. H씨가 팀장님의 심부름을 수행하기 위해 연락해야 할 부서로 옳은 것은?

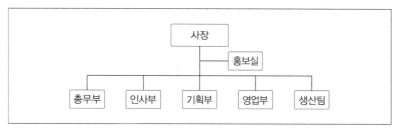

　H씨! 내가 지금 너무 바빠서 그러는데 부탁 좀 들어줄래요? 다음 주 중에 사장님 모시고 클라이언트와 만나야 할 일이 있으니까 사장님 일정을 확인해주시구요. 이번 달에 신입사원 교육·훈련계획이 있었던 것 같은데 정확한 시간이랑 날짜를 확인해주세요.

① 총무부, 인사부
② 총무부, 홍보실
③ 기획부, 총무부
④ 영업부, 기획부

출제의도

조직도와 부서의 명칭을 보고 개략적인 부서의 소관 업무를 분별할 수 있는지를 묻는 문항이다.

해　설

사장의 일정에 관한 사항은 비서실에서 관리하나 비서실이 없는 회사의 경우 총무부(또는 팀)에서 비서업무를 담당하기도 한다. 또한 신입사원 관리 및 교육은 인사부에서 관리한다.

답 ①

　ⓒ **업무의 특성**
　　• 공통된 조직의 목적 지향
　　• 요구되는 지식, 기술, 도구의 다양성
　　• 다른 업무와의 관계, 독립성
　　• 업무수행의 자율성, 재량권

② **업무수행 계획**
　　㉠ **업무지침 확인** : 조직의 업무지침과 나의 업무지침을 확인한다.
　　ⓒ **활용 자원 확인** : 시간, 예산, 기술, 인간관계
　　ⓒ **업무수행 시트 작성**
　　　• 간트 차트 : 단계별로 업무의 시작과 끝 시간을 바 형식으로 표현
　　　• 워크 플로 시트 : 일의 흐름을 동적으로 보여줌
　　　• 체크리스트 : 수행수준 달성을 자가점검

Point 》 간트 차트와 플로 차트

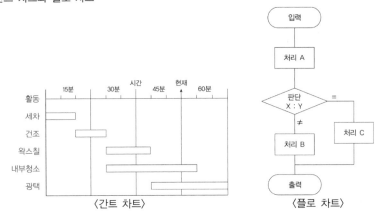

〈간트 차트〉　　　　〈플로 차트〉

예제 5

다음 중 업무수행 시 단계별로 업무를 시작해서 끝나는 데까지 걸리는 시간을 바 형식으로 표시하여 전체 일정 및 단계별로 소요되는 시간과 각 업무활동 사이의 관계를 볼 수 있는 업무수행 시트는?

① 간트 차트
② 워크 플로 차트
③ 체크리스트
④ 퍼트 차트

출제의도

업무수행 계획을 수립할 때 간트 차트, 워크 플로 시트, 체크리스트 등의 수단을 이용하면 효과적으로 계획하고 마지막에 급하게 일을 처리하지 않고 주어진 시간 내에 끝마칠 수 있다. 본 문항은 그러한 수단이 되는 차트들의 이해도를 묻는 문항이다.

해 설

② 일의 절차 처리의 흐름을 표현하기 위해 기호를 써서 도식화한 것
③ 업무를 세부적으로 나누고 각 활동별로 수행수준을 달성했는지를 확인하는 데 효과적
④ 하나의 사업을 수행하는 데 필요한 다수의 세부사업을 단계와 활동으로 세분하여 관련된 계획 공정으로 묶고, 각 활동의 소요시간을 낙관시간, 최가능시간, 비관시간 등 세 가지로 추정하고 이를 평균하여 기대시간을 추정

답 ①

---

③ 업무 방해요소

　㉠ 다른 사람의 방문, 인터넷, 전화, 메신저 등

　㉡ 갈등관리

　㉢ 스트레스

(4) 국제감각

① 세계화와 국제경영

　㉠ 세계화 : 3Bs(국경 ; Border, 경계 ; Boundary, 장벽 ; Barrier)가 완화되면서 활동범위가 세계로 확대되는 현상이다.

　㉡ 국제경영 : 다국적 내지 초국적 기업이 등장하여 범지구적 시스템과 네트워크 안에서 기업 활동이 이루어지는 것이다.

② 이문화 커뮤니케이션 : 서로 상이한 문화 간 커뮤니케이션으로 직업인이 자신의 일을 수행하는 가운데 문화배경을 달리하는 사람과 커뮤니케이션을 하는 것이 이에 해당한다. 이문화 커뮤니케이션은 언어적 커뮤니케이션과 비언어적 커뮤니케이션으로 구분된다.

③ 국제 동향 파악 방법

　㉠ 관련 분야 해외사이트를 방문해 최신 이슈를 확인한다.

　㉡ 매일 신문의 국제면을 읽는다.

　㉢ 업무와 관련된 국제잡지를 정기구독 한다.

　㉣ 고용노동부, 한국산업인력공단, 산업통상자원부, 중소기업청, 상공회의소, 산업별인적자원개발협의체 등의 사이트를 방문해 국제동향을 확인한다.

　㉤ 국제학술대회에 참석한다.

　㉥ 업무와 관련된 주요 용어의 외국어를 알아둔다.

　㉦ 해외서점 사이트를 방문해 최신 서적 목록과 주요 내용을 파악한다.

　㉧ 외국인 친구를 사귀고 대화를 자주 나눈다.

④ 대표적인 국제매너

　㉠ 미국인과 인사할 때에는 눈이나 얼굴을 보는 것이 좋으며 오른손으로 상대방의 오른손을 힘주어 잡았다가 놓아야 한다.

　㉡ 러시아와 라틴아메리카 사람들은 인사할 때에 포옹을 하는 경우가 있는데 이는 친밀함의 표현이므로 자연스럽게 받아주는 것이 좋다.

　㉢ 명함은 받으면 꾸기거나 계속 만지지 않고 한 번 보고나서 탁자 위에 보이는 채로 대화하거나 명함집에 넣는다.

　㉣ 미국인들은 시간 엄수를 중요하게 생각하므로 약속시간에 늦지 않도록 주의한다.

　㉤ 스프를 먹을 때에는 몸쪽에서 바깥쪽으로 숟가락을 사용한다.

　㉥ 생선요리는 뒤집어 먹지 않는다.

　㉦ 빵은 스프를 먹고 난 후부터 디저트를 먹을 때까지 먹는다.

출제예상문제

1 조직의 개념을 다음과 같이 구분할 때, 비공식 조직(A)과 비영리 조직(B)을 알맞게 짝지은 것은 어느 것인가?

> 조직은 공식화 정도에 따라 공식조직과 비공식조직으로 구분할 수 있다. 공식조직은 조직의 구조, 기능, 규정 등이 조직화되어 있는 조직을 의미하며, 비공식조직은 개인들의 협동과 상호작용에 따라 형성된 자발적인 집단 조직이다. 즉, 비공식조직은 인간관계에 따라 형성된 것으로, 조직이 발달해 온 역사를 보면 비공식조직으로부터 공식학가 진행되어 공식조직으로 발전해 왔다.
>
> 또한 조직은 영리성을 기준으로 영리조직과 비영리조직으로 구분할 수 있다. 영리조직은 기업과 같이 이윤을 목적으로 하는 조직이며, 비영리조직은 공익을 추구하는 기관이나 단체 등이 해당한다.
>
> 조직을 규모로 구분하여 보았을 때, 가족 소유의 상점과 같이 소규모 조직도 있지만, 대기업과 같이 대규모 조직도 있으며, 최근에는 다국적 기업도 증가하고 있다. 다국적 기업이란 동시에 둘 이상의 국가에서 법인을 등록하고 경영활동을 벌이는 기업을 의미한다.

	(A)	(B)
①	사기업	시민 단체
②	병원	대학
③	계모임	종교 단체
④	대기업	소규모 빵집

> ✔ **해설** 비공식조직은 자발적으로 형성된 조직으로 구조나 규정 등이 조직화되어 있지 않아야 한다. 또한 비영리조직은 이윤 추구가 아닌 공익을 추구하는 기관이나 단체가 해당되므로 주어진 보기에서는 계모임과 종교 단체가 각각 비공식조직과 비영리조직에 해당된다고 볼 수 있다.

2 다음 중 밑줄 친 (가)와 (나)에 대한 설명으로 적절하지 않은 것은 어느 것인가?

> 조직 내에서는 (가)개인이 단독으로 의사결정을 내리는 경우도 있지만 집단이 의사결정을 하기도 한다. 조직에서 여러 문제가 발생하면 직업인은 의사결정과정에 참여하게 된다. 이때 조직의 의사결정은 (나)집단적으로 이루어지는 경우가 많으며, 여러 가지 제약요건이 존재하기 때문에 조직의 의사결정에 적합한 과정을 거쳐야 한다. 조직의 의사결정은 개인의 의사결정에 비해 복잡하고 불확실하다. 따라서 대부분 기존의 결정을 조금씩 수정해나가는 방향으로 이루어진다.

① (나)가 보다 효과적인 결정을 내릴 확률이 높다.

② (가)는 결정된 사항에 대하여 의사결정에 참여한 사람들이 해결책을 수월하게 수용하지 않을 수도 있다.

③ (가)는 특정 구성원에 의해 의사결정이 독점될 가능성이 있다.

④ (나)는 다양한 시각과 견해를 가지고 의사결정에 접근할 수 있다.

✔ 해설 집단의사결정은 한 사람이 가진 지식보다 집단이 가지고 있는 지식과 정보가 더 많아 효과적인 결정을 할 수 있다. 또한 다양한 집단구성원이 갖고 있는 능력은 각기 다르므로 각자 다른 시각으로 문제를 바라봄에 따라 다양한 견해를 가지고 접근할 수 있다. 집단의사결정을 할 경우 결정된 사항에 대하여 의사결정에 참여한 사람들이 해결책을 수월하게 수용하고, 의사소통의 기회도 향상되는 장점이 있다. 반면에 의견이 불일치하는 경우 의사결정을 내리는 데 시간이 많이 소요되며, 특정 구성원에 의해 의사결정이 독점될 가능성이 있다.

3 '조직몰입'에 대한 다음 글을 참고할 때, 조직몰입의 유형에 대한 설명으로 적절하지 않은 것은 어느 것인가?

> 몰입이라는 용어는 사회학에서 주로 다루어져 왔는데 사전적 의미에서 몰입이란 "감성적 또는 지성적으로 특정의 행위과정에서 빠지는 것"이므로 몰입은 타인, 집단, 조직과의 관계를 포함하며, 조직몰입은 종업원이 자신이 속한 조직에 대해 얼마만큼의 열정을 가지고 몰두하느냐 하는 정도를 가리키는 개념이다. 즉, 조직에 대한 충성 동일화 및 참여의 견지에서 조직구성원이 가지는 조직에 대한 성향을 의미한다. 또한 조직몰입은 조직의 목표와 가치에 대한 강한 신념과 조직을 위해 상당한 노력을 하고자 하는 의지 및 조직의 구성원으로 남기를 바라는 강한 욕구를 의미하기도 한다. 최근에는 직무만족보다 성과나 이직 등의 조직현상에 대한 설명력이 높다는 관점에서 조직에 대한 조직구성원의 태도를 나타내는 조직몰입은 많은 연구의 관심사가 되고 있다.

① '도덕적 몰입'은 비영리적 조직에서 찾아볼 수 있는 조직몰입 형태이다.
② 조직과 구성원 간의 관계가 타산적이고 합리적일 때의 유형은 '계산적 몰입'에 해당된다.
③ 조직과 구성원 간의 관계가 부정적, 착취적 상태인 몰입의 유형은 '소외적 몰입'에 해당된다.
④ '도덕적 몰입'은 몰입의 정도가 가장 낮다고 할 수 있다.

✔해설
• 도덕적 몰입 : 비영리적 조직에서 찾아볼 수 있는 조직몰입 형태로 도덕적이며 규범적 동기에서 조직에 참가하는 것으로 조직몰입의 강도가 제일 높으며 가장 긍정적 조직으로의 지향을 나타낸다.
• 계산적 몰입 : 조직과 구성원 간의 관계가 타산적이고 합리적일 때의 유형으로 몰입의 정도는 중간 정도를 보이게 되며, 몰입 방향은 긍정적 혹은 부정적 방향으로 나타날 수 있다. 이러한 몰입은 공인적 조직에서 찾아볼 수 있으며 단순한 참여와 근속만을 의미한다.
• 소외적 몰입 : 주로 교도소, 포로수용소 등 착취적인 관계에서 볼 수 있는 것으로 조직과 구성원 간의 관계가 부정적 상태인 몰입이다.

4 다음 '갑' 기업과 '을' 기업에 대한 설명 중 적절하지 않은 것은 어느 것인가?

> '갑' 기업은 다양한 사외 기관, 단체들과의 상호 교류 등 업무가 잦아 관련 업무를 전담하는 조직
> 이 갖춰져 있다. 전담 조직의 인원이 바뀌는 일은 가끔 있지만, 상설 조직이 있어 매번 발생하는 유
> 사 업무를 효율적으로 수행한다.
> '을' 기업은 사내 당구 동호회가 구성되어 있어 동호회에 가입한 직원들은 정기적으로 당구장을 찾
> 아 쌓인 스트레스를 풀곤 한다. 가입과 탈퇴가 자유로우며 당구를 좋아하는 직원은 누구든 참여가
> 가능하다. 당구 동호회에 가입한 직원은 직급이 아닌 당구 실력으로만 평가 받으며, 언제 어디서 당
> 구를 즐기든 상사의 지시를 받지 않아도 된다.

① '갑' 기업의 상설 조직은 의도적으로 만들어진 집단이다.
② '갑' 기업 상설 조직의 임무는 보통 명확하지 않고 즉흥적인 성격을 띤다.
③ '을 '기업 당구 동호회는 공식적인 임무 이외에도 다양한 요구들에 의해 구성되는 경우가 많다.
④ '갑' 기업 상설 조직의 구성원은 인위적으로 참여한다.

> ✔ **해설** '갑' 기업의 상설 조직은 공식적, '을' 기업의 당구 동호회는 비공식적 집단이다. 공식적인 집단은 조직의
> 공식적인 목표를 추구하기 위해 조직에서 의도적으로 만든 집단이다. 따라서 공식적인 집단의 목표나 임
> 무는 비교적 명확하게 규정되어 있으며, 여기에 참여하는 구성원들도 인위적으로 결정되는 경우가 많다.

┃5~6┃ 수당과 관련한 다음 글을 보고 이어지는 물음에 답하시오.

〈수당 지급〉

◆ **자녀학비보조수당**

○ 지급 대상 : 초등학교·중학교 또는 고등학교에 취학하는 자녀가 있는 직원(부부가 함께 근무하는 경우 한 쪽에만 지급)

○ 지급범위 및 지급액

  – (범위) 수업료와 학교운영지원비(입학금은 제외)

  – (지급액) 상한액 범위 내에서 공납금 납입영수증 또는 공납금 납입고지서에 기재된 학비 전액 지급하며 상한액은 자녀 1명당 월 60만 원

◆ **육아휴직수당**

○ 지급 대상 : 만 8세 이하의 자녀를 양육하기 위하여 필요하거나 여직원이 임신 또는 출산하게 된 때로 30일 이상 휴직한 남·녀 직원

○ 지급액 : 휴직 개시일 현재 호봉 기준 월 봉급액의 40퍼센트

  – (휴직 중) 총 지급액에서 15퍼센트에 해당하는 금액을 뺀 나머지 금액

    ※ 월 봉급액의 40퍼센트에 해당하는 금액이 100만 원을 초과하는 경우에는 100만 원을, 50만 원 미만일 경우에는 50만 원을 지급

  – (복직 후) 총 지급액의 15퍼센트에 해당하는 금액

    ※ 복직하여 6개월 이상 계속하여 근무한 경우 7개월 째 보수지급일에 지급함. 다만, 복직 후 6개월 경과 이전에 퇴직하는 경우에는 지급하지 않음

○ 지급기간 : 휴직일로부터 최초 1년 이내

◆ **위험근무수당**

○ 지급 대상 : 위험한 직무에 상시 종사하는 직원

○ 지급 기준

  1) 직무의 위험성은 각 부문과 등급별에서 정한 내용에 따름

  2) 상시 종사란 공무원이 위험한 직무를 일정기간 또는 계속 수행하는 것을 의미. 따라서 일시적·간헐적으로 위험한 직무에 종사하는 경우는 지급대상에 포함될 수 없음

  3) 직접 종사란 해당 부서 내에서도 업무 분장 상에 있는 위험한 작업 환경과 장소에 직접 노출되어 위험한 업무를 직접 수행하는 것을 의미

○ 지급방법 : 실제 위험한 직무에 종사한 기간에 대하여 일할 계산하여 지급함

5   다음 중 위의 수당 관련 설명을 잘못 이해한 내용은?

① 위험한 직무에 3일간 근무한 것은 위험근무수당 지급 대상이 되지 않는다.

② 자녀학비보조수당은 수업료와 입학금 등 정상적인 학업에 관한 일체의 비용이 포함된다.

③ 육아휴직수당은 휴직일로부터 최초 1년이 경과하면 지급받을 수 없다.

④ 부부가 함께 근무해도 자녀학비보조수당은 부부 중 한 쪽에게만 지급된다.

> ✔ **해설** 자녀학비보조수당은 수업료와 학교운영지원비를 포함하며 입학금은 제외된다고 명시되어 있다.
> ① 위험근무수당은 위험한 직무에 상시 종사한 직원에게 지급된다.
> ③ 육아휴직수당은 휴직일로부터 최초 1년 이내에만 지급된다.

6   월 급여액 200만 원인 C대리가 육아휴직을 받게 되었다. 이에 대한 다음의 설명 중 올바른 것은?

① 3월 1일부로 복직을 하였다면, 8월에 육아휴직수당 잔여분을 지급받게 된다.

② 육아휴직수당의 총 지급액은 100만 원이다.

③ 복직 후 3개월째에 퇴직을 할 경우, 휴가 중 지급받은 육아휴직수당을 회사에 반환해야 한다.

④ 복직 후에 육아휴직수당 총 지급액 중 12만 원을 지급받을 수 있다.

> ✔ **해설** 월 급여액이 200만 원이므로 총 지급액은 200만 원의 40퍼센트인 80만 원이며, 이는 50~100만 원 사이의 금액이므로 80만 원의 15퍼센트에 해당하는 금액인 12만 원이 복직 후에 지급된다.
> ① 3월 1일부로 복직을 하였다면, 6개월을 근무하고 7개월째인 9월에 육아휴직수당 잔여분을 지급받게 된다.
> ② 육아휴직수당의 총 지급액은 80만 원이다.
> ③ 복직 후 3개월째에 퇴직을 할 경우, 복직 후 지급받을 15퍼센트가 지급되지 않으며 휴가 중 지급받은 육아휴직수당을 회사에 반환할 의무 규정은 없다.

Answer   5.② 6.④

┃7~9┃ 다음은 한국보훈복지의료공단의 조직도이다. 물음에 답하시오.

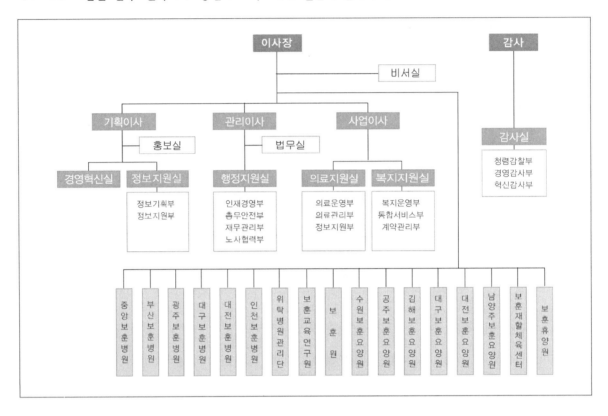

7 다음 중 소속이 다른 부서는?

① 경영평가부　　　　　　　　② 경영감사부

③ 경영전략부　　　　　　　　④ 조직예산부

✔해설　②는 감사실 소속이다.
　　　　①③④는 경영혁신실 소속이다.

8 다음 빈칸에 들어갈 말을 고르면?

> 한국보훈복지의료공단은 이사장 아래 (㉠)개의 이사를 두고 있다. 기획이사 소속의 경영혁신실은 4개의 부서를 두고 있고, (㉡) 소속의 행정지원실은 4개의 부서를 두고 있다. 사업이사는 아래에 의료지원실과 (㉢)을 두고 있고, 그 아래 각각 3개의 부서를 두고 있다.

	㉠	㉡	㉢
①	4	사업이사	감사실
②	4	사업이사	복지지원실
③	3	관리이사	감사실
④	3	관리이사	복지지원실

 한국보훈복지의료공단은 이사장 아래 (3)개의 이사를 두고 있다. 기획이사 소속의 경영혁신실은 4개의 부서를 두고 있고, (관리이사) 소속의 행정지원실은 4개의 부서를 두고 있다. 사업이사는 아래에 의료지원실과 (복지지원실)을 두고 있고, 그 아래 각각 3개의 부서를 두고 있다.

9 다음 중 옳지 않은 것은?

① 감사실은 청렴감찰부와 경영감사부를 포함한다.
② 사업이사 아래 총 6개의 부서가 존재한다.
③ 이사장 아래 6개의 보훈병원을 포함한다.
④ 보훈요양원은 총 7개로 구성되어 있다.

 보훈요양원은 총 6개로 구성되어 있다.

10 다음은 IT회사의 조직도와 사내 업무협조전이다. 주어진 업무협조전의 발신부서와 수신부서 가장 적절하게 연결된 것은?

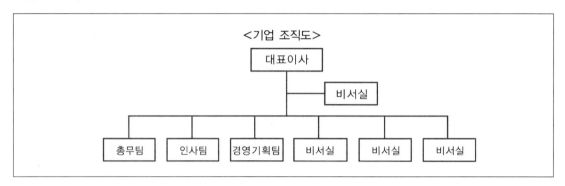

업무 협조전

제목 : 콘텐츠 개발에 따른 적극적 영업 마케팅 협조

내용 :

2021년 경영기획팀의 요청으로 저희 팀에서 제작하기 시작한 업무매니저 "원스" 소프트웨어가 모두 제작 완료되었습니다. 하여 해당 소프트웨어 5종에 관한 적극적인 마케팅을 부탁드립니다.

"원스"는 거래처관리, 직원/급여관리, 매입/매출관리, 증명서 발급관리, 거래/견적/세금관리 소프트웨어로 각 분야별 영업을 진행하시면 될 거 같습니다.

특히 직원/급여관리 소프트웨어는 회사 직원과 급여를 통합적으로 관리할 수 있는 프로그램이므로 모든 회사가 보편적으로 이용할 수 있도록 설계되었기 때문에 적극적인 영업 마케팅이 더해졌을 때 큰 이익을 낼 수 있을 것이라 예상됩니다.

해당 5개 프로그램의 매뉴얼과 설명서를 첨부해드리오니 이를 숙지하시고 판매에 효율성을 가지시기 바랍니다.

첨부 : 업무매니저 "원스" 매뉴얼 및 설명서

① 경영기획팀 – 홍보팀

② 연구개발팀 – 영업팀

③ 영업팀 – 홍보팀

④ 총무팀 – 경영기획팀

> ✅**해설** 발신부서는 소프트웨어를 제작하는 팀이므로 연구개발팀에 해당하며, 수신부서에게 신제품에 대한 영업 마케팅에 대한 당부를 하고 있으므로 수신부서는 영업팀이 가장 적절하다.

11 다음의 조직도를 올바르게 이해한 것을 모두 고르면?

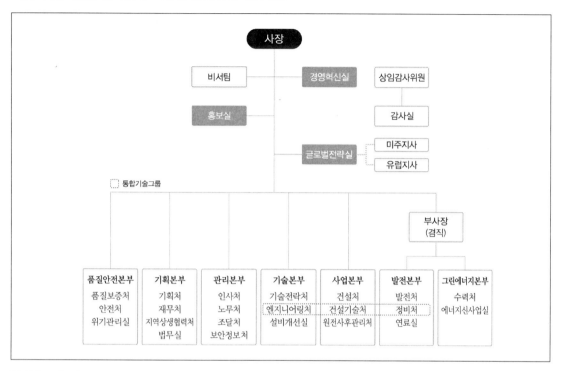

ⓒ 7본부 3실은 모두 사장직속으로 되어 있다.

ⓒ 글로벌전략실은 2개의 지사를 이끌고 있다.

ⓒ 인사처와 노무처는 상호 업무 협동이 있어야 하므로 같은 본부에 소속되어 있다.

ⓔ 엔지니어링처와 건설기술처, 정비처, 발전처는 통합기술그룹에 속한다.

① ㉠㉡   ② ㉠㉣

③ ㉡㉢   ④ ㉢㉣

✔ 해설 ㉠ 발전본부와 그린에너지본부는 부사장 소속으로 되어 있다.
        ㉣ 엔지니어링처와 건설기술처, 정비처만 통합기술그룹에 속한다.

12 다음은 L회사의 전략목표에 따른 전략과제를 나타낸 것이다. ㉠~㉣ 중 분류가 잘못된 것은?

전략목표	전략과제
국민이 행복한 주거복지 종합서비스 실현	• 공공주택 서비스 강화 • 주거복지 전달체계 구축 • ㉠ 맞춤형 주거복지 서비스 강화 • 공동주택 관리 및 건축물 가치 제고
융복합을 통한 미래국토가치 창조	• 수요 맞춤형 도시조성 • 국민경제 성장기반 조성 • 지역균형발전 선도 • ㉡ 원가절감 및 수익성 관리 강화
지속가능한 경영체계 구축	• 부채감축 및 재무위험관리 강화 • ㉢ 판매 및 대금회수 극대화 • 워크스마트 체계 구축 • 미래대비 노력 강화
신뢰받는 고객중심 서비스 강화	• 국민 맞춤형 서비스 제공 강화 • ㉣ 국민신뢰도 제고 • 소통·화합을 통한 생산성 제고 • 사회공헌을 통한 사회적책임 강화

① ㉠   ② ㉡

③ ㉢   ④ ㉣

✔해설 ② '원가절감 및 수익성 관리 강화'는 '지속가능한 경영체계 구축'에 따른 전략과제이다.

13 다음에 주어진 조직의 특성 중 유기적 조직에 대한 설명을 모두 고른 것은?

> ㉠ 구성원들의 업무가 분명하게 규정되어 있다.
> ㉡ 급변하는 환경에 적합하다.
> ㉢ 비공식적인 상호의사소통이 원활하게 이루어진다.
> ㉣ 엄격한 상하 간의 위계질서가 존재한다.
> ㉤ 많은 규칙과 규정이 존재한다.

① ㉠㉢   ② ㉡㉢

③ ㉡㉤   ④ ㉢㉣

✔해설 유기적 조직 … 의사결정권한이 조직의 하부구성원들에게 많이 위임되어 있으며 업무 또한 고정되지 않고 공유 가능한 조직이다. 유기적 조직에서는 비공식적인 상호의사소통이 원활히 이루어지며, 규제나 통제의 정도가 낮아 변화에 따라 쉽게 변할 수 있는 특징을 가진다.

14 다음과 같은 팀장의 지시를 받은 김 대리가 업무를 처리하기 위해 들러야 하는 조직의 명칭을 순서대로 나열한 것은?

> "김 대리, 갑자기 급한 일이 생겼는데 혹시 나 좀 도와줄 수 있겠나? 어제 사장님께 보고 드릴 자료를 완성했는데, 혹시 오류나 수정 사항이 있는지 확인해 주고 김 비서에게 전달해줬으면 좋겠네. 그리고 모레 있을 바이어 미팅은 대형 계약 성사를 위해 매우 중요한 일이니까 계약서 초안 검토 작업이 어디까지 진행 중인지 한 번 알아봐 주게. 오는 길에 바이어 픽업 관련 배차 현황도 다시 한 번 확인해 주고, 내일 선적해야 할 물량통관 작업에는 문제없는지 확인해서 이 과장에게 알려줘야하네. 그럼 실수 없도록 잘 부탁하고 자네만 믿겠네."

① 비서실, 법무팀, 총무팀, 물류팀
② 비서실, 기획팀, 회계팀, 물류팀
③ 기획팀, 총무팀, 홍보팀, 물류팀
④ 기획팀, 회계팀, 비서실, 물류팀

✔ **해설** 김 대리가 들러야 하는 조직과 업무 내용은 보고서 전달(비서실), 계약서 검토(법무팀), 배차 현황 확인(총무팀), 통관 작업 확인(물류팀)이다.

┃15~18┃ 다음 결재규정을 보고 주어진 상황에 알맞게 작성된 양식을 고르시오.

〈결재규정〉

- 결재를 받으려면 업무에 대해서는 최고결재권자(대표이사)를 포함한 이하 직책자의 결재를 받아야 한다.
- '전결'이라 함은 회사의 경영활동이나 관리활동을 수행함에 있어 의사결정이나 판단을 요하는 일에 대하여 최고 결재권자의 결재를 생략하고, 자신의 책임 하에 최종적으로 의사결정이나 판단을 하는 행위를 말한다.
- 전결사항에 대해서도 위임 받은 자를 포함한 이하 직책자의 결재를 받아야 한다.
- 표시내용 : 결재를 올리는 자는 최고결재권자로부터 전결사항을 위임 받은 자가 있는 경우 결재란에 전결이라고 표시하고 최종 결재권자에 위임 받은 자를 표시한다. 다만, 결재가 불필요한 직책자의 결재란은 상향대각선으로 표시한다.
- 최고결재권자의 결재사항 및 최고결재권자로부터 위임된 전결사항은 다음의 표에 따른다.

구분	내용	금액기준	결재서류	팀장	본부장	대표이사
접대비	거래처 식대, 경조사비 등	20만 원 이하	접대비지출품의서 지출결의서	● ■		
		30만 원 이하			● ■	
		30만 원 초과				● ■
교통비	국내 출장비	30만 원 이하	출장계획서 출장비신청서	● ■		
		50만 원 이하		●	■	
		50만 원 초과		●		■
	해외 출장비			●		■
소모품비	사무용품		지출결의서	■		
	문서, 전산소모품					■
	기타 소모품	20만 원 이하		■		
		30만 원 이하			■	
		30만 원 초과				■
교육 훈련비	사내외 교육		기안서 지출결의서	●		■
법인카드	법인카드 사용	50만 원 이하	법인카드신청서	■		
		100만 원 이하			■	
		100만 원 초과				■

● : 기안서, 출장계획서, 접대비지출품의서

■ : 지출결의서, 세금계산서, 발행요청서, 각종 신청서

15 편집부 직원 R씨는 해외 시장 모색을 위해 영국행 비행기 티켓 500,000원과 호주행 비행기 티켓 500,000원을 지불하였다. R씨가 작성해야 할 결재 방식으로 옳은 것은?

①

출장계획서			
결재 담당	팀장	본부장	최종 결재
R			전결

②

출장계획서			
결재 담당	팀장	본부장	최종 결재
R		전결	본부장

③

출장비신청서			
결재 담당	팀장	본부장	최종 결재
R	전결		본부장

④

출장비신청서			
결재 담당	팀장	본부장	최종 결재
R			대표이사

✔해설 해외출장비는 교통비에 해당하며, 출장계획서의 경우 팀장, 출장비신청서의 경우 대표이사에게 결재권이 있다.

Answer 15.④

16 영업부 사원 I씨는 거래업체 직원들과 저녁 식사를 위해 270,000원을 지불하였다. I씨가 작성해야 하는 결재 방식으로 옳은 것은?

①

접대비지출품의서			
결재	담당	팀장	본부장	최종 결재
	I			전결

②

접대비지출품의서			
결재	담당	팀장	본부장	최종 결재
	I	전결		본부장

③

지출결의서			
결재	담당	팀장	본부장	최종 결재
	I	전결		본부장

④

접대비지출품의서			
결재	담당	팀장	본부장	최종 결재
	I		전결	본부장

✔해설 거래처 식대이므로 접대비지출품의서나 지출결의서를 작성하고 30만 원 이하이므로 최종 결재는 본부장이 한다. 본부장이 최종 결재를 하고 본부장 란에는 전결을 표시한다.

17 영상 촬영팀 사원 Q씨는 외부 교육업체로부터 1회에 20만 원씩 총 5회에 걸쳐 진행하는 〈디지털 영상 복원 기술〉 강의를 수강하기로 하였다. Q씨가 작성해야 할 결재 방식으로 옳은 것은?

①

기안서			
결 재	담당	팀장	본부장	최종 결재
	Q			전결

②

지출결의서			
결 재	담당	팀장	본부장	최종 결재
	Q	전결		대표이사

③

기안서			
결 재	담당	팀장	본부장	최종 결재
	Q	전결		팀장

④

지출결의서			
결 재	담당	팀장	본부장	최종 결재
	Q			전결

✔ **해설** 사내외 교육은 교육훈련비 명목으로 기안서나 지출결의서를 작성해야 하며 기안서는 팀장이, 지출결의 서는 대표이사가 결재를 한다.

Answer 16.④ 17.③

18 영업부 사원 L씨는 편집부 K씨의 부친상에 부조금 50만 원을 회사 명의로 지급하기로 하였다. L씨가 작성한 결재 방식은?

①

결재	접대비지출품의서			
	담당	팀장	본부장	최종 결재
	L			팀장

②

결재	접대비지출품의서			
	담당	팀장	본부장	최종 결재
	L		전결	본부장

③

결재	지출결의서			
	담당	팀장	본부장	최종 결재
	L	전결		대표이사

④

결재	지출결의서			
	담당	팀장	본부장	최종 결재
	L			대표이사

✔ 해설 경조사비는 접대비에 해당하므로 접대비지출품의서나 지출결의서를 작성하고 30만 원을 초과하였으므로 결재권자는 대표이사에게 있다. 또한 누구에게도 전결되지 않았다.

19 조직문화는 흔히 관계지향 문화, 혁신지향 문화, 위계지향 문화, 과업지향 문화로 분류된다. 다음 중 과업지향 문화에 해당하는 것은?

① A팀은 업무 수행의 효율성을 강조하여 목표 달성과 생산성 향상을 위해 전 조직원이 산출물 극대화를 위해 노력하는 문화가 조성되어 있다.

② B팀은 직원들에게 창의성과 기업가 정신을 강조한다. 또한, 조직의 유연성을 통해 외부 환경에의 적응력에 비중을 둔 조직문화를 가지고 있다.

③ C팀은 자율성과 개인의 책임을 강조한다. 고유 업무 뿐 아니라 근태·잔업·퇴근 후 시간활용에 있어서도 정해진 흐름을 배제하고 개인의 자율과 그에 따른 책임을 강조한다.

④ D팀은 무엇보다 엄격한 통제를 통한 결속과 안정성을 추구하는 분위기이다. 분명한 명령계통으로 조직의 통합을 이루는 일을 제일의 가치로 삼는다.

✔ **해설**

관계지향 문화	• 조직 내 가족적인 분위기의 창출과 유지에 가장 큰 역점을 둠 • 조직 구성원들의 소속감, 상호 신뢰, 인화/단결 및 팀워크, 참여 등이 핵심가치로 자리 잡음
혁신지향 문화	• 조직의 유연성 강조와 외부 환경에의 적응에 초점을 둠 • 적응과 조직성장을 뒷받침할 수 있는 적절한 자원획득이 중요하고, 구성원들의 창의성 및 기업가정신이 핵심 가치로 강조됨
위계지향 문화	• 조직 내부의 안정적이고 지속적인 통합/조정을 바탕으로 조직효율성 추구 • 분명한 위계질서와 명령계통, 공식적인 절차와 규칙을 중시함
과업지향 문화	• 조직의 성과 달성과 과업 수행에 있어서 효율성을 강조 • 명확한 조직목표의 설정을 강조하며, 합리적 목표 달성을 위한 수단으로서 구성원들의 전문능력을 중시하며, 구성원들 간의 경쟁을 주요 자극제로 활용

20 다음 중 조직에서 업무가 배정되는 방법에 대한 설명으로 옳지 않은 것은?

① 조직의 업무는 조직 전체의 목적을 달성하기 위해 배분된다.

② 업무를 배정하면 조직을 가로로 구분하게 된다.

③ 직위는 조직의 업무체계 중 하나의 업무가 차지하는 위치이다.

④ 업무를 배정할 때에는 일의 동일성, 유사성, 관련성에 따라 이루어진다.

✔해설 조직을 가로로 구분하는 것을 직급이라 하며, 업무를 배정하면 조직을 세로로 구분하게 된다.

21 다음 국제 비즈니스 에티켓 중 명함예절에 대한 사항으로 바르지 않은 것은?

① 업무상 명함을 줄 때는 자기 소속을 분명히 밝힌다.

② 명함은 반드시 두 손으로 받으며, 한 손으로 받는 것은 예의에 어긋난다.

③ 상대의 명함을 그 자리에서 반드시 확인한다.

④ 자기 명함을 줄 때는 반드시 앉아서 왼손으로 준다.

✔해설 자기 명함을 줄 때는 반드시 일어서서 오른손으로 준다.

22 다음 글의 '직무순환제'와 연관성이 높은 설명에 해당하는 것은?

> 대기환경관리 전문업체 ㈜인에어는 직원의 업무능력을 배양하고 유기적인 조직운영을 위해 '직무순환제'를 실시하고 있다. 이는 각 팀·파트에 속한 직원들이 일정 기간 해당 업무를 익힌 후 다른 부서로 이동해 또 다른 업무를 직접 경험해볼 수 있도록 하는 제도이다. 직무순환제를 통해 젊은 직원들은 다양한 업무를 거치면서 개개인의 역량을 쌓을 수 있을 뿐 아니라 풍부한 현장 경험을 축적하고 있다. 특히 대기환경 설비 등 플렌트 사업은 설계, 구매·조달, 시공 등 모든 파트의 유기적인 운영이 중요하다. 인에어의 경우에도 현장에서 실시하는 환경진단과 설비 운영 및 정비 등의 경험을 쌓은 직원이 효율적으로 집진기를 설계하며 생생한 현장 노하우가 영업에서의 성과로 이어진다. 또한 직무순환제를 통해 다른 부서의 업무를 실질적으로 이해함으로써 각 부서 간 활발한 소통과 협업을 이루고 있다.

① 직무순환은 조직변동에 따른 부서 간의 과부족 인원 조정·사원 개개인의 사정에 의한 구제를 하지 않기 위함이다.

② 직무순환을 실시함으로써 구성원들의 노동에 대한 싫증 및 소외감을 더 느끼게 될 것이다.

③ 구성원을 승진시키기 전 단계에서 실시하는 하나의 단계적인 교육훈련방법으로 파악하기 어렵다.

④ 직무순환을 실시할 경우 구성원 자신이 조직의 구성원으로써 가치 있는 존재로 인식하게끔 하는 역할을 수행한다.

✔ **해설** 직무순환은 종업원들의 여러 업무에 대한 능력개발 및 단일직무로 인한 나태함을 줄이기 위함에 의미가 있으며, 다양한 업무를 경험함으로써 종업원에게도 어떠한 성장할 수 있는 기회를 제공한다.

23 집단의사결정과정의 하나인 브레인스토밍에 대한 설명으로 옳지 않은 것은?

① 다른 사람이 아이디어를 제시할 때에는 비판을 하지 않아야 한다.

② 문제에 대한 제안은 자유롭게 이루어질 수 있다.

③ 아이디어는 적을수록 결정이 빨라져 좋다.

④ 모든 아이디어들이 제안되고 나면 이를 결합하여 해결책을 마련한다.

✔ **해설** 브레인스토밍이란 여러 사람이 한 가지의 문제를 놓고 아이디어를 비판 없이 제시하여 그 중에서 최선책을 찾는 방법으로 아이디어는 많이 나올수록 좋다.

24 다음은 L씨가 경영하는 스위치 생산 공장의 문제점과 대안을 나타낸 것이다. 이에 대한 설명으로 옳지 않은 것은?

> • 문제점 : 불량률의 증가
> • 해결방법 : 신기술의 도입
> • 가능한 대안
>   - 신기술의 도입
>   - 업무시간의 단축
>   - 생산라인의 변경

① 신기술을 도입할 경우 신제품의 출시가 가능하다.

② 업무시간을 단축할 경우 직원 채용에 대한 시간이 감소한다.

③ 생산라인을 변경하면 새로운 라인에 익숙해지는데 시간이 소요된다.

④ 업무시간을 단축하면 구성원들의 직무만족도를 증가시킬 수 있다.

✔해설 업무시간을 단축하게 되면 직원 채용에 대한 시간, 비용이 증가하게 된다.

25 다음 제시된 글에서 (가)와 (나)에 들어갈 말로 적절한 것은?

> 조직을 통해 조직구성원들 간에 공유하는 생활양식을 공유하는 것을 (가)라고 한다. 또한 조직의 목표나 전략에 따라 수립된 (나)를(을) 통해 일관성이 부여된다.

① (가) : 규칙, (나) : 조직문화

② (가) : 조직문화, (나) : 규칙

③ (가) : 조직구조, (나) : 조직목표

④ (나) : 조직목표, (나) : 조직구조

✔해설 조직체제 구성요소
  ㉠ 조직목표 : 전체 조직의 성과, 자원, 시장, 인력개발, 혁신과 변화, 생산성에 대한 목표
  ㉡ 조직문화 : 조직구성원들 간에 공유하는 생활양식이나 가치
  ㉢ 조직구조 : 조직 내의 부문 사이에 형성된 관계
  ㉣ 규칙 및 규정 : 조직의 목표나 전략에 따라 수립되어 조직구성원들이 활동범위를 제약하고 일관성을 부여하는 기능

26 외부환경을 모니터링하고 변화를 전달하는 경영자의 역할은?

① 대인적 역할
② 정보적 역할
③ 의사결정적 역할
④ 상징적 역할

> ✔해설 경영자의 역할(민츠버그)
> ㉠ 대인적 역할 : 조직의 대표자 및 리더
> ㉡ 정보적 역할 : 외부환경을 모니터링하고 변화전달, 정보전달자
> ㉢ 의사결정적 역할 : 분쟁조정자, 자원배분자

27 조직변화에 대한 설명이다. 옳지 않은 것은?

① 조직의 변화는 환경의 변화를 인지하는 데에서 시작된다.
② 기존의 조직구조나 경영방식 하에서 환경변화에 따라 제품이나 기술을 변화시키는 것이다.
③ 조직의 목적과 일치시키기 위해 문화를 변화시키기도 한다.
④ 조직변화는 제품과 서비스, 전략, 구조, 기술 문화 등에서 이루어질 수 있다.

> ✔해설 ② 조직변화 중 전략이나 구조의 변화는 조직의 조직구조나 경영방식을 개선하기도 한다.

28 경영전략에 대한 설명으로 적절하지 못한 것은?

① 원가우위 전략은 원가절감을 위해 해당 산업에서 우위를 차지하는 전략으로 대량생산을 통해 단위 원가를 낮추거나 새로운 생산기술을 개발하여야 한다.
② 차별화 전략은 우리나라 70년대의 섬유, 의류, 신발업체가 미국에 진출할 때 사용했던 전략이다.
③ 집중화 전략은 특정 시장이나 고객에게 한정된 전략으로 원가우위나 차별화 전략과는 달리 특정 산업을 대상으로 이루어진다.
④ 경쟁조직들이 소홀히 하고 있는 한정된 시장을 원가우위나 차별화전략을 사용하여 집중적으로 공략하는 것을 집중화 전략이라 한다.

> ✔해설 차별화 전략은 조직의 생산품이나 서비스를 차별화하여 고객에게 가치 있고 독특하게 인식되도록 하는 전략으로 이를 활용하기 위해서는 연구개발, 광고를 통하여 기술, 품질, 서비스, 브랜드이미지를 개선할 필요가 있다.

29 다음 중 기계적 조직의 특징으로 바르지 않은 것은?

① 급변하는 환경에 적합

② 구성원들의 업무가 분명히 규정

③ 다수의 규칙과 규정이 존재

④ 엄격한 상하 간 위계질서

> ✔해설 유기적 조직 … 기계적 조직과 대비되는 조직의 구조로 개인과 개성이 존중되고 이들의 기능이 횡적인 유대로써 기업 전체의 목적에 부합되도록 유도되는 구조이다. 기업의 시장 환경이나 기술 환경이 불확실한 상황에서는 매우 유효한 조직이다.

30 다음의 내용을 보고 밑줄 친 부분에 대한 특성으로 옳지 않은 것은?

ㅇㅇ홈쇼핑은 18일 서울 본사에서 한국투명성기구와 '윤리경영 세미나'를 개최했다고 밝혔다. ㅇㅇ홈쇼핑은 지난 3월 국내 민간기업 최초로 한국투명성기구와 '청렴 경영 협약'을 맺고 청렴 시스템 구축, 청렴도 향상·윤리경영 문화 정착을 위한 교육, 경영 투명성과 윤리성 확보를 위한 활동 등을 함께 추진하기도 했다.

이번 '윤리경영 세미나'에서는 '윤리경영의 원칙과 필요성', '사례를 통해 본 윤리경영의 방향'을 주제로 강의를 진행했다. 이 강의에서는 윤리경영을 통해 혁신이 이뤄지고 기업의 재무성과가 높아진 실제 연구사례를 들며 윤리경영의 필요성에 대해 강조했다. 또한 "ㅇㅇ 홈쇼핑이 잘못된 관행을 타파하고 올바르게 사업을 진행해 나가 윤리적으로 모범이 되는 기업으로 거듭나길 바란다"고 말했으며, "윤리경영을 위해 기업의 우영과정을 투명하게 공개하는 것이 중요하다"고 강조했다. 강연을 마친 후에는 개인 비리를 막을 수 있는 조직의 대응방안 등 윤리적인 기업으로 거듭나는 방법에 대한 질의응답이 이어졌다.

---

① 윤리경영은 응용윤리이다.

② 윤리경영은 경영의사결정의 도덕적 가치 기준이다.

③ 윤리경영은 경영상의 관리지침이다.

④ 윤리경영은 경영활동의 규범을 제시해준다.

> ✔해설 윤리경영의 특징 – ①,②,④. 윤리경영은 경영활동의 옳고 그름에 대한 판단 기준이다.

1 의사소통과 의사소통능력

(1) 의사소통

① **개념** ··· 사람들 간에 생각이나 감정, 정보, 의견 등을 교환하는 총체적인 행위로, 직장생활에서의 의사소통은 조직과 팀의 효율성과 효과성을 성취할 목적으로 이루어지는 구성원 간의 정보와 지식 전달 과정이라고 할 수 있다.

② **기능** ··· 공동의 목표를 추구해 나가는 집단 내의 기본적 존재 기반이며 성과를 결정하는 핵심 기능이다.

③ **의사소통의 종류**
    ㉠ **언어적인 것** : 대화, 전화통화, 토론 등
    ㉡ **문서적인 것** : 메모, 편지, 기획안 등
    ㉢ **비언어적인 것** : 몸짓, 표정 등

④ **의사소통을 저해하는 요인** ··· 정보의 과다, 메시지의 복잡성 및 메시지 간의 경쟁, 상이한 직위와 과업지향형, 신뢰의 부족, 의사소통을 위한 구조상의 권한, 잘못된 매체의 선택, 폐쇄적인 의사소통 분위기 등

(2) 의사소통능력

① **개념** ··· 의사소통능력은 직장생활에서 문서나 상대방이 하는 말의 의미를 파악하는 능력, 자신의 의사를 정확하게 표현하는 능력, 간단한 외국어 자료를 읽거나 외국인의 의사표시를 이해하는 능력을 포함한다.

② **의사소통능력 개발을 위한 방법**
    ㉠ 사후검토와 피드백을 활용한다.
    ㉡ 명확한 의미를 가진 이해하기 쉬운 단어를 선택하여 이해도를 높인다.
    ㉢ 적극적으로 경청한다.
    ㉣ 메시지를 감정적으로 곡해하지 않는다.

2 의사소통능력을 구성하는 하위능력

(1) 문서이해능력

① 문서와 문서이해능력
  ㉠ 문서 : 제안서, 보고서, 기획서, 이메일, 팩스 등 문자로 구성된 것으로 상대방에게 의사를 전달하여 설득하는 것을 목적으로 한다.
  ㉡ 문서이해능력 : 직업현장에서 자신의 업무와 관련된 문서를 읽고, 내용을 이해하고 요점을 파악할 수 있는 능력을 말한다.

예제 1

다음은 신용카드 약관의 주요내용이다. 규정 약관을 제대로 이해하지 못한 사람은?

> [부가서비스]
> 카드사는 법령에서 정한 경우를 제외하고 상품을 새로 출시한 후 1년 이내에 부가서비스를 줄이거나 없앨 수가 없다. 또한 부가서비스를 줄이거나 없앨 경우에는 그 세부내용을 변경일 6개월 이전에 회원에게 알려주어야 한다.
> [중도 해지 시 연회비 반환]
> 연회비 부과기간이 끝나기 이전에 카드를 중도해지하는 경우 남은 기간에 해당하는 연회비를 계산하여 10 영업일 이내에 돌려줘야 한다. 다만, 카드 발급 및 부가서비스 제공에 이미 지출된 비용은 제외된다.
> [카드 이용한도]
> 카드 이용한도는 카드 발급을 신청할 때에 회원이 신청한 금액과 카드사의 심사기준을 종합적으로 반영하여 회원이 신청한 금액 범위 이내에서 책정되며 회원의 신용도가 변동되었을 때에는 카드사는 회원의 이용한도를 조정할 수 있다.
> [부정사용 책임]
> 카드 위조 및 변조로 인하여 발생된 부정사용 금액에 대해서는 카드사가 책임을 진다. 다만, 회원이 비밀번호를 다른 사람에게 알려주거나 카드를 다른 사람에게 빌려주는 등의 중대한 과실로 인해 부정사용이 발생하는 경우에는 회원이 그 책임의 전부 또는 일부를 부담할 수 있다.

① 혜수 : 카드사는 법령에서 정한 경우를 제외하고는 1년 이내에 부가서비스를 줄일 수 없어.
② 진성 : 카드 위조 및 변조로 인하여 발생된 부정사용 금액은 일괄 카드사가 책임을 지게 돼.
③ 영훈 : 회원의 신용도가 변경되었을 때 카드사가 이용한도를 조정할 수 있어.
④ 영호 : 연회비 부과기간이 끝나기 이전에 카드를 중도 해지하는 경우에는 남은 기간에 해당하는 연회비를 카드사는 돌려줘야 해.

출제의도
주어진 약관의 내용을 읽고 그에 대한 상세 내용의 정보를 이해하는 능력을 측정하는 문항이다.

해 설
② 부정사용에 대해 고객의 과실이 있으면 회원이 그 책임의 전부 또는 일부를 부담할 수 있다.

답 ②

---

② **문서의 종류**

    ㉠ **공문서** : 정부기관에서 공무를 집행하기 위해 작성하는 문서로, 단체 또는 일반회사에서 정부기관을 상대로 사업을 진행할 때 작성하는 문서도 포함된다. 엄격한 규격과 양식이 특징이다.

    ㉡ **기획서** : 아이디어를 바탕으로 기획한 프로젝트에 대해 상대방에게 전달하여 시행하도록 설득하는 문서이다.

    ㉢ **기안서** : 업무에 대한 협조를 구하거나 의견을 전달할 때 작성하는 사내 공문서이다.

    ㉣ **보고서** : 특정한 업무에 관한 현황이나 진행 상황, 연구ㆍ검토 결과 등을 보고하고자 할 때 작성하는 문서이다.

    ㉤ **설명서** : 상품의 특성이나 작동 방법 등을 소비자에게 설명하기 위해 작성하는 문서이다.

    ㉥ **보도자료** : 정부기관이나 기업체 등이 언론을 상대로 자신들의 정보를 기사화 되도록 하기 위해 보내는 자료이다.

    ㉦ **자기소개서** : 개인이 자신의 성장과정이나, 입사 동기, 포부 등에 대해 구체적으로 기술하여 자신을 소개하는 문서이다.

    ㉧ **비즈니스 레터**(E-mail) : 사업상의 이유로 고객에게 보내는 편지다.

    ㉨ **비즈니스 메모** : 업무상 확인해야 할 일을 메모형식으로 작성하여 전달하는 글이다.

③ **문서이해의 절차** … 문서의 목적 이해 → 문서 작성 배경ㆍ주제 파악 → 정보 확인 및 현안문제 파악 → 문서 작성자의 의도 파악 및 자신에게 요구되는 행동 분석 → 목적 달성을 위해 취해야 할 행동 고려 → 문서 작성자의 의도를 도표나 그림 등으로 요약ㆍ정리

(2) 문서작성능력

① 작성되는 문서에는 대상과 목적, 시기, 기대효과 등이 포함되어야 한다.

② **문서작성의 구성요소**

    ㉠ 짜임새 있는 골격, 이해하기 쉬운 구조

    ㉡ 객관적이고 논리적인 내용

    ㉢ 명료하고 설득력 있는 문장

    ㉣ 세련되고 인상적인 레이아웃

다음은 들은 내용을 구조적으로 정리하는 방법이다. 순서에 맞게 배열하면?

> ㉠ 관련 있는 내용끼리 묶는다.
> ㉡ 묶은 내용에 적절한 이름을 붙인다.
> ㉢ 전체 내용을 이해하기 쉽게 구조화한다.
> ㉣ 중복된 내용이나 덜 중요한 내용을 삭제한다.

① ㉠㉡㉢㉣   ② ㉠㉡㉣㉢
③ ㉡㉠㉢㉣   ④ ㉡㉠㉣㉢

③ 문서의 종류에 따른 작성방법

　㉠ 공문서
- 육하원칙이 드러나도록 써야 한다.
- 날짜는 반드시 연도와 월, 일을 함께 언급하며, 날짜 다음에 괄호를 사용할 때는 마침표를 찍지 않는다.
- 대외문서이며, 장기간 보관되기 때문에 정확하게 기술해야 한다.
- 내용이 복잡할 경우 '-다음-', '-아래-'와 같은 항목을 만들어 구분한다.
- 한 장에 담아내는 것을 원칙으로 하며, 마지막엔 반드시 '끝'자로 마무리 한다.

　㉡ 설명서
- 정확하고 간결하게 작성한다.
- 이해하기 어려운 전문용어의 사용은 삼가고, 복잡한 내용은 도표화 한다.
- 명령문보다는 평서문을 사용하고, 동어 반복보다는 다양한 표현을 구사하는 것이 바람직하다.

　㉢ 기획서
- 상대를 설득하여 기획서가 채택되는 것이 목적이므로 상대가 요구하는 것이 무엇인지 고려하여 작성하며, 기획의 핵심을 잘 전달하였는지 확인한다.
- 분량이 많을 경우 전체 내용을 한눈에 파악할 수 있도록 목차구성을 신중히 한다.
- 효과적인 내용 전달을 위한 표나 그래프를 적절히 활용하고 산뜻한 느낌을 줄 수 있도록 한다.
- 인용한 자료의 출처 및 내용이 정확해야 하며 제출 전 충분히 검토한다.

ⓔ 보고서

- 도출하고자 한 핵심내용을 구체적이고 간결하게 작성한다.
- 내용이 복잡할 경우 도표나 그림을 활용하고, 참고자료는 정확하게 제시한다.
- 제출하기 전에 최종점검을 하며 질의를 받을 것에 대비한다.

예제 3

다음 중 공문서 작성에 대한 설명으로 가장 적절하지 못한 것은?

① 공문서나 유가증권 등에 금액을 표시할 때에는 한글로 기재하고 그 옆에 괄호를 넣어 숫자로 표기한다.
② 날짜는 숫자로 표기하되 년, 월, 일의 글자는 생략하고 그 자리에 온점(.)을 찍어 표시한다.
③ 첨부물이 있는 경우에는 붙임 표시문 끝에 1자 띄우고 "끝."이라고 표시한다.
④ 공문서의 본문이 끝났을 경우에는 1자를 띄우고 "끝."이라고 표시한다.

출제의도

업무를 할 때 필요한 공문서 작성법을 잘 알고 있는지를 측정하는 문항이다.

해 설

공문서 금액 표시
아라비아 숫자로 쓰고, 숫자 다음에 괄호를 하여 한글로 기재한다.
예) 금 123,456원(금 일십이만삼천사백오십육원)

답 ①

---

④ 문서작성의 원칙

- ㉠ 문장은 짧고 간결하게 작성한다(간결체 사용).
- ㉡ 상대방이 이해하기 쉽게 쓴다.
- ㉢ 불필요한 한자의 사용을 자제한다.
- ㉣ 문장은 긍정문의 형식을 사용한다.
- ㉤ 간단한 표제를 붙인다.
- ㉥ 문서의 핵심내용을 먼저 쓰도록 한다(두괄식 구성).

⑤ 문서작성 시 주의사항

- ㉠ 육하원칙에 의해 작성한다.
- ㉡ 문서 작성시기가 중요하다.
- ㉢ 한 사안은 한 장의 용지에 작성한다.
- ㉣ 반드시 필요한 자료만 첨부한다.
- ㉤ 금액, 수량, 일자 등은 기재에 정확성을 기한다.
- ㉥ 경어나 단어사용 등 표현에 신경 쓴다.
- ㉦ 문서작성 후 반드시 최종적으로 검토한다.

⑥ 효과적인 문서작성 요령
- ㉠ **내용이해** : 전달하고자 하는 내용과 핵심을 정확하게 이해해야 한다.
- ㉡ **목표설정** : 전달하고자 하는 목표를 분명하게 설정한다.
- ㉢ **구성** : 내용 전달 및 설득에 효과적인 구성과 형식을 고려한다.
- ㉣ **자료수집** : 목표를 뒷받침할 자료를 수집한다.
- ㉤ **핵심전달** : 단락별 핵심을 하위목차로 요약한다.
- ㉥ **대상파악** : 대상에 대한 이해와 분석을 통해 철저히 파악한다.
- ㉦ **보충설명** : 예상되는 질문을 정리하여 구체적인 답변을 준비한다.
- ㉧ **문서표현의 시각화** : 그래프, 그림, 사진 등을 적절히 사용하여 이해를 돕는다.

(3) 경청능력

① **경청의 중요성** … 경청은 다른 사람의 말을 주의 깊게 들으며 공감하는 능력으로 경청을 통해 상대방을 한 개인으로 존중하고 성실한 마음으로 대하게 되며, 상대방의 입장에 공감하고 이해하게 된다.

② **경청을 방해하는 습관** … 짐작하기, 대답할 말 준비하기, 걸러내기, 판단하기, 다른 생각하기, 조언하기, 언쟁하기, 옳아야만 하기, 슬쩍 넘어가기, 비위 맞추기 등

③ 효과적인 경청방법
- ㉠ **준비하기** : 강연이나 프레젠테이션 이전에 나누어주는 자료를 읽어 미리 주제를 파악하고 등장하는 용어를 익혀둔다.
- ㉡ **주의 집중** : 말하는 사람의 모든 것에 집중해서 적극적으로 듣는다.
- ㉢ **예측하기** : 다음에 무엇을 말할 것인가를 추측하려고 노력한다.
- ㉣ **나와 관련짓기** : 상대방이 전달하고자 하는 메시지를 나의 경험과 관련지어 생각해 본다.
- ㉤ **질문하기** : 질문은 듣는 행위를 적극적으로 하게 만들고 집중력을 높인다.
- ㉥ **요약하기** : 주기적으로 상대방이 전달하려는 내용을 요약한다.
- ㉦ **반응하기** : 피드백을 통해 의사소통을 점검한다.

예제 4

다음은 면접스터디 중 일어난 대화이다. 민아의 고민을 해소하기 위한 조언으로 가장 적절한 것은?

> 지섭 : 민아씨, 어디 아파요? 표정이 안 좋아 보여요.
> 민아 : 제가 원서 넣은 공단이 내일 면접이어서요. 그동안 스터디를 통해서 면접 연습을 많이 했는데도 벌써부터 긴장이 되네요.
> 지섭 : 민아씨는 자기 의견도 명확히 피력할 줄 알고 조리 있게 설명을 잘 하시니 걱정 안하셔도 될 것 같아요. 아, 손에 꽉 쥐고 계신 건 뭔가요?
> 민아 : 아, 제가 예상 답변을 정리해서 모아둔거예요. 내용은 거의 외웠는데 이렇게 쥐고 있지 않으면 불안해서
> 지섭 : 그 정도로 준비를 철저히 하셨으면 걱정할 이유 없을 것 같아요.
> 민아 : 그래도 압박면접이거나 예상치 못한 질문이 들어오면 어떻게 하죠?
> 지섭 : _____

① 시선을 적절히 처리하면서 부드러운 어투로 말하는 연습을 해보는 건 어때요?
② 공식적인 자리인 만큼 옷차림을 신경 쓰는 게 좋을 것 같아요.
③ 당황하지 말고 질문자의 의도를 잘 파악해서 침착하게 대답하면 되지 않을까요?
④ 예상 질문에 대한 답변을 좀 더 정확하게 외워보는 건 어떨까요?

출제의도

상대방이 하는 말을 듣고 질문 의도에 따라 올바르게 답하는 능력을 측정하는 문항이다.

해 설

민아는 압박질문이나 예상치 못한 질문에 대해 걱정을 하고 있으므로 침착하게 대응하라고 조언을 해주는 것이 좋다.

답 ③

(4) 의사표현능력

① **의사표현의 개념과 종류**

   ㉠ **개념** : 화자가 자신의 생각과 감정을 청자에게 음성언어나 신체언어로 표현하는 행위이다.

   ㉡ **종류**

   • 공식적 말하기 : 사전에 준비된 내용을 대중을 대상으로 말하는 것으로 연설, 토의, 토론 등이 있다.

   • 의례적 말하기 : 사회·문화적 행사에서와 같이 절차에 따라 하는 말하기로 식사, 주례, 회의 등이 있다.

   • 친교적 말하기 : 친근한 사람들 사이에서 자연스럽게 주고받는 대화 등을 말한다.

② **의사표현의 방해요인**

   ㉠ **연단공포증** : 연단에 섰을 때 가슴이 두근거리거나 땀이 나고 얼굴이 달아오르는 등의 현상으로 충분한 분석과 준비, 더 많은 말하기 기회 등을 통해 극복할 수 있다.

ⓛ **말** : 말의 장단, 고저, 발음, 속도, 쉼 등을 포함한다.

ⓒ **음성** : 목소리와 관련된 것으로 음색, 고저, 명료도, 완급 등을 의미한다.

ⓔ **몸짓** : 비언어적 요소로 화자의 외모, 표정, 동작 등이다.

ⓜ **유머** : 말하기 상황에 따른 적절한 유머를 구사할 수 있어야 한다.

③ **상황과 대상에 따른 의사표현법**

ⓐ **잘못을 지적할 때** : 모호한 표현을 삼가고 확실하게 지적하며, 당장 꾸짖고 있는 내용에만 한정한다.

ⓛ **칭찬할 때** : 자칫 아부로 여겨질 수 있으므로 센스 있는 칭찬이 필요하다.

ⓒ **부탁할 때** : 먼저 상대방의 사정을 듣고 응하기 쉽게 구체적으로 부탁하며 거절을 당해도 싫은 내색을 하지 않는다.

ⓔ **요구를 거절할 때** : 먼저 사과하고 응해줄 수 없는 이유를 설명한다.

ⓜ **명령할 때** : 강압적인 말투보다는 'ㅇㅇ을 이렇게 해주는 것이 어떻겠습니까?'와 같은 식으로 부드럽게 표현하는 것이 효과적이다.

ⓗ **설득할 때** : 일방적으로 강요하기보다는 먼저 양보해서 이익을 공유하겠다는 의지를 보여주는 것이 좋다.

ⓢ **충고할 때** : 충고는 가장 최후의 방법이다. 반드시 충고가 필요한 상황이라면 예화를 들어 비유적으로 깨우쳐주는 것이 바람직하다.

ⓞ **질책할 때** : 샌드위치 화법(칭찬의 말 + 질책의 말 + 격려의 말)을 사용하여 청자의 반발을 최소화 한다.

예제 5

당신은 팀장님께 업무 지시내용을 수행하고 결과물을 보고 드렸다. 하지만 팀장님께서는 "최대리 업무를 이렇게 처리하면 어떡하나? 누락된 부분이 있지 않은가."라고 말하였다. 이에 대해 당신이 행할 수 있는 가장 부적절한 대처 자세는?

① "죄송합니다. 제가 잘 모르는 부분이라 이수혁 과장님께 부탁을 했는데 과장님께서 실수를 하신 것 같습니다."

② "주의를 기울이지 못해 죄송합니다. 어느 부분을 수정보완하면 될까요?"

③ "지시하신 내용을 제가 충분히 이해하지 못하였습니다. 내용을 다시 한 번 여쭤보아도 되겠습니까?"

④ "부족한 내용을 보완하는 자료를 취합하기 위해서 하루정도가 더 소요될 것 같습니다. 언제까지 재작성하여 드리면 될까요?"

④ 원활한 의사표현을 위한 지침

　㉠ 올바른 화법을 위해 독서를 하라.

　㉡ 좋은 청중이 되라.

　㉢ 칭찬을 아끼지 마라.

　㉣ 공감하고, 긍정적으로 보이게 하라.

　㉤ 겸손은 최고의 미덕임을 잊지 마라.

　㉥ 과감하게 공개하라.

　㉦ 뒷말을 숨기지 마라.

　㉧ 첫마디 말을 준비하라.

　㉨ 이성과 감성의 조화를 꾀하라.

　㉩ 대화의 룰을 지켜라.

　㉪ 문장을 완전하게 말하라.

⑤ 설득력 있는 의사표현을 위한 지침

　㉠ 'Yes'를 유도하여 미리 설득 분위기를 조성하라.

　㉡ 대비 효과로 분발심을 불러 일으켜라.

　㉢ 침묵을 지키는 사람의 참여도를 높여라.

　㉣ 여운을 남기는 말로 상대방의 감정을 누그러뜨려라.

　㉤ 하던 말을 갑자기 멈춤으로써 상대방의 주의를 끌어라.

　㉥ 호칭을 바꿔서 심리적 간격을 좁혀라.

　㉦ 끄집어 말하여 자존심을 건드려라.

　㉧ 정보전달 공식을 이용하여 설득하라.

　㉨ 상대방의 불평이 가져올 결과를 강조하라.

　㉩ 권위 있는 사람의 말이나 작품을 인용하라.

　㉪ 약점을 보여 주어 심리적 거리를 좁혀라.

　㉫ 이상과 현실의 구체적 차이를 확인시켜라.

　㉬ 자신의 잘못도 솔직하게 인정하라.

　㉭ 집단의 요구를 거절하려면 개개인의 의견을 물어라.

　ⓐ 동조 심리를 이용하여 설득하라.

　ⓑ 지금까지의 노고를 치하한 뒤 새로운 요구를 하라.

　ⓒ 담당자가 대변자 역할을 하도록 하여 윗사람을 설득하게 하라.

　ⓓ 겉치레 양보로 기선을 제압하라.

　ⓔ 변명의 여지를 만들어 주고 설득하라.

　ⓕ 혼자 말하는 척하면서 상대의 잘못을 지적하라.

(5) 기초외국어능력

① 기초외국어능력의 개념과 필요성
    ㉠ **개념** : 기초외국어능력은 외국어로 된 간단한 자료를 이해하거나, 외국인과의 전화응대와 간단한 대화 등 외국인의 의사표현을 이해하고, 자신의 의사를 기초외국어로 표현할 수 있는 능력이다.
    ㉡ **필요성** : 국제화·세계화 시대에 다른 나라와의 무역을 위해 우리의 언어가 아닌 국제적인 통용어를 사용하거나 그들의 언어로 의사소통을 해야 하는 경우가 생길 수 있다.

② 외국인과의 의사소통에서 피해야 할 행동
    ㉠ 상대를 볼 때 흘겨보거나, 노려보거나, 아예 보지 않는 행동
    ㉡ 팔이나 다리를 꼬는 행동
    ㉢ 표정이 없는 것
    ㉣ 다리를 흔들거나 펜을 돌리는 행동
    ㉤ 맞장구를 치지 않거나 고개를 끄덕이지 않는 행동
    ㉥ 생각 없이 메모하는 행동
    ㉦ 자료만 들여다보는 행동
    ㉧ 바르지 못한 자세로 앉는 행동
    ㉨ 한숨, 하품, 신음소리를 내는 행동
    ㉩ 다른 일을 하며 듣는 행동
    ㉪ 상대방에게 이름이나 호칭을 어떻게 부를지 묻지 않고 마음대로 부르는 행동

③ 기초외국어능력 향상을 위한 공부법
    ㉠ 외국어공부의 목적부터 정하라.
    ㉡ 매일 30분씩 눈과 손과 입에 밸 정도로 반복하라.
    ㉢ 실수를 두려워하지 말고 기회가 있을 때마다 외국어로 말하라.
    ㉣ 외국어 잡지나 원서와 친해져라.
    ㉤ 소홀해지지 않도록 라이벌을 정하고 공부하라.
    ㉥ 업무와 관련된 주요 용어의 외국어는 꼭 알아두자.
    ㉦ 출퇴근 시간에 외국어 방송을 보거나, 듣는 것만으로도 귀가 트인다.
    ㉧ 어린이가 단어를 배우듯 외국어 단어를 암기할 때 그림카드를 사용해 보라.
    ㉨ 가능하면 외국인 친구를 사귀고 대화를 자주 나눠 보라.

출제예상문제

1 다음 청첩장의 밑줄 친 용어를 한자로 바르게 표시하지 못한 것은?

알림

그동안 저희를 아낌없이 돌봐주신 여러 어른들과 지금까지 옆을 든든히 지켜준 많은 벗들이 모인 자리에서 저희 두 사람이 작지만 아름다운 <u>결혼식</u>을 올리고자 합니다. 부디 바쁘신 가운데 잠시나마 <u>참석</u>하시어 자리를 빛내주시고 새로운 <u>출발</u>을 하는 저희들이 오랫동안 행복하게 지낼 수 있도록 <u>기원</u>해 주시기 바랍니다.

고○○ · 허○○ 의 장남 희동
박○○ · 장○○ 의 차녀 선영

다음

1. 일시 : 2015년 10월15일 낮 12시 30분
2. 장소 : 경기도 파주시 ○○구 ○○동 좋아웨딩홀 2층 사파이어홀
3. 연락처 : 031-655-××××

첨부 : 좋아웨딩홀 장소 약도 1부

---

① 결혼식 – 結婚式
② 참석 – 參席
③ 출발 – 出發
④ 기원 – 起源

✔해설   ④ 기원 – 祈願

Answer   1.④

2 다음 글의 밑줄 친 ㉠으로 가장 적절한 것은?

> ① 오늘날 유전 과학자들은 유전자의 발현에 관한 ㉠물음에 관심을 갖고 있다. 맥길 대학의 연구팀은 이 물음에 답하려고 연구를 수행하였다. 어미 쥐가 새끼를 핥아주는 성향에는 편차가 있다. 어떤 어미는 다른 어미보다 더 많이 핥아주었다. 많이 핥아주는 어미가 돌본 새끼들은 인색하게 핥아주는 어미가 돌본 새끼들보다 외부 스트레스에 무디게 반응했다. 게다가 많이 안 핥아주는 친어미에게서 새끼를 떼어내어 많이 핥아주는 양어미에게 두어 핥게 하면, 새끼의 스트레스 반응 정도는 양어미의 새끼 수준과 비슷해졌다.
>
> ② 연구팀은 어미가 누구든 많이 핥인 새끼는 그렇지 않은 새끼보다 뇌의 특정 부분, 특히 해마에서 글루코코르티코이드 수용체(Glucocorticoid Receptor, 이하 GR)들, 곧 GR들이 더 많이 생겨났다는 것을 발견했다. 이렇게 생긴 GR의 수는 성체가 되어도 크게 바뀌지 않았다. GR의 수는 GR 유전자의 발현에 달려있다. 이 쥐들의 GR 유전자는 차이는 없지만 그 발현 정도에는 차이가 있을 수 있다. 이 발현을 촉진하는 인자 중 하나가 NGF 단백질인데, 많이 핥아진 새끼는 그렇지 못한 새끼에 비해 NGF 수치가 더 높다.
> 스트레스 반응 정도는 코르티솔 민감성에 따라 결정되는데 GR이 많으면 코르티솔 민감성이 낮아지게 하는 되먹임 회로가 강화된다. 이 때문에 똑같은 스트레스를 받아도 많이 핥아진 새끼는 그렇지 않은 새끼보다 더 무디게 반응한다.

① 코르티솔 유전자는 어떻게 발현되는가?

② 유전자는 어떻게 발현하여 단백질을 만드는가?

③ 핥아주는 성향의 유전자는 어떻게 발현되는가?

④ 후천 요소가 유전자의 발현에 영향을 미칠 수 있는가?

> ✔해설 제시된 연구의 핵심은 새끼 쥐의 스트레스에 반응하는 정도가 어미 쥐가 새끼를 핥아주는 성향에 따라 달라진다는 것이다. 즉, 어미 쥐가 새끼를 많이 핥아줄 경우 새끼의 뇌에서 GR의 수가 더 많았고, 그 수를 좌우하는 GR 유전자의 발현은 NGF 단백질에 의해 촉진된다는 것을 확인할 수 있다. 많이 핥아진 새끼가 그렇지 못한 새끼에 비해 NGF 수치가 더 높다는 결과 또한 알 수 있다. 이 실험은 유전자의 발현에 영향을 미치는 요인으로 '핥기'라는 후천 요소를 지목하고 있음을 알 수 있다. 그러므로 밑줄 친 ㉠의 물음은 '후천 요소가 유전자 발현에 영향을 미칠 수 있는가?'가 적절하다.
> ① 코르티솔 유전자는 스트레스 반응 정도를 결정하는 요인이지만 전체 실험의 결과를 결정하는 것은 아니다.
> ② 단백질에 의해 유전자가 발현하는 경우는 있지만 유전자가 단백질을 결정하는 내용은 확인할 수 없다.
> ③ 핥아주는 성향의 유전자가 어떻게 발현되는지는 제시문에 나타나 있지 않다.

▮ 3~5 ▮ 다음 글을 읽고 물음에 답하시오.

봉수는 횃불과 연기로써 급한 소식을 전하던 전통시대의 통신제도로 높은 산에 올라가 불을 피워 낮에는 연기로, 밤에는 불빛으로 신호하는 방식이었다. 봉수제도는 우역제와 더불어 신식우편과 전기통신이 창시되기 이전의 전근대국가에서는 가장 중요하고 보편적인 통신방법이었는데 역마나 인편보다 시간적으로 단축되었고, 신속한 효용성을 발휘하여 지방의 급변하는 민정상황이나 국경지방의 적의 동태를 상급기관인 중앙의 병조에 쉽게 연락할 수 있었기 때문이다. 보통 봉수제는 국가의 정치·군사적인 전보기능을 목적으로 설치되었는데 우리나라에서 군사적인 목적으로 설치된 봉수제가 처음 문헌기록에 나타난 시기는 고려 중기 무렵이다. 이후 조선이 건국되면서 조선의 지배층들은 고려시대 봉수제를 이어받았는데 특히 세종 때에는 종래에 계승되어 온 고려의 봉수제를 바탕으로 하고 중국의 제도를 크게 참고하여 그 면모를 새롭게 하였다. 하지만 이러한 봉수제는 시간이 지날수록 점점 유명무실하게 되었고 결국 임진왜란이 일어나자 이에 대한 대비책으로 파발제가 등장하게 되었다. 봉수는 경비가 덜 들고 신속하게 전달할 수 있는 장점이 있으나 적정을 오직 5거의 방법으로만 전하여, 그 내용을 자세히 전달할 수 없어 군령의 시달이 어렵고 또한 비와 구름·안개로 인한 판단곤란과 중도단절 등의 결점이 있었다. 반면에 파발은 경비가 많이 소모되고 봉수보다는 전달속도가 늦은 결점이 있으나 문서로써 전달되기 때문에 보안유지는 물론 적의 병력 수·장비·이동상황 그리고 아군의 피해상황 등을 상세하게 전달할 수 있는 장점이 있었다.

3 다음 중 옳지 않은 것은?

① 봉수는 전통시대의 통신제도로 높은 산에 올라가 낮에는 연기로, 밤에는 불빛으로 신호를 보냈다.

② 보통 봉수제는 국가의 정치·군사적인 전보기능을 목적으로 설치되었는데 우리나라에서는 고려 중기 무렵에 처음으로 문헌기록으로 나타난다.

③ 봉수는 역마나 인편보다 시간적으로 단축되었고, 신속한 효용성을 발휘하여 지방의 급박한 상황을 중앙에 쉽게 연락할 수 있었다.

④ 봉수제도는 조선시대 들어서 그 기틀이 확고히 자리 잡아 임진왜란 당시에는 큰 역할을 하였다.

✔ **해설** ④ 봉수제도는 조선 초기에 여러 제도를 참고하여 그 면모를 새롭게 하였지만 시간이 지날수록 점점 유명무실하게 되었고 결국 임진왜란이 일어나자 이에 대한 대비책으로 파발제가 등장하게 되었다.

Answer 2.④ 3.④

4 위 글에서 봉수는 적정을 5거의 방법으로 전한다고 한다. 다음은 조선시대 봉수제도의 5거의 각 단계와 오늘날 정규전에 대비해 발령하는 전투준비태세인 데프콘의 각 단계를 설명한 것이다. 오늘날의 데프콘 4는 봉수의 5거제 중 어디에 가장 가까운가?

- 봉수제 : 봉수대에서는 거수를 달리하여 정세의 완급을 나타냈는데 평상시에는 1거, 왜적이 해상에 나타나거나 적이 국경에 나타나면 2거, 왜적이 해안에 가까이 오거나 적이 변경에 가까이 오면 3 거, 우리 병선과 접전하거나 국경을 침범하면 4거, 왜적이 상륙하거나 국경에 침범한 적과 접전하면 5거씩 올리도록 하였다.
- 데프콘 : 데프콘은 정보감시태세인 워치콘 상태의 분석 결과에 따라 전군에 내려지는데 데프콘 5는 적의 위협이 없는 안전한 상태일 때, 데프콘 4는 적과 대립하고 있으나 군사개입 가능성이 없는 상태일 때, 데프콘 3은 중대하고 불리한 영향을 초래할 수 있는 긴장상태가 전개되거나 군사개입 가능성이 있을 때, 데프콘 2는 적이 공격 준비태세를 강화하려는 움직임이 있을 때, 데프콘 1은 중요 전략이나 전술적 적대행위 징후가 있고 선생이 임박해 전쟁계획 시행을 위한 준비가 요구되는 최고 준비태세일 때 발령된다.

---

① 1거
② 2거
③ 3거
④ 4거

> ✔해설 오늘날 데프콘 4는 조선시대 봉수의 5거제 중 2거에 가장 가깝다고 볼 수 있다. 참고로 우리나라는 1953년 정전 이래 데프콘 4가 상시 발령되어 있다.

5 다음 중 위 글의 '봉수'에 해당하는 한자로 옳은 것은?

① 烽燧
② 逢受
③ 鳳首
④ 封手

> ✔해설 ② 남의 돈이나 재물을 맡음
> ③ 봉황의 머리
> ④ 바둑이나 장기에서 대국이 하루 만에 끝나지 아니할 경우 그 날의 마지막 수를 종이에 써서 봉하여 놓음. 또는 그 마지막 수

6 다음에 제시된 글의 목적에 대해 바르게 나타낸 것은?

제목 : 사내 신문의 발행

1. 우리 회사 직원들의 원만한 커뮤니케이션과 대외 이미지를 재고하기 위하여 사내 신문을 발간하고자 합니다.

2. 사내 신문은 홍보지와 달리 새로운 정보와 소식지로서의 역할이 기대되오니 아래의 사항을 검토하시고 재가해주시기 바랍니다.

−아 래−

㉠ 제호 : We 서원인
㉡ 판형 : 140 × 210mm
㉢ 페이지 : 20쪽
㉣ 출간 예정일 : 2017. 1. 1

별첨 견적서 1부

---

① 회사에서 정부를 상대로 사업을 진행하려고 작성한 문서이다.
② 회사의 업무에 대한 협조를 구하기 위하여 작성한 문서이다.
③ 회사의 업무에 대한 현황이나 진행상황 등을 보고하고자 하는 문서이다.
④ 회사 상품의 특성을 소비자에게 설명하기 위하여 작성한 문서이다.

✔해설 위 문서는 기안서로 회사의 업무에 대한 협조를 구하거나 의견을 전달할 때 작성하며, 흔히 사내 공문서라고도 한다.

7 다음 중 ㉠에 가장 어울리는 말은?

> 슈탈은 베커의 아이디어를 발전시켜 이 기름 성분의 흙을 플로지스톤이라고 명명하고 물질의 연소를 이 플로지스톤의 분리로 해석했다. 이 설은 17, 18세기를 통해 영향력이 대단했기 때문에 많은 과학자들은 새로운 현상이 발견되면 일단 플로지스톤으로 설명하려 들었다. 또 플로지스톤으로 설명이 잘 안 되면 억지로 새로운 성질을 부가하기도 했다. 예를 들어 ㉠금속과 같은 물질을 가열하면(태우면) 무게가 늘어나는 현상을 플로지스톤의 분리로는 잘 설명할 수 없었다. 왜냐하면 플로지스톤이 빠져 나왔는데 되레 무게가 는다는 것은 논리적이지 않기 때문이다. 그래서 머리를 짜낸 게 플로지스톤은 때때로 음(−)의 무게를 갖기도 한다고 편리한 대로 끼워 맞췄다. 오늘날의 관점으로 보면 어이없을 정도로 황당한 풀이지만 정교한 개념 체계가 잡혀 있는 것도 아닌데다 실험 데이터도 충분히 축적되지 않은 상태에서 아리스토텔레스의 '상식적인 역학'이 오랜 기간 지배했듯이 플로지스톤 이론도 상식선에서 별 잘못이 없어 보였으므로 강력한 반론이 제기되지 않고 있었다. 플로지스톤의 지지자들은 훗날 가벼우면서도 타기도 잘 타는 기체인 수소를 발견하자 이 기체야말로 바로 플로지스톤이라고 단정하기도 했다.

① 곡학아세(曲學阿世)　　　　　　② 견강부회(牽强附會)

③ 인지상정(人之常情)　　　　　　④ 좌정관천(坐井觀天)

> **해설** ㉠에는 기존의 가설에 맞지 않는 현상이 나타나자 그 현상을 설명할 수 있도록 아무런 실험과 검증 없이 이론을 끌어다 붙이는 태도가 나타나 있다. 이와 같이 가당치도 않은 말을 억지로 끌어다 대어 조리에 맞도록 하는 것을 뜻하는 말은 '견강부회(牽强附會)'이다.

8 한국○○ ㈜의 대표이사 비서인 甲은 거래처 대표이사가 새로 취임하여 축하장 초안을 작성하고 있다. 다음 축하장에서 밑줄 친 부분의 맞춤법이 바르지 않은 것끼리 묶인 것은?

> 　귀사의 무궁한 번영과 발전을 기원합니다.
> 　이번에 대표이사로 새로 취임하심을 진심으로 기쁘게 생각하며 ⓐ축하드립니다. 이는 탁월한 식견과 그동안의 부단한 노력에 따른 결과라 생각합니다. 앞으로도 저희 한국○○ ㈜와 ⓑ원할한 협력 관계를 ⓒ공고이 해 나가게 되기를 기대하며, 우선 서면으로 축하 인사를 대신합니다.
> 　ⓓ아무쪼록 건강하시기 바랍니다.

① ⓐ, ⓑ　　　　　　　　　　② ⓐ, ⓒ

③ ⓑ, ⓒ　　　　　　　　　　④ ⓑ, ⓓ

> **해설** ⓑ 원할한 → 원활한
> ⓒ 공고이 → 공고히

│9~11│ 다음은 한국보훈복지의료공단의 정보공개제도에 관한 내용이다. 물음에 답하시오.

1. 정보공개제도
정보공개제도는 공공기관의 정보공개에 관한 법률에 따라 국민의 알 권리를 보장하고 국민의 참여와 운영의 투명성을 확보하기 위하여 공공기관이 보유한 정보를 국민에게 공개하는 제도이다.

2. 공개대상 정보
공개대상정보는 한국보훈복지의료공단이 직무상 작성 또는 취득하여 관리하고 있는 문서, 도면, 사진, 필름, 컴퓨터에 의하여 처리되는 매체 등에 기록된 정보들로 다음 사항들은 제외된다.
㉠ 법령에 의하여 비밀 또는 비공개 사항으로 분류된 정보
㉡ 국가안전보장, 국방, 통일, 외교관계 등에 관한 사항으로서 공개될 경우 국가의 이익을 현저히 해할 우려가 있다고 인정되는 정보
㉢ 공개될 경우 국민의 생명과 신체의 보호에 현저한 지장을 초래할 우려가 있다고 인정되는 정보
㉣ 진행 중인 재판 등에 관련된 정보
㉤ 감사, 감독, 검사, 시험, 규제, 입찰계약, 기술개발, 인사관리, 의사결정과정 또는 내부검토과정에 있는 사항 등으로써 공개될 경우 업무의 공정한 수행에 지장을 초래할 수 있는 정보
㉥ 특정 개인의 사생활의 자유 또는 비밀을 침해할 우려가 있다고 인정되는 정보
㉦ 법인, 단체 또는 개인의 영업상 비밀에 관한 정보
㉧ 부동산 투기, 매점, 매식 등으로 특정인에게 재산상 이익 또는 불이익을 초래할 우려가 있는 정보

3. 정보공개 청구서의 처리
한국보훈복지의료공단이 정보공개 청구서를 접수한 날로부터 10일 내에 정보공개 여부를 결정하여 청구인에게 통보합니다. 다만, 부득이한 경우 관련 법령에 의거 10일 이내에서 기간을 연장 할 수 있습니다.

4. 공개방법
㉠ 공개형태 : 열람/시청, 사본, 출력물, 전자파일, 복제/인화물, 기타
㉡ 교부방법 : 직접방문, 우편, 모사전송, 전자우편, 기타

5. 불복구제절차
청구인이 정보공개와 관련하여 보훈공단이 비공개 결정을 한 경우 청구인은 관계 법령이 정하는 바에 따라 이의신청 또는 청구하거나 행정소송을 제기할 수 있다.

6. 정보공개제도 자료
㉠ 공공기관의 정보공개에 관한 법률 및 동법 시행령
㉡ 정보공개 처리 세칙(관련 서식 포함)
㉢ 정보공개 업무편람

Answer 7.② 8.③

9 제시된 한국보훈복지의료공단의 정보공개제도과 다른 내용은?

① 정보공개제도는 공공기관의 정보공개에 관한 법률에 따라 국민의 알 권리를 보장한다.

② 청구인이 정보공개와 관련하여 보훈공단이 비공개 결정을 한 경우 청구인은 이의신청할 수 있다.

③ 특정인에게 재산상 이익 또는 불이익을 초래할 우려가 있는 정보는 공개대상정보가 될 수 있다.

④ 정보공개 청구서는 한국보훈복지의료공단이 청구서를 접수한 날로부터 10일 내에 정보공개 여부를 결정하여 청구인에게 통보한다.

> **✔해설** ③ 공개대상정보는 한국보훈복지의료공단이 직무상 작성 또는 취득하여 관리하고 있는 문서, 도면, 사진, 필름, 컴퓨터에 의하여 처리되는 매체 등에 기록된 정보들로 다음사항들은 제외된다.
> ㉠ 법령에 의하여 비밀 또는 비공개 사항으로 분류된 정보
> ㉡ 국가안전보장, 국방, 통일, 외교관계 등에 관한 사항으로서 공개될 경우 국가의 이익을 현저히 해할 우려가 있다고 인정되는 정보
> ㉢ 공개될 경우 국민의 생명과 신체의 보호에 현저한 지장을 초래할 우려가 있다고 인성되는 정보
> ㉣ 진행 중인 재판 등에 관련된 정보
> ㉤ 감사, 감독, 검사, 시험, 규제, 입찰계약, 기술개발, 인사관리, 의사결정과정 또는 내부검토과정에 있는 사항 등으로써 공개될 경우 업무의 공정한 수행에 지장을 초래할 수 있는 정보
> ㉥ 특정 개인의 사생활의 자유 또는 비밀을 침해할 우려가 있다고 인정되는 정보
> ㉦ 법인, 단체 또는 개인의 영업상 비밀에 관한 정보
> ㉧ 부동산 투기, 매점, 매식 등으로 특정인에게 재산상 이익 또는 불이익을 초래할 우려가 있는 정보

10 다음 중 정보공개방법 성격이 다른 하나는?

① 출력물
② 인화물
③ 전자우편
④ 전자파일

> **✔해설** 공개방법
> ㉠ 공개형태: 열람/시청, 사본, 출력물, 전자파일, 복제/인화물, 기타
> ㉡ 교부방법: 직접방문, 우편, 모사전송, 전자우편, 기타

11 다음 중 정보공개제도 자료가 아닌 것은?

① 공공기관의 정보공개에 관한 법률
② 정보공개 처리 세칙
③ 정보공개 처리 세칙 관련 서식
④ 정보공개 업무 규제

> **✔해설** 정보공개제도 자료
> ㉠ 공공기관의 정보공개에 관한 법률 및 동법 시행령
> ㉡ 정보공개 처리 세칙(관련 서식 포함)
> ㉢ 정보공개 업무편람

12 다음은 한국보훈복지의료공단 인권경영 선언문이다. 밑줄 친 단어의 의미로 적절하지 않은 것은?

〈한국보훈복지의료공단 인권경영 선언문〉

　우리는 최상의 보훈의료복지서비스를 통해 보훈가족의 건강 증진과 삶의 질 향상에 앞장서고, 모든 경영활동 과정에서 인권 수호를 위한 사명을 다한다.

이를 위해 우리는 임직원이 준수해야 할 행동규범, 가치판단 기준으로 '인간의 <u>존엄</u>과 가치를 보장하는 인권경영'을 선언하고 그 실천을 다짐한다.

하나, 우리는 인간으로서의 존엄과 가치를 존중하는 인권 경영을 최우선의 가치로 한다.
하나, 우리는 인간으로서의 존엄과 가치를 존중하는 인권 경영을 최우선의 가치로 한다.
하나, 우리는 보훈가족의 건강권 및 존엄한 노후생활 보장을 위해 필요한 최선의 서비스를 <u>제공</u>한다.
하나, 우리는 장애, 성별, 종교, 국적, 지역, 사회적 신분, 학력, 나이, 직종 등의 이유로 고용 상 차별하지 않으며 상호존중과 <u>배려</u>의 근무환경을 제공한다.
하나, 우리는 직원의 자유로운 노동조합 활동을 보장하고 노사 신뢰 문화를 형성한다.
하나, 우리는 직원에게 안전하고 위생적인 근무환경을 제공한다.
하나, 우리는 어떠한 형태의 강제노동과 아동노동도 허용하지 않는다.
하나, 우리는 보훈가족, 공급자, 유관기관 등을 포함한 협력회사, 지역사회 등 모든 이해관계자의 인권을 존중한다.
하나, 우리는 국내외 환경법규를 준수하고 환경보호와 오염방지를 위해 노력한다.
하나, 우리는 주민의 건강권 보장을 위해 공공의료 실천에 앞장선다.
하나, 우리는 인권침해를 사전에 예방하며 적극적인 구제를 위해 노력할 뿐만 아니라, 지속적인 <u>개선</u> 활동으로 인권 경영의 선두에 선다.

한국보훈복지의료공단

---

① 존엄 : 인물이나 지위 따위가 감히 범할 수 없을 정도로 높고 엄숙함
② 제공 : 무엇을 내주거나 갖다 바침
③ 배려 : 도와주거나 보살펴 주려고 마음을 씀
④ 개선 : 주장이나 사실 따위를 밝히기 위하여 의견이나 내용을 드러내어 말하거나 글로 씀

　✔해설　④ 개선(改善) : 잘못된 것이나 부족한 것, 나쁜 것 따위를 고쳐 더 좋게 만듦
　　※ 개진(開陳) : 주장이나 사실 따위를 밝히기 위하여 의견이나 내용을 드러내어 말하거나 글로 씀

13 한국보훈복지의료공단에서 업무성적이 뛰어난 직원에게 초청장을 작성하고 있다. 다음 근무자 명단과 작성방법을 바탕으로 우편라벨을 작성할 때, 바르게 작성한 것을 고르면? (단, 우편물에 대한 회신을 요하지 않는다.)

◎ 근무자 명단

번호	근무자명	주소	우편번호	소속/지위
1	이진솔	고양시 일산동구 마두로9(마두1동 472번지)	34130(745-400)	관리팀/과장
2	강하정	서울특별시 마포구 양화로22 3층 (서교동 21-13번지)	10875(487-415)	지원팀/대리
3	김소라	인천광역시 남구 경인로90(심곡동 13-9번지)	14750(312-203)	관리팀/차장
4	박도연	대전광역시 유성구 가정로 306-2 A빌딩 5층 (도룡동 308번지)	61082(123-442)	협력팀/부장

◎ 우편라벨 작성방법

• 우편번호는 <보내는 사람> 가장 윗부분 첫머리에 5자리로 작성한다.
• 주소를 작성할 대에는 우편번호와 한 줄 정도의 간격을 두고 작성하며, 주소를 먼저 작성하고 그 아래에 회사명을 적는다. 주소는 지번주소 또는 도려명주소로 쓸 수 있다.
• 발신자 명은 회사명과 한 줄 정도의 간격을 두고 작성하며, 회사명이 끝나는 위치에서 시작하여 소속, 지위, 이름순으로 작성하고 뒤에 '보냄'·'드림'을 붙인다.
• 우편라벨에 동봉한 우편물에 대한 메모를 적는 경우, 우편번호와 같은 줄에 앞뒤 간격을 두고 간단히 작성하며 생략 가능하다. 단, 회신이 필요한 경우에 한하여 반드시 '회신 요망'을 기재한다.
• <받는 사람> 작성방법은 <보내는 사람> 작성 방법과 동일하며, 수신자 명 뒤에 '보냄'·'드림' 대신 '님'·'귀하'를 쓴다.

① <받는 사람>

34130   회신요망

고양시 일산동구 마두로9
한국 보훈복지 의료공단

         관리팀 과장 이진솔 귀하

② <받는 사람>

10875

서울특별시 마포구 양화로22 3층
한국 보훈복지 의료공단

         지원팀 대리 강하정 님

③ <받는 사람>

312－203

인천광역시 심곡동 13-9번지
한국 보훈복지 의료공단

         관리팀 차장 김소라 님

④ <받는 사람>

61082

대전광역시 유성구 가정로 306－2 A빌딩 5
층
한국 보훈복지 의료공단
         협력팀 부장 박도연 귀하

✔ 해설 ① 초청장은 회신을 요하지 않으므로 '회신 요망'을 기재하지 않는다.
        ③ 우편번호는 5자리로 작성해야 한다.
        ④ 발신자 명은 회사명과 한 줄 정도의 간격을 두고 작성해야 한다.

Answer 13.②

14 다음은 ○○은행이 자사 홈페이지에 게시한 입찰 관련 안내문의 일부이다. 다음 입찰 안내문을 보고 알 수 있는 내용으로 적절하지 않은 것은?

가. 용역명 : 「○○은행 을지로 제13지구 도시환경정비사업 건축설계 및 인허가」 용역

나. 용역목적
 (1) 건축물 노후화에 따른 업무 환경개선과 시설 기능 개선 및 향상을 도모하고 미래 환경에 대한 최적의 지원 환경 구축과 효율적인 보유 자산 활용을 위해 을지로 제13지구 기존 건축물을 재건축하고자 함.
 (2) 을지로 제13지구 도시환경정비사업 건축설계 및 인허가 용역은 건축, 정비계획, 지하철출입구, 관리처분 계획 등을 위한 설계에 대한 축적된 지식과 노하우를 보유한 최적의 설계회사를 선정하는데 목적이 있음.

다. 용역내용

구분		설계개요
발주자		○○은행
토지 등 소유자		○○은행, ㈜○○홀딩스
위치		서울특별시 중구 을지로 xxx
설계 규모	기간	건축물사용승인 완료 후 1개월까지(계약일로부터 약 67개월)
	추정 공사비	약 430억 원(VAT포함) ※ 건축공사비 408억 원, 지하철연결 22억 원(변동가능)
	사업 시행면적	2,169.7㎡(656평) ※ 당행(1,494.2㎡) + ㈜○○홀딩스(191.1㎡) + 기부채납(공원)부지(207.4㎡) + 서쪽 보행자도로 조성(271.9㎡) + 도로 xxx번지 일부 5.1㎡ 편입
	대지면적	1,685.3㎡(509.8평) ※ 당행(1,494.2㎡ : 452평), ㈜○○홀딩스(191.1㎡ : 57.8평)
	연면적	21,165㎡(6,402평) 내외
	건물규모	지하 5층, 지상 18층 내외
	주요시설	업무시설 및 부대시설
	설계내용 설계	건축 계획 · 기본 · 실시설계, 지하철출입구 · 공공보행통로 설계 등 정비사업 시행에 필요한 설계
	인허가	건축허가, 정비계획 변경, 도시계획시설(철도) 변경, 실시계획인가, 사업시행인가, 관리처분계획인가 등 정비사업 시행에 필요한 인허가
	기타	서울교통공사 업무협약, 사후설계 관리업무, 설계 및 인허가를 위한 발주자 또는 인허가청 요청업무 등

① 건축 및 사업 시행에 필요한 인가, 허가 사항은 모두 낙찰업체의 이행 과제이다.

② 지상, 지하 총 23층 내외의 건축물 설계에 관한 입찰이며, 업무시설 이외의 시설도 포함된다.

③ 응찰 업체는 추정가격 430억 원을 기준으로 가장 근접한 합리적인 가격을 제시하여야 한다.

④ 입찰의 가장 근본적인 목적은 해당 건축물의 노후화에 있다.

✔ 해설 주어진 입찰 건은 건축물 시공에 대한 입찰이 아니라 설계 및 인허가에 관한 용역 입찰이다. 따라서 추정 공사비는 설계를 위한 참고 사항으로 제시한 것으로 볼 수 있으며 설계 및 인허가 용역 응찰 업체가 공사비인 430억 원에 근접한 가격을 제시할 필요는 없다.
① 입찰의 설계내용에 제반 인허가 사항이 포함되어 있으므로 낙찰업체의 이행 과제라고 볼 수 있다.
② 건물규모가 지하 5층, 지상 18층 내외이며 주요시설로 업무시설 및 부대시설이 있음을 명시하고 있다.
④ '나'의 (1)에서 건축물의 노후화에 따른 재건축임을 명시하고 있다.

15 다음 글의 밑줄 친 ⊙~㉣ 문장에 대한 설명으로 옳지 않은 것은?

정부의 지방분권 강화의 흐름은 에너지정책 측면에서도 매우 시의적절해 보인다. 왜냐하면 정부가 강력히 추진 중인 에너지전환정책의 성공 여부는 그 특성상 지자체의 협력과 역할에 달려 있기 때문이다.

현재까지의 중앙 정부 중심의 에너지정책은 필요한 에너지를 값싸게 충분히 안정적으로 공급한다는 공급관리 목표를 달성하는 데 매우 효율적 이였다고 평가할 수 있다. 또한 중앙 정부 부처가 주도하는 현재의 정책 결정 구조는 에너지공급 설비와 비용을 최소화할 수 있으며, ⊙일관된 에너지정책을 추구하여 개별 에너지정책들 간의 충돌을 최소화할 수 있는 장점이 있다. 사실, 특정지역 대형설비 중심의 에너지정책을 추진할 대는 지역 경제보다 국가경제 차원의 비용편인 분석이 타당성을 확보할 수 있고, 게다가 ⓒ사업 추진 시 상대해야 할 민원도 특정지역으로 한정되는 경우가 많기 때문에 중앙정부 차원에서의 정책 주진이 효율적일 수 있다.

그러나 신재생에너지 전원과 같이 소규모로 거의 전 국토에 걸쳐 설치되어야 하는 분산형 전원 비중이 높아지는 에너지전환정책 추진에는 사정이 달라신다. 중앙 징부는 실제 설비가 들어서는 수많은 개별 지역의 특성을 세심히 살펴 추진할 수 없어 소규모 전원의 전국적 관리는 불가능하다. 실제로 현재 태양광이나 풍력의 보급이 지체되는 가장 큰 이유로 지자체의 인허가 단계에서 발생하는 다양한 민원이 지적되고 있다. 중앙정부 차원에서 평가한 신재생에너지의 보급 잠재력이 아무리 많아도, 실제 사업단계에서 부딪치는 다양한 어려움을 극복하지 못하면 보급 잠재력은 허수에 지나지 않게 된다. 따라서 ⓒ소규모 분산전원의 확대는 거시적 정책이 아니라 지역별 특성을 세심히 고려한 미시적 정책에 달려있다고 해도 지나치지 않다. 당연히 지역 특성을 잘 살필 수 있는 지자체가 분산적원 확산에 주도권을 쥐는 편이 에너지전환정책의 성공에 도움이 될 수 있다.

이뿐만 아니라 경제가 성장하면서 에너지소비 구조도 전력, 도시가스, 지역난방 등과 같은 네트워크에너지 중심으로 변화하다 보니 지역별 공급비용에 대한 불균형을 고려해 ㉣지역별 요금을 단일화해야 한다는 목소리도 점점 커지고 있고, 환경과 안전에 대한 국민들의 인식도 과거와 비교해 매우 높아져 이와 관련한 지역 사안에 관심도 커지고 있다. 이러한 변화는 때로는 지역 간 갈등으로 혹은 에너지시설 건설에 있어 님비현상 등으로 표출되기도 한다. 모두 지역의 특성을 적극적으로 감안하고 지역주민들의 의견을 모아 해결해야 할 사안이다. 당연히 중앙정부보다 지자체가 훨씬 잘 할 수 있는 영역이다.

① ⊙-중앙 정부 중심의 에너지 정책에 대한 기본 특징으로 대표적 장점으로 볼 수 있다.

② ⓒ-분산형 에너지 정책과 상반되는 중앙집중형 에너지 정책의 효율적 특성이다.

③ ⓒ-미시적 정책이 분산형 에너지 정책의 관건이라는 주장으로 글의 내용과 부합한다.

④ ㉣-각 지역의 네트워크에너지 중심으로 지역의 공급비용이 동일해야한다는 전체 글의 내용과 부합하다.

✔해설 ④ ㉣-지자체가 지역 특성과 현실에 맞는 에너지 정책의 주도권을 행사하기 위해 지역별로 공급비용이 동일하지 않은 특성에 기인한 에너지 요금을 차별화해야 한다는 목소리가 커지고 있다고 판단하는 것이 현실을 올바르게 판단한 내용이 된다. 따라서 ㉣은 글 전체의 내용과 반대되는 논리를 포함한 문장이 된다.

16 다음 내용은 방송 대담의 한 장면이다. 이를 통해 알 수 있는 것은?

> 사회자 : '키워드로 알아보는 사회' 시간입니다. 의료 서비스 시장 개방이 눈앞의 현실로 다가오고 있습니다. 이와 관련하여 오늘은 먼저 의료 서비스 시장의 특성에 대해서 알아보겠습니다. 김 박사님 말씀해주시죠.
>
> 김 박사 : 일반적인 시장에서는 소비자가 선택할 수 있는 상품의 폭이 넓습니다. 목이 말라 사이다를 마시고 싶은데, 사이다가 없다면 대신 콜라를 마시는 식이지요. 하지만 의료 서비스 시장은 다릅니다. 의료 서비스 시장에서는 음료수를 고르듯 아무 병원이나, 아무 의사에게 갈 수는 없습니다.
>
> 사회자 : 의료 서비스는 일반 시장의 상품과 달리 쉽게 대체할 수 있는 상품이 아니라는 말씀이군요.
>
> 김 박사 : 예, 그렇습니다. 의료 서비스라는 상품은 한정되어 있다는 특성이 있습니다. 우선 일정한 자격을 가진 사람만 의료 행위를 할 수 있기 때문에 의사의 수는 적을 수밖에 없습니다. 의사의 수가 충분하더라도 소비자, 즉 환자가 만족할 만한 수준의 병원을 설립하는 데는 더 큰 비용이 들죠. 그래서 의사와 병원의 수는 의료 서비스를 받고자 하는 사람보다 항상 적을 수밖에 없습니다.
>
> 사회자 : 그래서 종합 병원에 항상 그렇게 많은 환자가 몰리는군요. 저도 종합 병원에 가서 진료를 받기 위해 오랜 시간을 기다린 적이 많습니다. 그런데 박사님…… 병원에 따라서는 환자에게 불필요한 검사까지 권하는 경우도 있다고 하던데요…….
>
> 김 박사 : 그것은 '정보의 비대칭성'이라는 의료 서비스 시장의 특성과 관련이 있습니다. 의료 지식은 매우 전문적이어서 환자들이 자신의 증상에 관한 정보를 얻기가 어렵습니다. 그래서 환자는 의료 서비스를 수동적으로 받아들일 수밖에 없습니다. 중고차 시장을 생각해보시면 될 텐데요, 중고차를 사려는 사람이 중고차 판매자를 통해서만 차에 관한 정보를 얻을 수 있는 것과 마찬가지입니다.
>
> 사회자 : 중고차 판매자는 중고차의 좋지 않은 점을 숨길 수 있으니 정보가 판매자에게 집중되는 비대칭성을 나타낸다고 보면 될까요?
>
> 김 박사 : 맞습니다. 의료 서비스 시장도 중고차 시장과 마찬가지로 소비자의 선택에 불리한 구조로 이루어져 있습니다. 따라서 의료 서비스 시장을 개방하기 전에는 시장의 특수한 특성을 고려해 소비자가 피해보는 일이 없도록 많은 논의가 이루어져야 할 것입니다.

① 의료서비스 수요자의 증가와 의료 서비스의 질은 비례한다.

② 의료서비스 시장에서는 공급자 간의 경쟁이 과도하게 나타난다.

③ 의료서비스 시장에서는 소비자의 의료서비스 선택의 폭이 좁다.

④ 의료서비스 공급자와 수요자 사이에는 정보의 대칭성이 존재한다.

> ✔해설 의료 서비스 시장에서는 의료 행위를 하기 위한 자격이 필요하고, 환자가 만족할 만한 수준의 병원을 설립하는 데 비용이 많이 들어 의사와 병원의 수가 적어 소비자의 선택의 폭이 좁다고 하였다.

❙17~18❙ 다음은 ○○보험 정책연구원 M대리가 '제×차 건강과 의료 고위자 과정 모집안내'에 대한 안내 문서를 작성한 것이다. 이를 읽고 이어지는 물음에 답하시오.

〈모집요강〉

수업기간	2022. 4. 1~7. 15(14주)
수업일시	매주 금요일 18시 30분~21시(석식제공)
모집인원	45명
지원자격	• 의료기관의 원장 및 관리책임자 • 정부, 국회 및 정부투자기관의 고위관리자 • 전문기자 및 보건의료계 종사자
접수기간	2022. 3. 8~3. 22(15일간)
접수장소	○○보험 정책연구소(우편, 이메일 접수 가능)
제출서류	• 입학지원서 1부 • 사진 2매(입학지원서 부착 및 별도 1매), 여권사본 1부(해외워크숍 참가 시) ※ 입학지원서 양식은 홈페이지에서 다운로드 가능
합격자 발표	2022. 3. 22(금) 개별통보
수료기준	과정 60% 이상 출석 시 수료증 수여
교육장소	• ○○보험 본사 대회의실(6층) • ○○보험 정책연구소 세미나실(4층)
수강료	• 등록금 : 100만 원 -합격자에 한하여 아래의 계좌로 입금하여 주십시오. -계좌번호: △△은행 527-000116-0000 ○○보험 정책연구소 ※ 해외연수 비용은 별도(추후 공지)

17 M대리가 작성한 문서를 검토한 선배 S는 문서의 형식과 내용상의 일부 수정사항을 다음과 같이 지적하였다. 다음 중 S의 지적으로 적절하지 않은 것은?

① "날짜를 표기할 때에는 연월일 숫자 다음에 반드시 온점(.)을 찍는 것이 기본 원칙이야."

② "개인정보 수집 및 이용 동의서 작성이 필요한지를 반드시 알려줘야 해."

③ "공문서에 시간을 적을 때에는 24시각제로 표기하되, '시', '분' 등의 말은 빼고 쌍점(:)을 찍어 '18:30'처럼 표기해야 되는 것 잊지 말게."

④ "대외적으로 배포할 안내문을 작성할 때에는 항상 '문의 및 연락처'를 함께 적어야 불편함을 줄일 수 있어."

✔해설 개인정보 수집 및 이용 동의서, 개인정보 제공 동의서 등은 동의 여부를 개인정보 제공자의 자유의사로 선택할 수 있으므로 필요한 경우 작성을 요청할 수 있으나, 모집요강에 반드시 포함되어야 할 사항은 아니다.
① 2022. 4. 1~7. 15 → 2022. 4. 1.~7. 15.
③ 18시 30분~21시 → 18:30~21:00
④ 대외적으로 배포하는 안내문에서는 문의 및 연락처, 기타사항 등을 통하여 담당부서, 연락처 등을 함께 기재하는 것이 일반적이다.

18 위의 모집요강을 보고 건강과 의료 고위자 과정에 지원하고자 하는 A~D 중 모집요강을 잘못 이해하고 있는 사람은?

① A : 매주 금요일 저녁 저 시간에 수업을 하려면 저녁 시간이 애매한데, 석식을 제공한다니 괜찮네.

② B : 매우 유용한 과정이 될 것 같은데, 후배 중 의학전문기자가 있으니 수강해 보라고 알려줘야겠군.

③ C : 오늘이 접수 마감일인데 방문할 시간이 없으니 이메일로라도 신청해 봐야겠네.

④ D : 나는 수업기간 중 출장 때문에 2주 정도 출석을 못 하니 수료가 어렵겠네.

✔해설 수료기준으로 60% 이상 출석을 요구하고 있다. 따라서 총 14주간의 수업이므로 9주 이상 수업에 참석하면 수료증이 수여된다.

Answer 17.② 18.④

19 다음 글은 합리적 의사결정을 위해 필요한 절차적 조건 중의 하나에 관한 설명이다. 다음 보기 중 이 조건을 위배한 것끼리 묶은 것은?

> 합리적 의사결정을 위해서는 정해진 절차를 충실히 따르는 것이 필요하다. 고도로 복잡하고 불확실한 문제상황 속에서 결정의 절차가 합리적이기 위해서는 다음과 같은 조건이 충족되어야 한다.
>
> 〈조건〉
>
> 정책결정 절차에서 논의되었던 모든 내용이 결정절차에 참여하지 않은 다른 사람들에게 투명하게 공개되어야 한다. 그렇지 않으면 이성적 토론이 무력해지고 객관적 증거나 논리 대신 강압이나 회유 등의 방법으로 결론이 도출되기 쉽기 때문이다.

〈보기〉

㉠ 심의에 참여한 분들의 프라이버시 보호를 위해 오늘 회의의 결론만 간략히 알려드리겠습니다.

㉡ 시간이 촉박하니 회의 참석자 중에서 부장급 이상만 발언하도록 합시다.

㉢ 오늘 논의하는 안건은 매우 민감한 사안이니만큼 비참석자에게는 그 내용을 알리지 않을 것입니다. 그러니 회의자료 및 메모한 내용도 두고 가시기 바랍니다.

㉣ 우리가 외부에 자문을 구한 박사님은 이 분야의 최고 전문가이기 때문에 참석자 간의 별도 토론 없이 박사님의 의견을 그대로 채택하도록 합시다.

㉤ 오늘 안건은 매우 첨예한 이해관계가 걸려 있으니 상대방에 대한 반론은 자제해주시고 자신의 주장만 말씀해주시기 바랍니다.

① ㉠㉡   ② ㉠㉢

③ ㉢㉣   ④ ㉢㉤

✔ **해설** 합리적 의사결정의 조건으로 회의에서 논의된 내용이 투명하게 공개되어야 한다는 조건을 명시하고 있으나, ㉠과 ㉢에서는 비공개주의를 원칙으로 하고 있기 때문에 조건에 위배된다.

20 다음은 주문과 다른 물건을 배송 받은 Mr. Hopkins에게 보내는 사과문이다. 순서를 바르게 나열한 것은?

Dear Mr. Hopkins

a. We will send you the correct items free of delivery charge.

b. We are very sorry to hear that you received the wrong order.

c. Once again, please accept our apologies for the inconvenience, and we look forward to serving you again in the future.

d. Thank you for your letter dated October 23 concerning your recent order.

e. Apparently, this was caused by a processing error.

---

① c − e − a − d − b

② d − b − e − a − c

③ b − c − a − e − d

④ e − a − b − d − c

 「Mr. Hopkins에게

　　d. 당신의 최근 주문에 관한 10월 23일의 편지 감사합니다.

　　b. 당신이 잘못된 주문을 받았다니 매우 유감스럽습니다.

　　e. 듣자 하니, 이것은 프로세싱 오류로 인해 야기되었습니다.

　　a. 우리는 무료배송으로 당신에게 정확한 상품을 보낼 것입니다.

　　c. 다시 한 번, 불편을 드린 것에 대한 저희의 사과를 받아주시길 바라오며, 장래에 다시 서비스를 제공할 수 있기를 기대합니다.」

21 다음은 사원들이 아래 신문 기사를 읽고 나눈 대화이다. 대화의 흐름상 빈칸에 들어갈 말로 가장 적절한 것은?

"김치는 살아 있다"

젖산균이 지배하는 신비한 미생물의 세계

처음에 생기는 일반 세균 새콤한 맛 젖산균이 물리쳐 "우와~ 김치 잘 익었네."

효모에 무너지는 '젖산균 왕국' "어유~ 군내, 팍 시었네."

점차 밝혀지는 김치의 과학 토종 젖산균 '김치 아이'

유전자 해독 계기로 맛 좌우하는 씨앗균 연구 개발

1990년대 중반 이후부터 실험실의 김치 연구가 거듭되면서, 배추김치, 무김치, 오이김치들의 작은 시공간에서 펼쳐지는 미생물들의 '작지만 큰 생태계'도 점차 밝혀지고 있다. 20여 년째 김치를 연구해 오며 지난해 토종 젖산균(유산균) '류코노스톡 김치 아이'를 발견해 세계 학계에서 새로운 종으로 인정받은 인하대 한홍의(61) 미생물학과 교수는 "일반 세균과 젖산균, 효모로 이어지는 김치 생태계의 순환은 우리 생태계의 축소판"이라고 말했다.

흔히 "김치 참 잘 익었다."라고 말한다. 그러나 김치 과학자라면 매콤새콤하고 시원한 김치 맛을 보면 이렇게 말할 법하다. "젖산균들이 한창 물이 올랐군." 하지만, 젖산균이 물이 오르기 전까지 갓 담근 김치에선 배추, 무, 고춧가루 등에 살던 일반 세균들이 한때나마 왕성하게 번식한다. 소금에 절인 배추, 무는 포도당 등 영양분을 주는 좋은 먹이 터전인 것이다.

"김치 초기에 일반 세균은 최대 10배까지 급속히 늘어나다가 다시 급속히 사멸해 버립니다. 제 입에 맞는 먹잇감이 줄어드는데다 자신이 만들어 내는 이산화탄소가 포화 상태에 이르러 더는 살아갈 수 없는 환경이 되는 거죠." 한 교수는 이즈음 산소를 싫어하는 '혐기성' 미생물인 젖산균이 활동을 개시한다고 설명했다. 젖산균은 시큼한 젖산을 만들며 배추, 무를 서서히 김치로 무르익게 만든다. 젖산균만이 살 수 있는 환경이 되는데, "다른 미생물이 출현하면 수십 종의 젖산균이 함께 '박테리오신'이라는 항생 물질을 뿜어내어 이를 물리친다."라고 한다.

그러나 '젖산 왕조'도 크게 두 번의 부흥과 몰락을 겪는다. 김치 중기엔 주로 둥근 모양의 젖산균(구균)이, 김치 말기엔 막대 모양의 젖산균(간균)이 세력을 떨친다. 한국 식품 개발연구원 박완수(46) 김치 연구단장은 "처음엔 젖산과 에탄올 등 여러 유기물을 생산하는 젖산균이 지배하지만, 나중엔 젖산만을 내는 젖산균이 우세종이 된다."며 "김치가 숙성할수록 시큼털털해지는 것은 이 때문"이라고 설명했다.

－○○일보－

사원 甲 : 김치가 신 맛을 내는 이유는 젖산균 때문이었군? 난 세균 때문인 줄 알았어.

사원 乙 : 나도 그래. 처음에 번식하던 일반 세균이 스스로 사멸하다니, 김치는 참 신기해.

사원 丙 : 맞아. 게다가 젖산균이 출현한 이후에는 젖산균이 뿜어내는 항생 물질 때문에 다른 미생물들이 살 수 없는 환경이 된다는데.

사원 丁 : 하지만 _____

① 일반세균이 모두 죽고 나면 단 한가지의 젖산균만이 활동하게 돼.

② 모든 젖산균이 김치를 맛있게 만드는 것은 아니더군.

③ 김치는 오래되면 오래될수록 맛이 깊어지지.

④ 김치가 오래될수록 시큼해지는 이유는 젖산균에서 나오는 유기물들 때문이야.

> ✔해설 ① 김치 중기엔 주로 둥근 모양의 젖산균(구균)이, 김치 말기엔 막대 모양의 젖산균(간균)이 세력을 떨친다.
> ③ 나중엔 젖산만을 내는 젖산균이 우세종이 되어 김치가 숙성될수록 시큼털털해진다.
> ④ 김치가 오래될수록 시큼해지는 이유는 젖산균에서 나오는 젖산 때문이다.

Answer 21.②

22 다음은 주식회사 서원각 편집팀의 주간 회의 일부이다. 회의 참여자들의 말하기 방식에 대한 설명으로 옳지 않은 것은?

> 김대리 : 요즘 날씨가 더워지면서 에너지 절약에 대한 문제가 심각한 거 다들 알고 계시죠? 작년에도 블랙아웃을 겪을 정도로 이 문제가 심각했습니다. 그래서 이번에는 사무실에서 할 수 있는 에너지 절약 방안에 대해 논의하고자 합니다. 에너지 절약에 대해 좋은 의견이 있으면 말씀해 주시기 바랍니다.
>
> 현진 : 가끔 점심식사를 하고 들어오면 아무도 없는 사무실에 에어컨이 켜져 있는 것을 볼 수 있습니다. 사소한 것이지만 이런 것도 문제가 될 수 있다고 생각합니다.
>
> 지은 : 맞아요. 오늘 아주 일찍 출근을 해보니 아무도 없는데 사무실의 에어컨이 켜져 있는 것을 보았습니다.
>
> 병근 : 진짜입니까? 그렇다면 정말 위험할 뻔 했습니다. 자칫 과열되어 불이라도 났으면 어쩔 뻔 했습니까?
>
> 효미 : 지금 에너지 절약 방안에 대한 회의를 하자고 한 것 아닙니까? 그에 맞는 논의를 했으면 좋겠습니다. 저는 담당자를 지정하여 사무실에 대한 에너지 관리를 하였으면 좋겠습니다. 예를 들어 에어컨이나 컴퓨터, 소등 등을 점검하고 확인하는 것입니다.
>
> 갑순 : 저는 에어컨 온도를 적정 수준 이상으로 올리지 않도록 규정온도를 정했으면 합니다.
>
> 을동 : 그건 안됩니다. 집도 덥고, 아침에 출근하고 나면 엄청 더운데 사무실에서까지 덥게 지내라는 것은 말이 안됩니다. 사무실 전기세를 내가 내는 것도 아닌데 사무실에서만이라도 시원하게 지내야 된다고 생각합니다.
>
> 김실 : 왜 그렇게 이기적이십니까? 에너지 문제는 우리 전체의 문제입니다.
>
> 을동 : 뭐 제가 이기적이라고 말씀하신 겁니까?
>
> 미연 : 감정적으로 대응하지 마시고 우리가 할 수 있는 방안을 생각해 보도록 하는 것이 좋을 것 같습니다.
>
> 하정 : 전 지금까지 나온 의견을 종합하는 것이 좋다고 생각합니다. 에너지 절약 담당자를 지정하여 에어컨 온도를 유지하고, 퇴근할 때 사무실 소등 및 점검을 하는 것이 좋다고 생각합니다.

① 김대리 : 참여자의 적극적인 참여를 위해 화제의 필요성을 강조하며 회의를 시작하고 있다.

② 병근 : 상대의 말에 동의하며 의사소통 상황에 맞게 의견을 개진하고 있다.

③ 효미 : 잘못된 방향으로 흘러가는 화제를 조정하며 회의에 적극적으로 참여하고 있다.

④ 미연 : 다수가 참여하는 의사소통에서 참여자의 갈등을 중재하여 담화의 흐름을 돕고 있다.

> ✔**해설** 회의의 화제는 에너지 절약에 관한 것이므로 의사소통 상황에 맞게 의견을 개진한다면 에너지 절약의 측면에서 말을 해야 한다. 여기서 병근은 화재에 대한 걱정만을 하고 있음을 볼 때 상황에 맞게 의견을 개진한다고 보기는 어렵다.

23 중의적 표현에 대한 다음 설명을 참고할 때, 구조적 중의성의 사례가 아닌 것은?

중의적 표현(중의성)이란 하나의 표현이 두 가지 이상의 의미로 해석되는 표현을 일컫는다. 그 특징은 해학이나 풍자 등에 활용되며, 의미의 다양성으로 문학 작품의 예술성을 높이는 데 기여한다. 하지만 의미 해석의 혼동으로 인해 원활한 의사소통에 방해가 될 수도 있다.

이런 중의성은 어휘적·구조적 중의성으로 분류할 수 있다. 어휘적 중의성은 다시 세 가지로 나뉘는데 첫째, 다의어에 의한 중의성이다. 다의어는 의미를 복합적으로 가지고 있는데, 기본 의미를 가지고 있는 동시에 파생적 의미를 가지고 있어서 그 어휘의 기본적 의미가 내포된 상태에서 다른 의미로도 사용할 수 있다. 둘째, 어휘적 중의성으로 동음어에 의한 중의적 표현이 있다. 동음어에 의한 중의적 표현은 순수한 동음어에 의한 중의적 표현과 연음으로 인한 동음이의어 현상이 있다. 마지막으로 동사의 상적 속성에 의한 중의성이 있다.

구조적 중의성은 문장의 구조 특성으로 인해 중의성이 일어나는 것을 말하는데, 이러한 중의성은 수식 관계, 주어의 범위, 서술어와 호응하는 논항의 범위, 수량사의 지배범위, 부정문의 지배범주 등에 의해 일어난다.

---

① 그녀가 보고 싶은 친구들이 참 많다.

② 그는 친구들을 기다리며 장갑을 끼고 있었다.

③ 그 사람은 나와 아버지를 만났다.

④ 나이 많은 동석과 해영이가 결혼을 한다.

✔해설 ① 명사구 사이 동사에 의한 중의성에 대한 사례로, 그녀가 친구를 보고 싶어하는 것인지 친구가 그녀를 보고 싶어 하는 것인지 확실치 않은 중의성을 포함한다.
② 그가 장갑을 이미 낀 상태인지, 장갑을 끼는 동작을 진행 중인지 의미가 확실하지 않은 동사의 상적 속성에 의한 중의성 사례이다.
③ 접속어에 의한 중의성으로, '그 사람'이 나와 함께 가서 아버지를 만난 것인지, 나와 아버지를 각각 만난 것인지 확실치 않은 중의성을 포함하고 있다.
④ 수식어에 의한 중의성으로, 동석이가 나이가 많은 것인지, 동석이와 해영이 모두가 나이가 많은 것인지 확실하지 않는 중의성을 포함하고 있다.

24 다음 글을 읽고 미루어 짐작할 수 있는 것은?

> 역설적이게도 오늘날 자연 선택 개념은 많은 경우 진화보다는 진화가 일어나지 않는 경우와 연관되어 인용된다. 주둥치*가 발광체를 갖게 된 것이 자연 선택 때문이라면, 자연 선택은 진화적 변화에 의해 그 발광체가 사라지지 않도록 방지하는 역할도 하고 있을 것이다. 살아 있는 생명체의 진화적 잠재력에 대한 풍부한 연구 덕분에 우리는 그들이 오늘날 보통 관찰되거나 화석 기록에 나타난 것보다도 훨씬 빠르게 진화할 수 있다는 사실을 알고 있다. 자연 선택이 주로 하는 일은 생명체가 지닌, 현재 최적의 상태로 발달되어 있는 형질들에서 이탈하는 것들을 추려내는 것이다.
>
> 예를 들어, 새들 중 어떤 종에서 평균 날개 길이가 20cm라면 19cm나 21cm의 날개를 가진 개체들은 다소 불리할 것이다. 그 개체들은 성체가 될 때까지 생존할 확률도 적고 그 후에도 낮은 번식률과 생존율을 보일 것이다. 야생에서 일어나는 자연 선택을 다룬 한 전형적인 연구가 그 증거를 정확하게 제시해 준다. 1899년 영국의 생물학자 허먼 캐리 범퍼스가 폭풍우에 죽은 참새들의 날개 길이를 재 보았다. 그 결과 폭풍 때 죽은 참새들에서 평균보다 현저하게 크거나 작은 날개를 지닌 개체들의 비율이 전체 참새 개체군에서보나 훨씬 크다는 사실을 알 수 있었다.
>
> 날개 길이나 인슐린 생산, 피부색 등의 형질은 중간 정도의 발달을 보이는 것이 유리하다는 이론을 안정화 선택 혹은 '최적화'라고 한다. 자연계에서 일어나는 선택은 대부분 이런 식으로, 세대를 거치며 평균값에서 눈에 띄게 변화하는 것보다는 평균값을 유지하려는 방향으로 일어난다고 여겨진다.
>
> 심지어 약한 방향성 선택도 일어나면 대개 시정된다. 자연선택이 간간이 일어나는 불리한 돌연변이나, 환경 조건이 다른 곳에서 이주해 온 개체에 의해 유입되는 지역적으로 부적응적인 유전자들을 솎아 내지 않는다면, 그 집단은 적응성이 낮아지는 쪽으로 진화할 것이다. 그래서 다윈이 진화의 주요 원인이라고 제안한 자연 선택 과정이, 오늘날에는 주로 진화를 방지하는 역할을 하고 있다고 생각된다.
>
> * 주둥치 : 난류성 물고기로 몸은 타원형에 가까운 나뭇잎 모양이며 옆으로 납작함. 북서태평양의 온대 해역에 분포함.

① 과거 새들의 날개는 현재보다 작았다.
② 진화의 속도가 수백 년 전보다 매우 느려졌다.
③ 주둥치의 발광체는 점점 더 밝은 빛을 낼 것이다.
④ 자연 선택은 현재 상태를 유지하는 쪽으로 압력을 행사한다.

> ✔해설 현재 최적의 상태로 발달되어 있는 형질들에서 이탈하는 것을 추려낸다고 하였으므로 현 상태를 유지하는 쪽으로 압력을 행사한다고 할 수 있다.

25 다음 글의 내용과 부합하는 것은?

> 공업화 과정이나 기타 경제 활동의 대부분은 욕망과 이성의 두 가지에 의해 충분히 설명될 수 있다. 하지만 그것만으로는 자유민주주의를 향한 투쟁은 설명할 수 없으며, 이는 인정받고자 하는 영혼의 '패기' 부분에서 궁극적으로 비롯되는 것이다. 공업화의 진전에 따른 사회적 변화, 그 중에서도 보통교육의 보급은 가난하고 교육받지 못한 사람들에게 그때까지 느끼지 못했던 인정받기 위한 욕망을 불러일으킨 것 같다. 만일 인간이 욕망과 이성뿐인 존재에 불과하다면 프랑코 정권하의 스페인, 또는 군사독재 하의 한국이나 브라질 같은 시장경제 지향적인 권위주의 국가 아래에서도 만족하며 살아갈 수 있을 것이다. 그러나 인간은 자기 자신의 가치에 대해 '패기' 넘치는 긍지를 갖고 있기 때문에 자신을 어린아이가 아닌 어른으로서 대해주는 정부, 자유로운 개인으로서의 자주성을 인정해주는 민주적인 정부를 원하게 된 것이다. 오늘날 공산주의가 자유민주주의로 교체되어 가고 있는 것은 공산주의가 인정에 대한 중대한 결함을 내포한 통치형태라는 사실이 인식되었기 때문이다. 역사의 원동력인 인정받기 위한 욕망의 중요성을 이해함으로써 우리는 문화나 종교, 노동, 민족주의, 전쟁 등 우리에게 익숙한 여러 가지 현상을 재검토하게 된다. 예를 들면 종교를 믿는 사람은 특정한 신이나 신성한 관습에 대한 인정을 원하고 있다. 한편 민족주의자는 자신이 속해 있는 특정의 언어적, 문화적, 또는 민족적 집단에 대해 인정받기를 원한다. 그러나 이와 같은 인정의 형태는 모두가 자유국가에 대한 보편적 인정에 비해 합리성이 결여되어 있다. 왜냐하면 그것은 성(聖)과 속(俗), 또는 인간 사회의 여러 집단에 대한 임의적 구분을 토대로 하고 있기 때문이다. 종교나 민족주의 또는 어떤 민족의 윤리적 습성과 관습의 혼합체 등이, 전통적으로 민주주의적인 정치제도나 자유시장경제의 건설에 장애가 된다고 생각되는 이유도 여기에 있다.

① 교육은 '인정받기 위한 욕망'에 관하여는 아무런 영향을 미치지 않는다.

② 패기 넘치는 긍지를 가지고 있는 사람은 한국의 권위주의 하에서도 만족하면서 살아 갈 것이다.

③ 민족주의자는 자신이 속한 문화적 집단보다는 그 사회 속에 속한 개인이 인정 받기를 원한다.

④ 공산주의가 인정에 대한 중요한 결함을 내포하고 있기 때문에 자유민주주의로 교체되고 있다.

✔ 해설
① 보통교육의 보급은 가난하고 교육받지 못한 사람들에게 그때까지 느끼지 못했던 인정받기 위한 욕망을 불러일으킨 것 같다.
② '패기' 넘치는 긍지를 갖고 있는 사람은 자신을 어린아이가 아닌 어른으로서 대해주는 정부, 자유로운 개인으로서의 자주성을 인정해주는 민주적인 정부를 원한다.
③ 민족주의자는 자신이 속해 있는 특정의 언어적, 문화적, 또는 민족적 집단에 대해 인정받기를 원한다.

26 다음 글에서 일그러진 청소년 문화를 바로잡기 위한 방안을 여러 가지로 제시하고 있다. 글에서 제시한 방안이 아닌 것은?

> 팝이나 록음악에 열광하는 청소년들의 성향은 세계적인 현상이다. 개방화 이후 공산권 사회에 제일 먼저 들어간 것이 서방세계의 대중문화요 그 중에서 팝음악이 선두주자가 됐던 것도 이를 말해준다. 우리나라도 예외는 아니다. 유럽과 미국의 유명악단이나 가수들의 음악이 우리 청소년들의 정서를 사로잡은 지는 이미 오래이다. 경황없이 지내는 대입수험생들마저 헤드폰으로 팝음악을 들으며 공부하는 모습을 어디서나 볼 수 있는 이즈음인 것이다.
>
> 17일 밤 뉴키즈 온 더 블록 악단의 내한 공연에서 보여준 우리 10대들의 광란은 팝과 우리 청소년 문화에 대한 깊은 우려를 안겨주었다. 세계를 휩쓰는 팝음악을 우리 청소년들이라 해서 외면하고 살 수는 없을 것이다. 그러나 아무리 좋아하는 음악이요 가수라 해도 학교공부도 팽개치고 비행장으로 몰리고 공연장을 아수라장으로 만들며 수십 명의 부상자를 낸 청소년들의 문화수용의 자세는 큰 문제가 아닐 수 없다. 더욱 이런 청소년들의 분별없는 광란과 탈선을 방관한 부모들이나 우리 사회의 안일한 자세는 이번 기회에 지적되지 않으면 안 된다.
>
> 우리 청소년들이 대체로 절제심이 없고 공중질서에 둔감하며 제 좋을 대로만 행동하는 이기주의에 빠져 있다는 것은 수없이 되풀이되는 지적이다. 그것을 대중문화의 한 증후라고 예사로 보아 넘기기에는 그 정도가 지나치다. 그들이 자라서 이 사회의 주역이 됐을 때 우리 사회가 어떤 모습으로 변할 것인지에 대한 우려가 어른들의 공통된 걱정이기도 하다. 그러나 그들이 왜 이 지경으로 어른들의 기대에서 빗나가 있고 어떤 처방으로 그들을 선도해야 할 것인지에 대한 대책의 마련에는 부모들이나 사회, 정부가 모두 인색하다는 점을 지적하고 싶다.
>
> 오늘의 일그러진 청소년 문화는 바로 우리 사회의 거울이다. 가정과 학교와 사회의 교육환경이 청소년들의 절제심과 질서의식, 공중에 봉사하는 공덕심을 앗아간 것이다. 검약과 봉사의 부모 아래서 문제아 자녀가 자라지 않고, 존경받는 스승 밑에서 이기주의의 학생이 나오지 않으며 사회정의와 공중질서가 살아 있는 사회가 청소년 범죄를 양산하지 않는다.
>
> 인간이란, 특히 자라나는 청소년이란 주위환경에 영향 받고 지배되는 존재이지만 교육에 의해 다듬어지고 성숙한 인격으로 발전하는 존재이기도 하다. 자식 귀여운 줄만 알고 적잖은 입장료를 주며 공연관람을 허락한 방만한 부모들은 이번 사태를 계기로 깊이 있게 반성해야 한다. 학교에서도 아무리 대학입시나 학과공부가 급하더라도 학생들의 정서를 지도하는 교육에 유의해야 한다.
>
> 그러나 정부의 몫이 가장 크다. 지금 우리 사회를 잠식하는 각종 청소년 유해환경, 학교 주변에까지 깔려 있는 퇴폐유흥업소나 무절제한 영상 문화를 그대로 방치하고서는 실효 있는 청소년 교육이 어렵다. 청소년들이 재미있게 즐길 수 있는 놀이문화를 창출하고 그들이 마음껏 뛰어놀 수 있는 마당을 마련해주는 일에 체육청소년부나 문화부가 나서야 한다. 그리고 교육부는 이들이 입시에만 얽매이지 않고 정서적 자유와 질서를 창출할 수 있는 교과과정, 입시제도 등의 정책적 대응에 힘을 모아야 한다.
>
> － 동아일보 1992. 2. 18

① 부모들이 자식이 귀엽다고 해서 적잖은 관람료를 대주는 것과 같은 방만한 자세를 반성하고 검약과 봉사의 생활을 해야 한다.

② 학교에서 학생들의 정서교육에 힘써 이들 외국그룹이 아닌 탈춤이나 사물놀이와 같은 우리 전래놀이의 흥겨움에 어깨춤을 출 수 있도록 지도해야 한다.

③ 교육부는 청소년들이 입시에만 얽매이지 않고 정서적인 자유와 질서를 창출할 수 있는 교과과정, 입시제도 등의 정책적 대응을 모색해야 한다.

④ 체육청소년부나 문화부는 청소년들이 재미있게 즐길 수 있는 놀이 문화를 창출하고 그들이 마음껏 뛰어놀 수 있는 마당을 마련해주는 일에 나서야 한다.

✔ 해설 글에서 제시한 것은 청소년들이 즐길 수 있는 놀이문화와 공간을 만들어주자는 것이지, 우리의 전래놀이로 제한하지는 않았다.

Answer 26.②

27 다음은 가족제도의 붕괴, 비혼, 저출산 등 사회적인 이슈에 대해 자유롭게 의견을 나누는 자리에서 직원들 간에 나눈 대화의 일부분이다. 이를 바탕으로 옳게 추론한 것을 모두 고르면?

남1 : 가족은 혼인제도에 의해 성립된 집단으로 두 명의 성인 남녀와 그들이 출산한 자녀 또는 입양한 자녀로 이루어져야만 해. 이러한 가족은 공동의 거주, 생식 및 경제적 협력이라는 특성을 갖고 있어.

여1 : 가족은 둘 이상의 사람들이 함께 거주하면서 지속적인 관계를 유지하는 집단을 말해. 이들은 친밀감과 자원을 서로 나누고 공동의 의사결정을 하며 가치관을 공유하는 등의 특성이 있지.

남2 : 핵가족은 전통적인 성역할에 기초하여 아동양육, 사회화, 노동력 재생산 등의 기능을 가장 이상적으로 수행할 수 있는 가족 구조야. 그런데 최근 우리사회에서 발생하는 출산율 저하, 이혼율 증가, 여성의 경제활동 참여율 증가 등은 전통적인 가족 기능의 위기를 가져오는 아주 심각한 사회문제야. 그래서 핵가족 구조와 기능을 유지할 수 있는 정책이 필요해.

여2 : 전통적인 가족 개념은 가부장적 위계질서를 가지고 있었어. 하지만 최근에는 민주적인 가족관계를 형성하고자 하는 의지가 가족 구조를 변화시키고 있지. 게다가 여성의 자아실현 욕구가 증대하고 사회·경제적 구조의 변화에 따라 남성 혼자서 가족을 부양하기 어려운 것이 현실이야. 그래서 한 가정 내에서 남성과 여성이 모두 경제활동에 참여할 수 있도록 지원하는 국가의 정책이 필요하다고 생각해.

㉠ 남1에 의하면 민족과 국적이 서로 다른 두 남녀가 결혼하여 자녀를 입양한 가정은 가족으로 인정하기 어렵다.

㉡ 여1과 남2는 동성(同性) 간의 결합을 가족으로 인정하고 지지할 것이다.

㉢ 남2는 아동보육시설의 확대정책보다는 아동을 돌보는 어머니에게 매월 일정액을 지급하는 아동수당 정책을 더 선호할 것이다.

㉣ 여2는 무급의 육아휴직 확대정책보다는 육아도우미의 가정파견을 전액 지원하는 국가정책을 더 선호할 것이다.

① ㉠, ㉢
② ㉡, ㉣
③ ㉢, ㉣
④ ㉠, ㉡, ㉢

✔해설 ㉠ 남1의 발언에는 두 명의 성인 남녀라는 조건만 있을 뿐 민족과 국적에 대한 언급은 없다. 따라서 민족과 국적이 서로 다른 두 성인 남녀가 결혼하여 자녀를 입양한 가정은 가족으로 인정할 수 있다.

㉡ 여1은 동성 간의 결합을 가족으로 인정하고 지지할 수 있지만, 남2는 핵가족 구조를 전통적인 성역할에 기초한다고 보기 때문에 동성 간의 결합을 가족으로 인정하고 지지하지 않을 것이다.

㉢ 남2는 여성의 경제활동 참여율 증가를 전통적인 가족 기능의 위기를 가져오는 심각한 사회문제로 보고 있다. 따라서 여성의 경제활동 참여를 지원하는 아동보육시설의 확대정책보다는 아동을 돌보는 어머니에게 매월 일정액을 지급하는 아동수당 정책을 더 선호할 것이다.

㉣ 여2는 남성 혼자서 가족을 부양하기 어려운 현실을 지적하며 남녀 모두 경제활동에 참여할 수 있도록 지원하는 국가의 정책이 필요하다고 보는 입장이다. 따라서 여성 직장인이 휴직을 해야 하는 육아휴직 확대정책보다는 여성의 경제활동이 유지될 수 있도록 육아도우미의 가정파견을 전액 지원하는 국가정책을 더 선호할 것이다.

28 무역회사에 다니는 甲씨는 회의에서 발표할 '해외 시장 진출 육성 방안'에 대해 다음과 같이 개요를 작성하였다. 이를 검토하던 乙이 지시한 내용 중 잘못된 것은?

Ⅰ. 서론
• 해외 시장에 진출한 우리 회사 제품 수의 증가…㈎
• 해외 시장 진출을 위한 장기 전략의 필요성

Ⅱ. 본론
1. 해외 시장 진출 의의
• 다른 나라와의 경제적 연대 증진…㈏
• 해외 시장 속 우리 회사의 위상 제고
2. 해외 시장 진출 장애 요소
• 해외 시장 진출 관련 재정 지원 부족
• 우리 회사에 대한 현지인 인지도 부족…㈐
• 해외 시장 진출 전문 인력 부족
3. 해외 시장 진출 지원·육성 방안
• 재정의 투명한 관리
• 인지도를 높이기 위한 현지 홍보 활동
• 해외 시장 진출 전문 인력 충원…㈑

Ⅲ. 결론
• 해외 시장 진출 전망

---

① ㈎ – 해외 시장에 진출한 우리 회사 제품 수를 통계 수치로 제시하면 되겠군.
② ㈏ – 다른 나라에 진출한 타 기업 수 현황을 근거 자료로 제시하면 되겠군.
③ ㈐ – 우리 회사에 대한 현지인의 인지도를 타 기업과 비교해 상대적으로 낮음을 보여주면 효과적이겠군.
④ ㈑ – 이번 공개채용을 통해 필요 인력을 보충할 필요가 있겠군.

✔해설 ② 다른 나라에 진출한 타 기업 수 현황 자료는 '다른 나라와의 경제적 연대 증진'이라는 해외 시장 진출 의의를 뒷받침하는 근거 자료로 적합하지 않다.

29 다음 글에서 '공안 개정론자'의 주장으로 옳지 않은 것은?

> 대동법의 핵심 내용으로, 공물을 부과하는 기준이 호(戶)에서 토지로 바뀐 것과 수취 수단이 현물에서 미(米)·포(布)로 바뀐 것을 드는 경우가 많다. 하지만 양자는 이미 대동법 시행 전부터 각 지방에서 광범위하게 시행되고 있었기 때문에 이를 대동법의 본질적 요소라고 볼 수는 없다. 대동법의 진정한 의미는 공물 부과 기준과 수취 수단이 법으로 규정됨으로써, 공납 운영의 원칙인 양입위출(量入爲出)의 객관적 기준이 마련되었다는 점에 있다.
>
> 양입위출은 대동법 실시론자뿐만 아니라 공안(貢案) 개정론자도 공유하는 원칙이었으나, 공납제의 폐단을 두고 문제의 해법을 찾는 방식은 차이가 있었다. 공안 개정론자는 호마다 현물을 거두는 종래의 공물 부과 기준과 수취 수단을 유지하되 공물 수요자인 관료들의 절용을 강조함으로써 '위출'의 측면에 관심을 기울였다. 반면 대동법 실시론자들은 공물가를 한번 거둔 후 다시 거두지 않도록 제도화할 것을 주장하여 '양입'의 측면을 강조하였다.
>
> 요컨대 양입위출에 대한 이런 강조점의 차이는 문제에 대한 해법을 개인적 도덕 수준을 제고하는 것으로 마련하는가, 아니면 제도적 보완이 필요하다고 보고 그 방안을 강구하는가의 차이였다. 공물 수취에 따른 폐해들을 두고 공안 개정론자는 공물 수요자 측의 사적 폐단, 즉 무분별한 개인적 욕망에서 비롯된 것으로 보았다. 반면 대동법 실시론자는 중앙정부 차원에서 공물세를 관리할 수 있는 합리적 근거와 기준이 미비하였기 때문이라고 보았다. 현물을 호에 부과하는 방식으로는 공납제 운영을 객관화하기 어려웠음에도 불구하고, 공안 개정론자는 공물 수요자의 자발적 절용을 강조하는 것 외에 그것을 강제할 수 있는 별도의 방법을 제시하지 못하였다. 이에 반해 대동법 실시론자는 공물 수요자 측의 절용이 필요하다고 보면서도 이들의 '사적 욕망'에서 빚어진 폐습을 극복하기 위해서는 이를 규제할 '공적 제도'가 필요하다고 믿었다.
>
> ※ 양입위출 : 수입을 헤아려 지출을 행하는 재정 운영 방식

① 공물 수취에 따른 폐해는 무분별한 개인적 욕망에서 비롯된다.
② 공물 수요자의 자발적 절용을 강조한다.
③ 사적 욕망에서 빚어진 폐습을 극복하기 위해 공적 제도가 필요하다.
④ '양입'의 측면보다 '위출'의 측면에 더 관심이 있다.

> ✔해설 ③ 대동법 실시론자는 공물 수요자 측의 절용이 필요하다고 보면서도 이들의 '사적 욕망'에서 빚어진 폐습을 극복하기 위해서는 이를 규제할 '공적 제도'가 필요하다고 믿었다.

30 신입사원 영희는 고객과의 접촉이 잦은 민원부서로 입사하여 선배사원으로부터 고객을 응대하는 방법에 대해 배우고 있다. 다음 중 선배사원이 영희에게 알려 준 응대법으로 적절하지 않은 것은?

① "고객의 화가 누그러질 수 있도록 시간을 버는 게 중요합니다. 급하게 응대하는 것보다 감정이 가라앉을 수 있는 기회를 찾는 것이지요."

② "나보다 더 책임 있는 윗사람이 고객을 응대한다면 좀 더 효과적인 대응이 될 수도 있습니다."

③ "불만이 심한 고객을 맞는 경우에는 응대자를 바꾸어 보는 것도 방법 중 하나입니다."

④ "불만이 심한 고객은 대부분 소리를 크게 내니, 오히려 시끄러운 곳에서 응대하는 것이 덜 민망할 수 있습니다."

> ✔해설 ④ 고객이 큰 소리로 불만을 늘어놓게 되면 다른 고객에게도 영향을 미치게 되므로 별도의 공간으로 안내하여 편안하게 이야기를 주고받는 것이 좋으며, 시끄러운 곳에서 응대하는 것은 오히려 고객의 불만을 자극하여 악화시킬 수 있다.

자원관리능력

1 자원과 자원관리

(1) 자원

① **자원의 종류** … 시간, 돈, 물적자원, 인적자원

② **자원의 낭비요인** … 비계획적 행동, 편리성 추구, 자원에 대한 인식 부재, 노하우 부족

(2) 자원관리 기본 과정

① 필요한 자원의 종류와 양 확인

② 이용 가능한 자원 수집하기

③ 자원 활용 계획 세우기

④ 계획대로 수행하기

예제 1

당신은 A출판사 교육훈련 담당자이다. 조직의 효율성을 높이기 위해 전사적인 시간관리에 대한 교육을 실시하기로 하였지만 바쁜 일정 상 직원들을 집합교육에 동원할 수 있는 시간은 제한적이다. 다음 중 귀하가 최우선의 교육 대상으로 삼아야 하는 것은 어느 부분인가?

구분	긴급한 일	긴급하지 않은 일
중요한 일	제1사분면	제2사분면
중요하지 않은 일	제3사분면	제4사분면

출제의도

주어진 일들을 중요도와 긴급도에 따른 시간관리 매트릭스에서 우선순위를 구분할 수 있는가를 측정하는 문항이다.

해 설

교육훈련에서 최우선 교육대상으로 삼아야 하는 것은 긴급하지 않지만 중요한 일이다. 이를 긴급하지 않다고 해서 뒤로 미루다보면 급박하게 처리해야하는 업무가 증가하여 효율적인 시간관리가 어려워진다.

① 중요하고 긴급한 일로 위기사항이나 급박한 문제, 기간이 정해진 프로젝트 등이 해당되는 제1사분면
② 긴급하지는 않지만 중요한 일로 인간관계구축이나 새로운 기회의 발굴, 중장기 계획 등이 포함되는 제2사분면
③ 긴급하지만 중요하지 않은 일로 잠깐의 급한 질문, 일부 보고서, 눈 앞의 급박한 사항이 해당되는 제3사분면
④ 중요하지 않고 긴급하지 않은 일로 하찮은 일이나 시간낭비거리, 즐거운 활동 등이 포함되는 제4사분면

구분	긴급한 일	긴급하지 않은 일
중요한 일	위기사항, 급박한 문제, 기간이 정해진 프로젝트	인간관계구축, 새로운 기회의 발굴, 중장기계획
중요하지 않은 일	잠깐의 급한 질문, 일부 보고서, 눈앞의 급박한 사항	하찮은 일, 우편물, 전화, 시간낭비거리, 즐거운 활동

답 ②

2 자원관리능력을 구성하는 하위능력

(1) 시간관리능력

① 시간의 특성

ㄱ 시간은 매일 주어지는 기적이다.

ㄴ 시간은 똑같은 속도로 흐른다.

ㄷ 시간의 흐름은 멈추게 할 수 없다.

ㄹ 시간은 꾸거나 저축할 수 없다.

ㅁ 시간은 사용하기에 따라 가치가 달라진다.

② 시간관리의 효과

ㄱ 생산성 향상

ㄴ 가격 인상

ㄷ 위험 감소

ㄹ 시장 점유율 증가

③ 시간계획

　　㉠ 개념 : 시간 자원을 최대한 활용하기 위하여 가장 많이 반복되는 일에 가장 많은 시간을 분배하고, 최
　　　단시간에 최선의 목표를 달성하는 것을 의미한다.

　　㉡ 60 : 40의 Rule

계획된 행동(60%)	계획 외의 행동(20%)	자발적 행동(20%)
총 시간		

예제 2

유아용품 홍보팀의 사원 은이씨는 일산 킨텍스에서 열리는 유아용품박람회에 참여하고자
한다. 당일 회의 후 출발해야 하며 회의 종료 시간은 오후 3시이다.

장소	일시
일산 킨텍스 제2전시장	2016. 1. 20(금) PM 15:00~19:00 * 입장가능시간은 종료 2시간 전까지

오시는 길

지하철 : 4호선 대화역(도보 30분 거리)

버스 : 8109번, 8407번(도보 5분 거리)

• 회사에서 버스정류장 및 지하철역까지 소요시간

출발지	도착지		소요시간
회사	×× 정류장	도보	15분
		택시	5분
	지하철역	도보	30분
		택시	10분

• 일산 킨텍스 가는 길

교통편	출발지	도착지	소요시간
지하철	강남역	대화역	1시간 25분
버스	×× 정류장	일산 킨텍스 정류장	1시간 45분

위의 제시 상황을 보고 은이씨가 선택할 교통편으로 가장 적절한 것은?

① 도보 – 지하철　　　　　② 도보 – 버스
③ 택시 – 지하철　　　　　④ 택시 – 버스

출제의도

주어진 여러 시간정보를 수집하여
실제 업무 상황에서 시간자원을 어
떻게 활용할 것인지 계획하고 할당
하는 능력을 측정하는 문항이다.

해 설

④ 택시로 버스정류장까지 이동
해서 버스를 타고 가게 되면
택시(5분), 버스(1시간 45분),
도보(5분)으로 1시간 55분이
걸린다.
① 도보-지하철 : 도보(30분), 지
하철(1시간 25분), 도보(30분)
이므로 총 2시간 25분이 걸
린다.
② 도보-버스 : 도보(15분), 버스(1
시간 45분), 도보(5분)이므로
총 2시간 5분이 걸린다.
③ 택시-지하철 : 택시(10분), 지하
철(1시간 25분), 도보(30분)이
므로 총 2시간 5분이 걸린다.

답 ④

(2) 예산관리능력

① 예산과 예산관리

    ㉠ 예산 : 필요한 비용을 미리 헤아려 계산하는 것이나 그 비용

    ㉡ 예산관리 : 활동이나 사업에 소요되는 비용을 산정하고, 예산을 편성하는 것뿐만 아니라 예산을 통제
       하는 것 모두를 포함한다.

② 예산의 구성요소

| 비용 | 직접비용 | 재료비, 원료와 장비, 시설비, 여행(출장) 및 잡비, 인건비 등 |
| | 간접비용 | 보험료, 건물관리비, 광고비, 통신비, 사무비품비, 각종 공과금 등 |

③ 예산수립 과정 : 필요한 과업 및 활동 구명 → 우선순위 결정 → 예산 배정

예제 3

당신은 가을 체육대회에서 총무를 맡으라는 지시를 받았다. 다음과 같은 계획에 따라 예산을 진행하였으나 확보된 예산이 생각보다 적게 되어 불가피하게 비용항목을 줄여야 한다. 다음 중 귀하가 비용 항목을 없애기에 가장 적절한 것은 무엇인가?

〈○○산업공단 춘계 1차 워크숍〉

1. 해당부서 : 인사관리팀, 영업팀, 재무팀
2. 일　　정 : 2016년 4월 21일~23일(2박 3일)
3. 장　　소 : 강원도 속초 ○○연수원
4. 행사내용 : 바다열차탑승, 체육대회, 친교의 밤 행사, 기타

① 숙박비　　　　　　　　　② 식비
③ 교통비　　　　　　　　　④ 기념품비

출제의도

업무에 소요되는 예산 중 꼭 필요한 것과 예산을 감축해야 할 때 삭제 또는 감축이 가능한 것을 구분해내는 능력을 묻는 문항이다.

해　설

한정된 예산을 가지고 과업을 수행할 때에는 중요도를 기준으로 예산을 사용한다. 위와 같이 불가피하게 비용 항목을 줄여야 한다면 기본적인 항목인 숙박비, 식비, 교통비는 유지되어야 하기에 항목을 없애기 가장 적절한 정답은 ④번이 된다.

답 ④

(3) 물적관리능력

① 물적자원의 종류

      ㉠ **자연자원** : 자연상태 그대로의 자원 ex) 석탄, 석유 등

      ㉡ **인공자원** : 인위적으로 가공한 자원 ex) 시설, 장비 등

② **물적자원관리** … 물적자원을 효과적으로 관리할 경우 경쟁력 향상이 향상되어 과제 및 사업의 성공으로 이어지며, 관리가 부족할 경우 경제적 손실로 인해 과제 및 사업의 실패 가능성이 커진다.

③ 물적자원 활용의 방해요인

      ㉠ 보관 장소의 파악 문제

      ㉡ 훼손

      ㉢ 분실

④ 물적자원관리 과정

과정	내용
사용 물품과 보관 물품의 구분	• 반복 작업 방지 • 물품활용의 편리성
동일 및 유사 물품으로의 분류	• 동일성의 원칙 • 유사성의 원칙
물품 특성에 맞는 보관 장소 선정	• 물품의 형상 • 물품의 소재

S호텔의 외식사업부 소속인 K씨는 예약일정 관리를 담당하고 있다. 아래의 예약 일정과 정보를 보고 K씨의 판단으로 옳지 않은 것은?

〈S호텔 일식 뷔페 1월 ROOM 예약 일정〉

* 예약 : ROOM 이름(시작시간)

SUN	MON	TUE	WED	THU	FRI	SAT
					1	2
					백합(16)	장미(11) 백합(15)
3	4	5	6	7	8	9
라일락(15)		백향목(10) 백합(15)	장미(10) 백향목(17)	백합(11) 라일락(18)	백향목(15)	장미(10) 라일락(15)

ROOM 구분	수용가능인원	최소투입인력	연회장 이용시간
백합	20	3	2시간
장미	30	5	3시간
라일락	25	4	2시간
백향목	40	8	3시간

- 오후 9시에 모든 업무를 종료함
- 한 타임 끝난 후 1시간씩 세팅 및 정리
- 동 시간 대 서빙 투입인력은 총 10명을 넘을 수 없음

안녕하세요, 1월 첫째 주 또는 둘째 주에 신년회 행사를 위해 ROOM을 예약하려고 하는데요, 저희 동호회의 총 인원은 27명이고 오후 8시쯤 마무리하려고 합니다. 신정과 주말, 월요일은 피하고 싶습니다. 예약이 가능할까요?

① 인원을 고려했을 때 장미ROOM과 백향목ROOM이 적합하겠군.
② 만약 2명이 안 온다면 예약 가능한 ROOM이 늘어나겠구나.
③ 조건을 고려했을 때 예약 가능한 ROOM은 5일 장미ROOM뿐이겠구나.
④ 오후 5시부터 8시까지 가능한 ROOM을 찾아야 해.

출제의도

주어진 정보와 일정표를 토대로 이용 가능한 물적자원을 확보하여 이를 정확하게 안내할 수 있는 능력을 측정하는 문항이다. 고객이 제공한 정보를 정확하게 파악하고 그 조건 안에서 가능한 자원을 제공할 수 있어야 한다.

해 설

③ 조건을 고려했을 때 5일 장미ROOM과 7일 장미ROOM이 예약 가능하다.
① 참석 인원이 27명이므로 30명 수용 가능한 장미ROOM과 40명 수용 가능한 백향목ROOM 두 곳이 적합하다.
② 만약 2명이 안 온다면 총 참석인원 25명이므로 라일락ROOM, 장미ROOM, 백향목ROOM이 예약 가능하다.
④ 오후 8시에 마무리하려고 계획하고 있으므로 적절하다.

답 ③

(4) 인적자원관리능력

① **인맥** … 가족, 친구, 직장동료 등 자신과 직접적인 관계에 있는 사람들인 핵심인맥과 핵심인맥들로부터 알게 된 파생인맥이 존재한다.

② **인적자원의 특성** … 능동성, 개발가능성, 전략적 자원

③ **인력배치의 원칙**

    ㉠ **적재적소주의** : 팀의 효율성을 높이기 위해 팀원의 능력이나 성격 등과 가장 적합한 위치에 배치하여 팀원 개개인의 능력을 최대로 발휘해 줄 것을 기대하는 것

    ㉡ **능력주의** : 개인에게 능력을 발휘할 수 있는 기회와 장소를 부여하고 그 성과를 바르게 평가하며 평가된 능력과 실적에 대해 그에 상응하는 보상을 주는 원칙

    ㉢ **균형주의** : 모든 팀원에 대한 적재적소를 고려

④ **인력배치의 유형**

    ㉠ **양적 배치** : 부문의 작업량과 조업도, 여유 또는 부족 인원을 감안하여 소요인원을 결정하여 배치하는 것

    ㉡ **질적 배치** : 적재적소의 배치

    ㉢ **적성 배치** : 팀원의 적성 및 흥미에 따라 배치하는 것

예제 5

최근 조직개편 및 연봉협상 과정에서 직원들의 불만이 높아지고 있다. 온갖 루머가 난무한 가운데 인사팀원인 당신에게 사내 게시판의 직원 불만사항에 대한 진위여부를 파악하고 대안을 세우라는 팀장의 지시를 받았다. 다음 중 당신이 조치를 취해야 하는 직원은 누구인가?

① 사원 A는 팀장으로부터 업무 성과가 탁월하다는 평가를 받았는데도 조직개편으로 인한 부서 통합으로 인해 승진을 못한 것이 불만이다.

② 사원 B는 회사가 예년에 비해 높은 영업 이익을 얻었는데도 불구하고 연봉 인상에 인색한 것이 불만이다.

③ 사원 C는 회사가 급여 정책을 변경해서 고정급 비율을 낮추고 기본급과 인센티브를 지급하는 제도로 바꾼 것이 불만이다.

④ 사원 D는 입사 동기인 동료가 자신보다 업무 실적이 좋지 않고 불성실한 근무태도를 가지고 있는데, 팀장과의 친분으로 인해 자신보다 높은 평가를 받은 것이 불만이다.

출제의도

주어진 직원들의 정보를 통해 시급하게 진위여부를 가리고 조치하여 인력배치를 해야 하는 사항을 확인하는 문제이다.

해 설

사원 A, B, C는 각각 조직 정책에 대한 불만이기에 논의를 통해 조직적으로 대처하는 것이 옳지만, 사원 D는 팀장의 독단적인 전횡에 대한 불만이기 때문에 조사하여 시급히 조치할 필요가 있다. 따라서 가장 적절한 답은 ④번이 된다.

답 ④

출제예상문제

1 귀하는 OO국제협력단의 회의 담당자이다. 귀사의 〈통역경비 산정기준〉과 아래의 〈상황〉을 근거로 판단할 때, 귀사가 A시에서 개최한 설명회에 쓴 총 통역경비는?

〈통역경비 산정기준〉

통역경비는 통역료와 출장비(교통비, 이동보상비)의 합으로 산정한다.

■ 통역료(통역사 1인당)

구분	기본요금(3시간까지)	추가요금(3시간 초과 시)
영어, 아랍어, 독일어	500,000원	100,000원/시간
베트남어, 인도네시아어	600,000원	150,000원/시간

■ 출장비(통역사 1인당)
 – 교통비는 왕복으로 실비 지급
 – 이동보상비는 이동 시간당 10,000원 지급

〈상황〉

 귀사는 2022년 3월 9일 A시에서 설명회를 개최하였다. 통역은 영어와 인도네시아어로 진행되었고, 영어 통역사 2명과 인도네시아어 통역사 2명이 통역하였다. 설명회에서 통역사 1인당 영어 통역은 4시간, 인도네시아어 통역은 2시간 진행되었다. A시까지는 편도로 2시간이 소요되며, 개인당 교통비는 왕복으로 100,000원이 들었다.

---

① 244만 원
② 276만 원
③ 288만 원
④ 296만 원

✔**해설** 통역료는 통역사 1인 기준으로 영어 통역은 총 4시간 진행하였으므로 기본요금 500,000원에 추가요금 100,000원을 합쳐 600,000원을 지급해야 한다. 인도네시아어 통역사에게는 2시간 진행하였으므로 기본요금 600,000원만 지급한다.
• 영어, 인도네시아 언어별로 2명에게 통역을 맡겼으므로
  (600,000 + 600,000)×2 = 2,400,000원
• 출장비의 경우 통역사 1인 기준 교통비는 왕복실비인
  100,000원으로 4회 책정되므로 400,000원
• 이동보상비는 이동 시간당 10,000원 지급하므로 왕복 4시간을 이동하였으므로
  10,000×4×4 = 160,000원
 총 출장비는 교통비와 이동보상비를 합한 560,000원
 총 통역경비는 2,400,000 + 560,000 = 2,960,000원

Answer 1.④

2 N사 기획팀에서는 해외 거래처와의 중요한 계약을 성사시키기 위해 이를 담당할 사내 TF팀 인원을 보강하고자 한다. 다음 상황을 참고할 때, 반드시 선발해야 할 2명의 직원은 누구인가?

> 기획팀은 TF팀에 추가로 필요한 직원 2명을 보강해야 한다. 계약실무, 협상, 시장조사, 현장교육 등 4가지 업무는 새롭게 선발될 2명의 직원이 분담하여 모두 수행해야 한다.
> 4가지 업무를 수행하기 위해 필수적으로 갖추어야 할 자질은 다음과 같다.

업무	필요 자질
계약실무	스페인어, 국제 감각
협상	스페인어, 설득력
시장조사	설득력, 비판적 사고
현장교육	국제 감각, 의사 전달력

> * 기획팀에서 1차로 선발된 직원은 오 대리, 최 사원, 남 대리, 조 사원 4명이며, 이들은 모두 3가지씩의 '필요 자질'을 갖추고 있다.
> * 의사 전달력은 남 대리를 제외한 나머지 3명이 모두 갖추고 있다.
> * 조 사원이 시장조사 업무를 제외한 모든 업무를 수행하려면, 스페인어 자질만 추가로 갖추면 된다.
> * 오 대리는 계약실무 업무를 수행할 수 있고, 최 사원과 남 대리는 시장조사 업무를 수행할 수 있다.
> * 국제 감각을 갖춘 직원은 2명이다.

① 오 대리, 최 사원
② 오 대리, 남 대리
③ 최 사원, 조 사원
④ 최 사원, 조 사원

> ✔ 해설 주어진 설명에 의해 4명의 자질과 가능 업무를 표로 정리하면 다음과 같다.

	오 대리	최 사원	남 대리	조 사원
스페인어	○	×	○	×
국제 감각	○	×	×	○
설득력	×	○	○	○
비판적 사고	×	○	○	×
의사 전달력	○	○	×	○

> 위 표를 바탕으로 4명의 직원이 수행할 수 있는 업무를 정리하면 다음과 같다.
> • 오 대리 : 계약실무, 현장교육
> • 최 사원 : 시장조사
> • 남 대리 : 협상, 시장조사
> • 조 사원 : 현장교육
> 따라서 필요한 4가지 업무를 모두 수행하기 위해서는 오 대리와 남 대리 2명이 최종 선발되어야만 함을 알 수 있다.

3 다음은 (주)서원기업의 재고 관리 사례이다. 금요일까지 부품 재고 수량이 남지 않게 완성품을 만들 수 있도록 월요일에 주문할 A~C 부품 개수로 옳은 것은? (단, 주어진 조건 이외에는 고려하지 않는다)

〈부품 재고 수량과 완성품 1개 당 소요량〉

부품명	부품 재고 수량	완성품 1개당 소요량
A	500	10
B	120	3
C	250	5

〈완성품 납품 수량〉

항목 　　　요일	월	화	수	목	금
완성품 납품 개수	없음	30	20	30	20

〈조건〉

1. 부품 주문은 월요일에 한 번 신청하며 화요일 작업시작 전 입고된다.
2. 완성품은 부품 A, B, C를 모두 조립해야 한다.

	A	B	C
①	100	100	100
②	100	180	200
③	500	100	100
④	500	180	250

✔ 해설 완성품 납품 개수는 30＋20＋30＋20으로 총 100개이다. 완성품 1개당 부품 A는 10개가 필요하므로 총 1,000개가 필요하고, B는 300개, C는 500개가 필요하다. 이때 각 부품의 재고 수량에서 부품 A는 500개를 가지고 있으므로 필요한 1,000개에서 가지고 있는 500개를 빼면 500개의 부품을 주문해야 한다. 부품 B는 120개를 가지고 있으므로 필요한 300개에서 가지고 있는 120개를 빼면 180개를 주문해야 하며, 부품 C는 250개를 가지고 있으므로 필요한 500개에서 가지고 있는 250개를 빼면 250개를 주문해야 한다.

Answer 2.② 3.④

| 4~5 | 다음은 '대한 국제 회의장'의 예약 관련 자료이다. 이를 보고 이어지는 물음에 답하시오.

〈대한 국제 회의장 예약 현황〉

행사구분	행사주체	행사일	시작시간	진행시간	예약인원	행사장
학술대회	A대학	3/10	10:00	2H	250명	전시홀
공연	B동아리	2/5	17:00	3H	330명	그랜드볼룸
학술대회	C연구소	4/10	10:30	6H	180명	전시홀
국제회의	D국 무역관	2/13	15:00	4H	100명	컨퍼런스홀
국제회의	E제품 바이어	3/7	14:00	3H	150명	그랜드볼룸
공연	F사 동호회	2/20	15:00	4H	280명	전시홀
학술대회	G학회	4/3	10:00	5H	160명	컨퍼런스홀
국제회의	H기업	2/19	11:00	3H	120명	그랜드볼룸

〈행사장별 행사 비용〉

	행사 비용
전시홀	350,000원(기본 2H), 1시간 당 5만 원 추가, 200명 이상일 경우 기본요금의 15% 추가
그랜드볼룸	450,000원(기본 2H), 1시간 당 5만 원 추가, 250명 이상일 경우 기본요금의 20% 추가
컨퍼런스홀	300,000원(기본 2H), 1시간 당 3만 원 추가, 150명 이상일 경우 기본요금의 10% 추가

4 다음 중 대한 국제 회의장이 2월 중 얻게 되는 기본요금과 시간 추가 비용의 수익금은 모두 얼마인가? (인원 추가 비용 제외)

① 172만 원

② 175만 원

③ 177만 원

④ 181만 원

> ✔해설 2월 행사는 4번이 예약되어 있으며, 행사주제별로 기본 사용료를 계산해 보면 다음과 같다.
> • B동아리 : 450,000원 + 50,000원 = 500,000원
> • D국 무역관 : 300,000원 + 60,000원 = 360,000원
> • F사 동호회 : 350,000원 + 100,000원 = 450,000원
> • H기업 : 450,000원 + 50,000원 = 500,000원
> 따라서 이를 모두 더하면 1,810,000원이 되는 것을 알 수 있다.

5 다음 중 인원 추가 비용이 가장 큰 시기부터 순서대로 올바르게 나열된 것은 어느 것인가?

① 4월, 2월, 3월

② 3월, 4월, 2월

③ 3월, 2월, 4월

④ 2월, 3월, 4월

> ✔해설 월별 인원 추가 비용은 다음과 같이 구분하여 계산할 수 있다.
>
> | 2월 | 3월 | 4월 |
> |---|---|---|
> | • B동아리 : 450,000원×0.2 = 90,000원
• D국 무역관 : 인원 미초과
• F사 동호회 : 350,000원×0.15 =52,500원
• H기업 : 인원 미초과 | • A대학 : 350,000원×0.15 = 52,500원
• E제품 바이어 : 인원 미초과 | • C연구소 : 인원 미초과
• G학회 : 300,000원×0.1 =30,000원 |
>
> 따라서 각 시기별 인원 추가 비용은 2월 142,500원, 3월 52,500원, 4월 30,000원이 되어 2월, 3월, 4월 순으로 많게 된다.

Answer 4.④ 5.④

6 O회사에 근무하고 있는 채과장은 거래 업체를 선정하고자 한다. 업체별 현황과 평가기준이 다음과 같을 때, 선정되는 업체는?

〈업체별 현황〉

업체명	시장매력도	정보화수준	접근가능성
	시장규모(억 원)	정보화순위	수출액(백만 원)
A업체	550	106	9,103
B업체	333	62	2,459
C업체	315	91	2,597
D업체	1,706	95	2,777
E업체	480	73	3,888

〈평가기준〉

• 업체별 종합점수는 시장매력도(30점 만점), 정보화수준(30점 만점), 접근가능성(40점 만점)의 합계 (100점 만점)로 구하며, 종합점수가 가장 높은 업체가 선정된다.
• 시장매력도 점수는 시장매력도가 가장 높은 업체에 30점, 가장 낮은 업체에 0점, 그 밖의 모든 업체에 15점을 부여한다. 시장규모가 클수록 시장매력도가 높다.
• 정보화수준 점수는 정보화순위가 가장 높은 업체에 30점, 가장 낮은 업체에 0점, 그 밖의 모든 업체에 15점을 부여한다.
• 접근가능성 점수는 접근가능성이 가장 높은 업체에 40점, 가장 낮은 업체에 0점, 그 밖의 모든 업체에 20점을 부여한다. 수출액이 클수록 접근가능성이 높다.

① A   ② B
③ C   ④ D

✔ 해설   업체별 평가기준에 따른 점수는 다음과 같으며, D업체가 65점으로 선정된다.

	시장매력도	정보화수준	접근가능성	합계
A	15	0	40	55
B	15	30	0	45
C	0	15	20	35
D	30	15	20	65
E	15	15	20	50

7 새로운 회계연도가 개시될 때까지 예산이 성립되지 못할 경우 정부는 국회에서 예산안이 의결·확정될 때까지 헌법·법률에 따라 설치된 기관·시설의 유지·운영과 법률상 지출 의무의 이행, 그리고 이미 예산으로 승인된 사업을 계속하기 위한 경비를 전년도 예산에 준하여 집행할 수 있는데 이것을 무엇이라 하는가?

① 특별회계예산
② 준예산
③ 추가경정예산
④ 본예산

> ✔해설 ① 특별회계예산 : 특정한 세입으로 특정한 세출을 충당함으로써 일반의 세입·세출과 구분하여 회계 처리할 필요가 있을 때 법률에 따라 설치하는 특별회계에 속하는 예산
> ③ 추가경정예산 : 예산이 국회에서 의결된 이후 새로운 사정으로 소요경비의 과부족이 생길 때 본예산에 추가 또는 변경을 가하는 예산
> ④ 본예산 : 맨 처음 편성하여 국회의 의결을 거쳐 확정·성립된 기본 예산

8 다음은 예산과정 중 어느 단계에 대한 설명인가?

> 심의·의결을 거쳐 확정된 예산은 중앙예산기관을 통해 각 부처의 요구와 자금계획에 따라 나눠지고 이렇게 예산을 받은 각 부처는 배정된 예산의 범위 내에서 각 활동에 필요한 금액을 사용한다.

① 예산의 편성
② 예산의 심의
③ 예산의 집행
④ 결산

> ✔해설 제시된 글은 예산의 집행에 대한 설명이다.

9 한국복지보훈의료공단에서는 1년에 1명을 선발하여 해외연수를 보내주는 제도가 있다. 김부장, 최과장, 오과장, 홍대리 4명이 지원한 가운데 <선발 기준>과 <지원자 현황>은 다음과 같다. 다음을 보고 물음에 답하시오.

〈선발 기준〉

구분	점수(점)	비고
외국어 성적	50	
근무 경력	20	100% : 15년 이상 70% : 10년 이상 50% : 10년 미만 (근무 경력이 최소 5년 이상인 자만 선발 자격이 있음)
포상	20	100% : 3회 이상 50% : 1~2회 0% : 0회
근무 성적	10	
계	100	

〈지원자 현황〉

구분	김부장	최과장	오과장	홍대리
포상	2	4	0	5
근무 경력	30년	20년	10년	3년

※ 외국어 성적은 김부장·최과장이 만점 대비 50%이며, 오과장이 80%, 홍대리가 100%이다.
※ 근무 성적은 최과장이 만점이고 나머지는 만점 대비 90%이다.

① 홍대리   ② 오과장
③ 최과장   ④ 김부장

 해설

	김부장	최과장	오과장	홍대리
외국어 성적	25	25	40	근무경력 5년 미만으로 자격이 없다.
근무 경력	20	20	14	
포상	10	20	0	
근무 성적	9	10	9	
계	64	75	63	

10 인사부에서 근무하는 H씨는 다음 〈상황〉과 〈조건〉에 근거하여 부서 배정을 하려고 한다. 〈상황〉과 〈조건〉을 모두 만족하는 부서 배정은 어느 것인가?

〈상황〉

총무부, 영업부, 홍보부에는 각각 3명, 2명, 4명의 인원을 배정하여야 한다. 이번에 선발한 인원으로는 5급이 A, B, C가 있으며, 6급이 D, E, F가 있고 7급이 G, H, I가 있다.

〈조건〉
조건1 : 총무부에는 5급이 2명 배정되어야 한다.
조건2 : B와 C는 서로 다른 부서에 배정되어야 한다.
조건3 : 홍보부에는 7급이 2명 배정되어야 한다.
조건4 : A와 I는 같은 부서에 배정되어야 한다.

	총무부	영업부	홍보부
①	A, C, I	D, E	B, F, G, H
②	A, B, E	D, G	C, F, H, I
③	A, B, I	C, D, G	E, F, H
④	B, C, H	D, E	A, F, G, I

✔해설 ② A와 I가 같은 부서에 배정되어야 한다는 조건4를 만족하지 못한다.
③ 홍보부에 4명이 배정되어야 한다는 〈상황〉에 부합하지 못한다.
④ B와 C가 서로 다른 부서에 배정되어야 한다는 조건2를 만족하지 못한다.

11 자원관리능력이 필요한 이유와 가장 관련 있는 자원의 특성은?

① 가변성   ② 유한성
③ 편재성   ④ 상대성

✔해설 ② 자원의 적절한 관리가 필요한 이유는 자원의 유한성 때문이다.

Answer 9.③ 10.① 11.②

12 회계팀 A씨는 직원들의 출장비를 관리하고 있다. 규정이 다음과 같을 때 A씨가 출장을 간 사람에게 지급해야 하는 총일비와 총 숙박비로 알맞게 짝지어진 것은?

여행일수 계산
• 여행일수는 여행에 실제로 소요되는 일수에 의한다. 국외여행의 경우에는 국내 출발일은 목적지를, 국내 도착일은 출발지를 여행하는 것으로 본다.

여비의 구분계산
• 여비 각 항목은 구분하여 계산한다.
• 같은 날에 여비액을 달리하여야 할 경우에는 많은 액을 기준으로 지급한다.

일비 · 숙박비 지급
• 국외여행자의 경우 <국외여비정액표>에 따라 지급한다.
• 일비는 여행일수에 따라 지급한다.
• 숙박비는 숙박하는 밤의 수에 따라 지급한다. 다만 항공편 이동 중에는 따로 숙박비를 지급하지 않는다.

(단위:달러)

구분	여행국가	일비	숙박비
부장	A국	80	233
	B국	70	164

<여행일정>

1일째 06:00 출국
2일째 07:00 A국 도착
      18:00 만찬
3일째 09:00 회의
      15:00 A국 출국
      17:00 B국 도착
4일째 10:00 회의
      17:00 만찬
5일째 21:00 B국 출국
6일째 19:00 귀국

① 450달러, 561달러
② 450달러, 610달러
③ 460달러, 610달러
④ 460달러, 561달러

✔해설 • 총일비: 1일째와 2일째는 일비가 각각 80달러이고, 3일째는 여비액이 다를 경우 많은 액을 기준으로 삼는다 했으므로 80달러, 4~6일째는 각각 70달러이다. 따라서 총 450달러이다.
• 총숙박비: 1→2일째로 넘어가는 밤에는 항공편에서 숙박하였고, 2→3일째로 넘어가는 밤에는 숙박비가 233달러이다. 3→4일째와 4→5일째는 각각 숙박비 164달러이다. 5→6일째로 넘어가는 밤에는 항공편에서 숙박했다. 따라서 총 숙박비는 561달러이다.

13 스티븐 코비의 시간관리 매트릭스 4단계에 따를 때, 기간이 정해진 프로젝트는 어디에 속하는가?

① 긴급하면서 중요한 일

② 긴급하지 않지만 중요한 일

③ 긴급하지만 중요하지 않은 일

④ 긴급하지 않고 중요하지 않은 일

✔해설 일의 우선순위를 정할 때는 일반적으로 일이 가진 중요성과 긴급성을 바탕으로 구분하는 경향이 있다.
※ 스티븐 코비의 시간관리 매트릭스

	긴급함	긴급하지 않음
중요함	I. 긴급하면서 중요한 일 • 위기상황 • 급박한 문제 • 기간이 정해진 프로젝트	II. 긴급하지 않지만 중요한 일 • 예방 생산 능력 활동 • 인간관계 구축 • 새로운 기회 발굴 • 중장기 계획, 오락
중요하지 않음	III. 긴급하지만 중요하지 않은 일 • 잠깐의 급한 질문 • 일부 보고서 및 회의 • 눈앞의 급박한 상황 • 인기 있는 활동 등	IV. 긴급하지 않고 중요하지 않은 일 • 바쁜 일, 하찮은 일 • 우편물, 전화 • 시간낭비거리 • 즐거운 활동 등

Answer 12.① 13.①

14 다음은 자원관리 기본 과정이다. 순서대로 나열한 것은?

> ⊙ 계획대로 수행하기
> ⓛ 이용 가능한 자원 수집하기
> ⓒ 필요한 자원의 종류와 양 확인하기
> ⓔ 자원 활용 계획 세우기

① ⓛ - ⓒ - ⓔ - ⊙
② ⓛ - ⓔ - ⓒ - ⊙
③ ⓒ - ⓛ - ⓔ - ⊙
④ ⓒ - ⓔ - ⓛ - ⊙

> **✔ 해설** 자원관리 기본 과정
> ⊙ 필요한 자원의 종류와 양 확인하기
> ⓛ 이용 가능한 자원 수집하기
> ⓒ 자원 활용 계획 세우기
> ⓔ 계획대로 수행하기

15 다음 중 같은 성질을 가진 비용끼리 올바르게 묶은 것은?

> ⊙ 재료비   ⓛ 시설비
> ⓒ 사무실 관리비   ⓔ 인건비
> ⓜ 광고비   ⓗ 비품비

① ⊙ⓛⓔ
② ⓛⓒⓔ
③ ⓒⓔⓜ
④ ⓔⓜⓗ

> **✔ 해설** ⊙ⓛⓔ는 직접비용, ⓒⓜⓗ는 간접비용에 해당한다.
> ※ 직접비용과 간접비용
> ⊙ 직접비용 : 제품 생산 또는 서비스를 창출하기 위해 직접 소비된 것으로 여겨지는 비용으로 재료비, 원료와 장비, 시설비, 인건비 등이 있다.
> ⓛ 간접비용 : 제품을 생산하거나 서비스를 창출하기 위해 소비된 비용 중에서 직접비용을 제외한 비용으로 제품 생산에 직접 관련되지 않은 비용을 말한다. 간접비용의 경우 과제에 따라 매우 다양하며 보험료, 건물관리비, 광고비, 통신비, 사무비품비, 각종 공과금 등이 있다.

┃16~17┃ 물건 구매를 위해 비품 재고 현황을 파악 중이다. 물음에 답하시오.

〈비품 재고 현황〉

품목	수량	단위당 가격
서류봉투	32장	500원
휴지	1롤	10,000원
종이컵	3줄	2,000원
볼펜	20자루	1,000원
믹스커피	2박스	15,000원
수정액	10개	2,000원
...		

16 다음 중 잘못된 해석은 무엇인가?

① 종이컵은 3줄 남아있다.

② 가장 먼저 구매해야 할 비품은 믹스커피이다.

③ 서류봉투는 32장이 있으므로 아직 여유가 있다.

④ '수량×단위당 가격'은 볼펜과 수정액이 동일하다.

✔해설 ② 가장 먼저 구매해야 할 비품은 휴지이다.

17 구매 예산 20,000원으로 살 수 없는 것은 무엇인가?

① 종이컵 10줄+볼펜2개

② 믹스커피 1BOX+수정액 2개

③ 휴지 1롤+종이컵 5줄

④ 서류봉투 20장+수정액 4개

✔해설 ① 22,000원
② 19,000원
③ 20,000원
④ 18,000원

18 '물품의 활용 빈도가 높은 것은 상대적으로 가져다 쓰기 쉬운 위치에 보관한다.'는 물품보관 원칙 중 무엇에 해당되는가?

① 동일성의 원칙

② 유사성의 원칙

③ 개별성의 원칙

④ 회전대응 보관 원칙

✔해설 회전대응 보관 원칙 … 물품의 활용 빈도가 높은 것은 상대적으로 가져다 쓰기 쉬운 위치에 보관한다는 원칙으로, 입·출하의 빈도가 높은 품목은 출입구 가까운 곳에 보관하는 것을 말한다.

19 다음에서 나타난 자원의 낭비요인으로 올바른 것은?

> 정연이는 사무에 필요한 비품이 부족하다는 것을 알게 되었다. 그래서 점심시간 이후 비품 창고로 가서 A펜 10자루와 수정테이프 5개를 가지고 사무실로 돌아왔다. 막상 사무실에 돌아오니 스테이플러 교체 심을 빠뜨리고 온 것을 알았고 다시 비품창고로 가서 비품을 찾아왔다.

① 편리성 추구

② 비계획적 행동

③ 노하우 부족

④ 자원에 대한 인식 부재

✔해설 제시된 글의 정연이는 계획 없이 비품창고에서 물건을 가지러 왔기 때문에 나중에 또 다시 창고를 가게 되었다.
따라서 ②가 적절한 답이다.

20 다음에서 설명하고 있는 개념은 무엇인가?

> 계획된 행동을 60%, 계획 외의 행동을 20%, 자발적 행동을 20%로 분배하여 최단시간에 최선의 목표를 달성하기 위해 시간 자원을 최대한 활용하는 방법이다.

① 물적자원관리

② 60:40의 규칙

③ 동일성의 원칙

④ 적재적소주의

✔**해설** 제시된 내용은 자신에게 주어진 시간 중 60%는 계획된 행동을 하여야 한다고 보는 60:40 규칙이다.

21 다음에서 설명하고 있는 인력배치의 원칙은 무엇인가?

> 승진·보수 등에 관하여 능력에 의한 평가를 준거(準據)로 하며, 능력 있는 자는 보다 빨리 승진시키고 보다 많은 보수를 지급하는 것을 원칙으로 하는 인사행정의 한 접근방법. 성적주의(成績主義)의 원칙이라고도 하며 연공제(年功制)와 대조되는 개념이다. 합리주의를 강조하는 현대사회에 있어서 광범하게 받아들여지고 있는 인사행정의 원천이기는 하나 능력의 평가·평정의 문제점이 있고 연령과 경험을 경시하게 되기 때문에 학교사회의 경우 교원들 사이에 있어서 심리적인 저항감을 불러일으키기 쉽다. 따라서 능력주의와 연공제를 절충하는 제도가 보다 광범하게 적용되는 경향이 있다. 한국의 교원 인사행정에 있어서도 능력주의의 원칙이 어느 정도 도입 적용되고 있으며, 그것은 교원들의 근무평정(勤務評定)제도에 나타나 있다.

① 적재적소주의   ② 균형주의

③ 능력주의   ④ 연고주의

✔**해설** 제시된 내용은 개인의 능력에 따라 보상이 주어지는 능력주의를 말한다.

22 다음에 나타난 개념에 대한 평가로 옳은 것은?

---

1. 어떤 시각에서 어떤 시각까지의 사이
2. 어떤 행동을 할 틈
3. 어떤 일을 하기로 정하여진 동안
4. 때의 흐름

㉠ A : 이것은 누구에게나 공평해
㉡ B : 이것은 매일 다르게 주어져
㉢ C : 이것을 어떻게 사용하느냐에 따라 그 가치가 달라져
㉣ D : 이것은 사람마다 다른 속도로 흘러

---

① ㉠㉡   ② ㉠㉢
③ ㉡㉢   ④ ㉢㉣

✔해설 제시된 개념은 시간에 관한 설명이다.
㉠ 시간은 누구에게나 공평하다.
㉡ 시간은 매일 똑같이 주어진다.
㉢ 시간은 어떻게 사용하느냐에 따라 그 가치가 달라진다.
㉣ 시간은 사람마다 똑같은 속도로 흐른다.

23 다음 중 신입사원 인성씨가 해야 할 일을 시간관리 매트릭스 4단계로 구분한 것으로 잘못 된 것은?

〈인성씨가 해야 할 일〉

㉠ 어제 못 본 드라마보기
㉡ 마감이 정해진 프로젝트
㉢ 인간관계 구축하기
㉣ 업무 보고서 작성하기
㉤ 회의하기
㉥ 자기개발하기
㉦ 상사에게 급한 질문하기

〈시간관리 매트릭스〉

	긴급함	긴급하지 않음
중요함	제1사분면	제2사분면
중요하지 않음	제3사분면	제4사분면

① 제1사분면 : ㉢
② 제2사분면 : ㉥
③ 제3사분면 : ㉣
④ 제3사분면 : ㉤

✔해설 〈시간관리 매트릭스〉

	긴급함	긴급하지 않음
중요함	㉡	㉢㉥
중요하지 않음	㉣㉤㉦	㉠

24 현수는 감사원의 공공기관 감사로 인한 회의에 담당자로 참여하게 되었다. 다음 주에 있을 회의의 진행일로 효율적인 요일은?

〈교통안전공단 담당자 주간일정〉

월	화	수	목	금	토
					해외출장

〈산업통상자원부 담당자 주간일정〉

월	화	수	목	금	토
	국회출석				

〈감사원 남당사 주간일정〉

월	화	수	목	금	토
내부회의		타기관 방문			

① 금요일　　　　　　　　　　② 목요일
③ 수요일　　　　　　　　　　④ 화요일

✔해설 세 기관의 담당자가 공통으로 일정이 비어있는 목요일이 적합하다.

25 다음은 SMART법칙에 대한 설명이다. 다음 중 옳지 않은 것은?

ⓐ S pecific : 목표를 추상적으로 작성한다.

ⓑ M easurable : 수치화, 객관화시켜서 측정 가능한 척도를 세운다.

ⓒ A ction-oriented : 사고 및 생각에 그치는 것이 아니라 행동을 중심으로 목표를 세운다.

ⓓ R ealistic : 실현 가능한 목표를 세운다.

ⓔ T ime limited : 목표를 설정함에 있어 제한 시간을 둔다.

---

① ⓐ   ② ⓑ

③ ⓒ   ④ ⓓ

✔ **해설**   SMART법칙 … 목표를 어떻게 설정하고 그 목표를 성공적으로 달성하기 위해 꼭 필요한 필수 요건들을 S.M.A.R.T. 5개 철자에 따라 제시한 것이다.
ⓐ Specific(구체적으로) : 목표를 구체적으로 작성한다.
ⓑ Measurable(측정 가능하도록) : 수치화, 객관화시켜서 측정 가능한 척도를 세운다.
ⓒ Action-oriented(행동 지향적으로) : 사고 및 생각에 그치는 것이 아니라 행동을 중심으로 목표를 세운다.
ⓓ Realistic(현실성 있게) : 실현 가능한 목표를 세운다.
ⓔ Time limited(시간적 제약이 있게) : 목표를 설정함에 있어 제한 시간을 둔다.

26 다음은 통신사별 시행하는 데이터 요금제 방식이다. 다음과 같은 방식으로 영희가 한 달에 약 5.6G의 데이터를 사용한다면 어느 통신사를 선택하는 것이 가장 유리한지 고르시오.

요금제		A사	B사	C사	D사
2G 까지	기본요금	3,000	3,500	3,200	2,850
2G 이후	100M 단위요금	7.4	7	6.8	8.2

① A사

② B사

③ C사

④ D사

✔해설 1G=1,000M→5.6G=5,600M
A사 : $3,000+7.4×(5,600-2,000)/100=3,266.4$
B사 : $3,500+7×(5,600-2,000)/100=3,752$
C사 : $3,200+6.8×(5,600-2,000)/100=3,444.8$
D사 : $2,850+8.2×(5,600-2,000)/100=3,145.2$
따라서 가격이 가장 적게 나오는 D사를 사용하는 것이 좋다.

27 인적자원 관리의 특징에 관한 다음 (가)~(라)의 설명 중 그 성격이 같은 것끼리 알맞게 구분된 것은?

(가) 팀 전체의 능력향상, 의식개혁, 사기양양 등을 도모하는 의미에서 전체와 개체가 균형을 이루어야 한다.

(나) 많은 사람들이 번거롭다는 이유로 자신의 인맥관리에 소홀히 하는 경우가 많지만 인맥관리는 자신의 성공을 위한 첫걸음이라는 생각을 가져야 한다.

(다) 효율성을 높이기 위해 팀원의 능력이나 서역 등과 가장 적합한 위치에 배치하여 팀원 개개인의 능력을 최대로 발휘해 줄 것을 기대한다.

(라) 개인에게 능력을 발휘할 수 있는 기회와 장소를 부여하고, 그 성과를 바르게 평가하고, 평가된 능력과 실적에 대해 그에 상응하는 보상을 주어야 한다.

---

① (가), (다), (라) / (나)

② (가), (나), (다) / (라)

③ (가), (나) / (다), (라)

④ (가), (다) / (나), (라)

✔해설 (가), (다), (라)는 조직 차원에서의 인적자원관리의 특징이고, (나)는 개인 차원에서의 인적자원관리능력의 특징으로 구분할 수 있다.

28 다음은 영업사원인 甲씨가 오늘 미팅해야 할 거래처 직원들과 방문해야 할 업체에 관한 정보이다. 다음의 정보를 모두 반영하여 하루의 일정을 짠다고 할 때 순서가 올바르게 배열된 것은? (단, 장소 간 이동 시간은 없는 것으로 가정한다)

〈거래처 직원들의 요구 사항〉

• A거래처 과장 : 회사 내부 일정으로 인해 미팅은 10시~12시 또는 16~18시까지 2시간 정도 가능합니다.
• B거래처 대리 : 12시부터 점심식사를 하거나, 18시부터 저녁식사를 하시죠. 시간은 2시간이면 될 것 같습니다.
• C거래처 사원 : 외근이 잡혀서 오전 9시부터 10시까지 1시간만 가능합니다.
• D거래처 부장 : 외부일정으로 18시부터 저녁식사만 가능합니다.

〈방문해야 할 업체와 가능시간〉

• E서점 : 14~18시, 소요시간은 2시간
• F은행 : 12~16시, 소요시간은 1시간
• G미술관 관람 : 하루 3회(10시, 13시, 15시), 소요시간은 1시간

---

① C거래처 사원－A거래처 과장－B거래처 대리－E서점－G미술관－F은행－D거래처 부장
② C거래처 사원－A거래처 과장－F은행－B거래처 대리－G미술관－E서점－D거래처 부장
③ C거래처 사원－G미술관－F은행－B거래처 대리－E서점－A거래처 과장－D거래처 부장
④ C거래처 사원－A거래처 과장－B거래처 대리－F은행－G미술관－E서점－D거래처 부장

✔해설 C거래처 사원(9시~10시)－A거래처 과장(10시~12시)－B거래처 대리(12시~14시)－F은행(14시~15시)－G미술관(15시~16시)－E서점(16시~18시)－D거래처 부장(18시~)
① E서점까지 들리면 16시가 되는데, 그 이후에 G미술관을 관람할 수 없다.
② F은행까지 들리면 13시가 되는데, B거래처 대리 약속은 18시에 가능하다.
③ G미술관 관람을 마치고 나면 11시가 되는데 F은행은 12시에 가야 한다. 1시간 기다려서 F은행 일이 끝나면 13시가 되는데, B거래처 대리 약속은 18시에 가능하다.

Answer 26.④ 27.① 28.④

29 다음에서 제시되는 인적자원개발의 의미를 참고할 때, 올바른 설명으로 볼 수 없는 것은 어느 것인가?

> 인적자원개발은 행동의 변화를 통해 개인의 능력과 조직성과 향상을 통해 조직목표 달성 등의 다양한 목적이 제시되고 있다. 현행 「인적자원개발기본법」에서는 국가, 지방자치단체, 교육기관, 연구기관, 기업 등이 인적자원의 양성과 활용 및 배분을 통해 사회적 규범과 네트워크를 형성하는 모든 제반 활동으로 정의하고 있다. 이는 생산성 증대뿐만 아니라 직업준비교육, 직업능력개발을 위한 지속적인 교육에서 더 나아가 평생교육을 통한 국민들의 질적 생활을 향상시키는 데 그 목적을 두고 있다고 할 수 있다. 인적자원정책이라는 것은 미시적으로는 개인차원에서부터 거시적으로는 세계적으로 중요한 정책이며, 그 대상도 개인차원(학습자, 근로자, 중고령자 등), 기업차원, 지역차원 등으로 구분하여 볼 수 있다. 인력자원의 양성정책은 학교 및 교육훈련 기관 등의 교육기관을 통해 학습받은 학습자를 기업이나 기타 조직에서 활용하는 것을 말한다.

① 인적자원개발의 개념은 교육, 개발훈련 등과 같이 추상적이고 복합적이다.
② 인적자원개발의 방법은 개인의 경력개발을 중심으로 전개되고 있다.
③ 인적자원개발은 가정, 학교, 기업, 국가 등 모든 조직에 확대 적용되고 있다.
④ 인적자원개발의 수혜자는 다양한 영역으로 구성되어 있다.

> ✔ **해설** 인적자원개발은 개인과 조직의 공동 목표 달성을 위해 진행되는 것이라고 이해할 수 있으므로 개인의 경력개발을 중심으로 전개된다는 것은 타당하지 않다.
> ① 인적자원개발은 학습을 통한 교육과 훈련이 핵심이므로 추상적이고 복합적인 개념이라고 할 수 있다.
> ③④ 기존의 조직 내 인력의 양성 차원을 넘어 근로자, 비근로자, 중고령자, 지역 인재 등으로까지 확대 적용되는 것이 인적자원개발의 의의라고 판단할 수 있다.

30 연초에 동일한 투자비용이 소요되는 투자계획 A와 B가 있다. A는 금년 말에 10억 원, 내년 말에 20억 원의 수익을 내고, B는 내년 말에만 31억 원의 수익을 낸다. 수익성 측면에서 A와 B를 동일하게 만드는 이자율 수준은 얼마인가?

① 5%

② 10%

③ 15%

④ 20%

✔ **해설** 금년 말에 A만 10억 원의 수익을 내고, 내년 말에 A보다 B가 11억 원의 수익을 더 낸다는 점이다. 두 투자 계획의 수익성 측면에서 차이가 없으려면 금년 말의 10억원과 내년 말의 11억 원이 동일한 가치를 가져야 하므로 이자율은 10%가 되어야한다.

PART

03

한국사

핵심이론정리

1 근·현대사

(1) 개항

① **흥선대원군의 집정** … 국내적으로는 전제왕권의 재확립을 위해 과단성있는 정책을 실시하고 중농석인 실학사상을 계승하였으며, 대외적으로는 쇄국정책으로 대응했다.

　㉠ **개혁정책의 내용**
- 인재 등용 : 세도정치를 타파하고 인사혁신을 도모
- 관제 개혁 : 정치와 군사의 최고기관으로서 의정부와 삼군부의 기능을 부활
- 법전 완비 : 대전회통과 육전조례 등 간행
- 양전 실시 : 국가재정을 확충하고 전정을 바로잡기 위해 양전을 실시
- 호포제 실시 : 군포의 징수를 양반에게까지 확대하여 호포제를 실시
- 사창제 실시 : 환곡제를 폐지하고 사창제를 실시
- 서원 철폐 : 당쟁의 온상이며 양반세력의 아성인 서원을 철폐
- 경복궁 중건 : 왕권을 강화하고 왕실의 위엄을 과시하기 위해 경복궁을 중건

　㉡ **개혁정책과정의 폐단** : 경복궁 중건 도중 기부금마련을 위해 원납전을 강제 징수, 당백전 발행, 4대문 출입시 통행세 징수

　㉢ **병인양요(1866)** : 프랑스는 선교사 살해의 책임을 묻는다는 구실로 무력을 앞세워 문호를 개방시키고자 강화를 침범 → 대원군의 항전의지와 이항로 등의 척사론, 한성근·양헌수 등의 분전으로 문수산성과 정족산성에서 프랑스군 격퇴

　㉣ **신미양요(1871)** : 미국은 제너럴셔면호사건의 책임을 추궁함으로써 통상조약을 맺고자 5척의 군함으로 강화를 공격 → 어재연이 이끄는 경군(京軍)과 강화 수비군이 광성진과 갑곶에서 격퇴

② 개항

  ㉠ 강화도조약(1876)

  • 배경 : 대원군이 하야하자, 일본은 사전계획에 의해 운요호사건을 일으키고, 군함을 강화도에 보내어 위협적인 방법으로 조약체결을 요구

  • 후속조치 : 수호조규부록, 통상장정

  ㉡ 조미수호통상조약(1882) : 러 · 일의 조선 침투를 견제하고 조선에 대한 청의 종주권을 확인하려는 청의 주선으로 체결(서양제국 중 최초)

③ 개화 · 위정척사 · 동학운동

  ㉠ 임오군란(1882)

  • 배경 : 구식군대에 대한 민씨세력의 차별대우로 불만 고조

  • 경과 : 민씨일파가 죽자 대원군이 재집권→청의 대원군 압송→민씨일파의 친청정책 실시

  • 결과 : 청의 내정간섭, 일본과 제물포조약 체결

  ㉡ 갑신정변(1884)

  • 배경 : 청의 지나친 내정간섭과 민씨정권의 사대적 경향을 저지하고자 개화당의 김옥균 · 박영효 등이 주도

  • 경과 : 민씨세력을 제거하고 14개조의 개혁안을 실시하려고 했으나 일본과 청의 간섭으로 실패

  • 결과 : 일본과 한성조약 체결, 청과 일본은 톈진조약 체결

    Point 》 갑신정변 14개조 정강
    ㉠ 청에 잡혀간 흥선대원군을 조속히 돌아오도록 하게 하며, 종래 청에 행하던 조공허례를 폐지한다.
    ㉡ 문벌을 타파하고 인민평등의 권리를 확립하여 능력에 따라 관리를 임명한다.
    ㉢ 지조법을 개혁하여 관리의 부정을 막고 백성의 생활을 보호하며, 국가 재정을 넉넉하게 한다.
    ㉣ 내시부를 없애고 그 중에서 우수한 인재를 등용한다.
    ㉤ 탐관오리 중 그 죄가 심한 자는 치죄한다.
    ㉥ 각 도의 환상미를 영구히 받지 않는다.
    ㉦ 규장각을 폐지한다.
    ㉧ 급히 순사를 두어 도둑을 방지한다.
    ㉨ 혜상공국을 혁파한다.
    ㉩ 귀양살이를 하는 자와 옥에 갇힌 자는 그 정상을 참작하여 형을 감한다.
    ㉪ 4영을 합하여 1영으로 하되, 영 중에서 장정을 선발하여 근위대를 급히 설치한다.
    ㉫ 모든 재정은 호조에서 관리한다.
    ㉬ 대신과 참천은 합문 내의 의정부에 모여 정령을 의결하고 반포한다.
    ㉭ 의정부, 6조 외의 모든 불필요한 기관을 없앤다.

  ㉢ 위정척사운동 : 재래의 전통질서를 지키고, 자본주의적인 침략세력을 배척하는 존왕양이적 위정척사운동 전개(성리학을 신봉하는 보수적인 양반층과 이항로계의 유생들에 의해 주도)

ⓔ 동학혁명(1894)

- 발단 : 고부군수 조병갑의 횡포로 민란 발생→민란의 책임을 동학교도에게 돌려 탄압
- 1차 봉기 : 고부를 중심으로 인근 각지의 동학교도와 농민들이 봉기→정부의 요청으로 청군이 인천에 상륙, 톈진조약을 빙자하여 일군도 입국→시정개혁에 대한 확약 후 휴전
- 2차 봉기 : 전라도지방에 집강소를 설치하여 조직강화→일본의 침략행위가 노골화되자 재봉기→남·북접이 연합하여 최시형의 지휘하에 구국항쟁 전개→관군과 일본군의 반격으로 실패

Point 》　폐정개혁안…1차 봉기 후 전라도에 집강소를 두고 지방 치안·행정을 바로 잡으려는 12개조 개혁요강이다.
　　　　　ⓐ 동학도는 정부와의 원한을 씻고 서정에 협력한다.
　　　　　ⓑ 탐관오리는 엄징한다.
　　　　　ⓒ 횡포한 부호를 엄징한다.
　　　　　ⓓ 불량한 유림과 양반의 무리를 징벌한다.
　　　　　ⓔ 노비문서를 소각한다.
　　　　　ⓕ 7종의 천인차별을 개신하고 백정이 쓰는 평량갓을 없앤다.
　　　　　ⓖ 과부의 개가를 허용한다.
　　　　　ⓗ 무명의 잡세는 폐지한다.
　　　　　ⓘ 관리채용에는 지벌을 타파하고 인재를 등용한다.
　　　　　ⓙ 왜와 통하는 자는 엄징한다.
　　　　　ⓚ 공사채를 물론하고 기왕의 것을 무효로 한다.
　　　　　ⓛ 토지는 평균 분작한다.

④ 근대문물의 수용

ⓐ 갑오개혁(1894) : 일본의 강압으로 김홍집 내각이 실시한 정치·경제·사회·문화전반에 걸친 근대적 개혁

- 정치면 : 청의 종주권 부인, 개국연호 사용, 왕실과 정부 분리(궁내부와 의정부 분리), 8아문 설치, 과거제도 폐지, 관리등용법 실시, 사법권 독립, 8도 내에 23부 설치, 지방관 권한 축소 등
- 경제면 : 재정의 일원화(탁지부 관장), 은본위제 채택, 조세의 금납제, 도량형의 개정·통일 등
- 사회면 : 계급 타파, 천민신분 폐지, 노비제도 혁파, 인신매매 금지, 조혼의 금지, 과부재가 허용, 고문과 연좌법 폐지 등

ⓑ 을미개혁(1895) : 을미사변으로 수립된 친일내각이 단행한 개혁

- 태양력의 사용
- 단발령의 공포
- 종두법 실시

(2) 근대국가의 성립과 민족의 수난

① 대한제국의 성립

    ㉠ 아관파천(1896) : 을미사변 이후 친일정권을 전복시키기 위하여 국왕의 신변불안과 러시아 공사관의 보호를 구실삼아 친러파 이완용·이범진·윤용선 등이 러시아공사 베베르와 결탁하여 고종의 거처를 러시아 공사관으로 옮긴 일

    ㉡ 대한제국 성립(1897) : 고종은 아관파천 1년만에 러시아 공사관에서 경운궁(현 덕수궁)으로 옮기고 국호를 대한제국, 연호를 광무(光武), 왕을 황제라 칭함 → 자주국가임을 선포

② 국권 피탈과정

    ㉠ 한일의정서(1904. 2) : 내정간섭

    ㉡ 제1차 한일협약(1904. 8) : 고문정치의 시작

    ㉢ 제2차 한일협약(을사조약, 1905) : 통감정치(보호정치), 외교권 박탈

    ㉣ 한일신협약(1907. 7) : 차관정치(일본인이 행정실무 담당)

    ㉤ 군사권 박탈(1907. 8) : 군대해산, 항일의병 격화

    ㉥ 기유각서(1909) : 사법권 박탈

    ㉦ 국권 피탈(1910)

(3) 일제의 침략과 독립운동

① 일제의 침략정책

    ㉠ 헌병경찰통치(무단통치) : 식민통치의 중추기구로 조선총독부 설치, 민족의 자유·생존권 박탈, 독립운동 탄압(105인 사건)

    ㉡ 고등경찰통치(문화통치) : 총독임명 규정 완화, 보통경찰제 실시, 민족신문 허가(기만적 회유정책)

    ㉢ 병참기지화정책 : 대륙침략의 기지화, 군수공업 실시

    ㉣ 민족말살정책 : 국어·국사교육 금지, 신사참배·궁성요배·창씨개명 강요

② 3·1운동(1919)

    ㉠ 배경 : 제1차 세계대전 후 민족자결주의의 대두, 고종의 장례, 동경유학생들의 시위(2·8선언)

    ㉡ 경과 : 33인의 독립선언 → 만세시위 → 국내외로 확산 → 일본의 무차별 살상

    ㉢ 결과 : 민족의 주체성 확립, 중국·인도 등 기타 지역의 민족운동에 선구적 역할

③ 대한민국 임시정부(1919. 4. 17)

　㉠ 수립의 의의
　　• 국내외 임시정부 통합
　　• 민족사적 정통성 회복

　㉡ **연통제 실시** : 국내외를 연결하는 행정체계로 정통정부의 기능을 발휘한 비밀조직망

　㉢ **군자금 지원** : 만주의 이륭양행이나 부산의 백산상회 등을 통해 군자금 조달, 애국공채 발행

　㉣ **외교활동의 전개** : 김규식을 전권대사로 파리에 파견(19191. 5), 국제연맹·태평양회의에 독립의 열망을 전달하는 운동 전개, 미국에 구미위원부를 두고 이승만을 중심으로 한국의 독립문제를 국제적으로 제기

　㉤ **독립신문의 간행** : 임시정부 기관지로 독립신문을 간행·배포, 사료편찬소를 두어 한·일관계사료집을 간행

④ **국내의 독립운동**

　㉠ **무장투쟁** : 3·1운동 이후 보합단, 천마대, 구월산대 등 식민기관 파괴

　㉡ **6·10만세운동(1926. 6)** : 학생과 사회주의계가 추진, 순종 인산일을 계기로 각급 학교로 파급

　㉢ **광주학생항일운동(1929. 11)** : 3·1운동 이후 최대의 민족운동, 한·일학생간 민족감정의 대립을 계기로 발생 → 전국적으로 확산

⑤ **국외의 독립운동**

　㉠ **독립운동기지의 건설** : 만주의 삼원보, 밀산부의 한흥동, 블라디보스토크의 신한촌

　㉡ **항일독립전쟁** : 봉오동·청산리전투(1920)

　㉢ **독립군의 시련** : 간도참변(1920), 자유시참변(1921)으로 독립군 타격

　㉣ **3부의 성립** : 독립군 통합운동을 추진하여 참의부·정의부·신민부 결성

　㉤ **한·중 연합작전** : 한국독립군·조선혁명군의 중국군과의 연합

　㉥ **한국광복군의 창설(1940)** : 조선의용대를 흡수, 대일선전포고(1941), 인도와 미얀마 전선에 참전 후 국내진공작전 준비

(4) 대한민국의 발전

① 광복 직후의 국내정세

   ㉠ 광복 직전의 건국준비활동

     • 대한민국임시정부 : 대한민국 건국 강령을 제정 · 공포

     • 중국 화북지방의 사회주의 : 민주공화국의 수립을 강령으로 내세우고 건국 준비

     • 국내 : 조선건국동맹이 조직되어 일제 타도와 민주주의 국가 건설을 추구

   ㉡ 국토의 분단 : 미군과 소련군의 군정이 시작되고, 신탁통치가 모스크바 3상회의에서 결의. 좌익과 우익은 격렬하게 대립하였으며, 남한과 북한에서 각각 단독정부를 수립하려는 움직임이 활발하였다.

   ㉢ 통일정부 수립 추진 : 좌우합작운동과 남북협상(김구)을 벌였으나 실패

② 대한민국정부의 수립(1948. 8. 15)

   ㉠ 과정

     • 5 · 10총선거의 실시 : 남한만의 단독선거가 실시

     • 제헌국회의 구성 : 민주공화국 체제의 헌법이 제정

     • 대한민국 정부 수립 : 제헌국회에서 대통령으로 선출된 이승만이 대한민국 수립을 선포

   ㉡ 건국 초기 국내정세

     • 제주도 4 · 3사건과 여수 · 순천 10 · 19사건 : 좌우익의 대립 격화

     • 이승만의 반공정책 강화 : 좌우갈등 극복 및 사회질서 확립 명분으로 반공정책을 강화

     • 반민족행위처벌법의 제정

     – 목적 : 제헌국회에서 친일파를 처벌하기 위해서 제정

     – 내용 : 반민족행위특별조사위원회를 설치 및 친일행위를 한 사람들을 처벌

     – 결과 : 반공을 우선시하던 정부의 소극적인 태도와 친일세력의 방해공작으로 별다른 성과를 거두지 못함

③ 민주주의의 시련과 발전

   ㉠ 4 · 19혁명(1960) : 자유당 정권의 부정선거로 학생과 시민 중심의 전국적인 시위 발생

   ㉡ 장면 정부 : 내각책임제와 양원제 국회의 권력구조

   ㉢ 5 · 16군사정변(1961) : 박정희 정부는 대통령 중심제 · 단원제 국회로 헌법 개정

   ㉣ 10월 유신(1972) : 박정희가 독재를 위해 유신체제를 구축하였으나 10 · 26사태가 일어나 막을 내림

   ㉤ 전두환 정부 : 5 · 18민주화운동을 진압하면서 탄생, 민주화운동 탄압하고 각종 부정과 비리가 발생. 결국 6월 민주항쟁(1987)으로 6 · 29민주화선언이 발표되어 대통령 직선제로 개헌

     ⓗ 노태우 정부 : 북방정책을 추진, 남북한이 유엔에 동시 가입

     ⓢ 김영삼 정부 : 금융실명제, 지방자치제 실시

     ⓞ 김대중 정부 : 외환위기 극복 및 민주주의와 시장경제의 병행 발전 도모

④ 북한의 변화

     ㉠ 1960년대 : 중공업 · 경공업의 병진정책을 추진 및 천리마운동을 전개, 4대 군사노선과 주체노선 강조

     ㉡ 1970년대 : 강경노선이 완화되고 실무형 관료와 혁명 2세대가 등장

     ㉢ 1980년대 : 김정일의 후계체제를 확립 및 경제 위기

     ㉣ 1990년대 : 김정일 권력 승계, 외국 기업과의 합작과 자본 도입을 추진

⑤ 통일을 위한 노력

     ㉠ 4 · 19혁명 이후 : 중립화 통일론이나 남북협상론이 제기 → 5 · 16군사정변으로 실패

     ㉡ 1970년대 : 7 · 4남북공동성명(자주 · 평화 · 민족 대단결의 통일원칙)

     ㉢ 1980년대 : 남한의 민족화합민주통일방안과 북한의 고려민주주의 연방공화국방안 제시, 남북 이산가족 상봉

     ㉣ 1990년대 : 남 · 북한 사이에 화해와 불가침 및 교류 · 협력에 관한 합의서 채택, 한반도 비핵화 공동선언 채택

     ㉤ 2000년 : 6 · 15남 · 북 공동선언 발표, 남북 간의 긴장 완화와 화해협력 진전

CHAPTER 02

출제예상문제

기출유형

※ 과년도 한국사 기출문제를 복원한 것입니다.

1 ㈎ ~ ㈐는 6 · 25전쟁 과정에서 일어난 일들이다. 이를 순서대로 나열한 것은?

> ㈎ 1950년 6월 25일 북한이 남침을 강행하였다.
> ㈏ 유엔군과 공산군은 휴전 협정을 체결하였다.
> ㈐ 중국군이 개입하자 국군과 유엔군은 다시 서울을 빼앗겼다.
> ㈑ 인천 상륙 작전을 통해 국군과 유엔군이 서울을 되찾고 압록강까지 진격하였다.

① ㈎ ― ㈑ ― ㈏ ― ㈐   ② ㈎ ― ㈑ ― ㈐ ― ㈏

③ ㈏ ― ㈐ ― ㈎ ― ㈑   ④ ㈏ ― ㈐ ― ㈑ ― ㈎

> ✔**해설** 6 · 25전쟁은 "㈎ 북한의 남침 ― 유엔군 참전 ― ㈑ 인천 상륙 작전 ― 서울 수복 ― 압록강 진격 ― ㈐ 중국군 개입 ― 38도선 부근의 공방전 ― ㈏ 휴전 협정 조인'의 순서대로 전개되었다.

2 다음 중 노태우 정권(1988~1992) 시기에 일어난 사건이 아닌 것은?

① 총선에서 야당이 국회의 과반수 의석을 차지하는 여소야대의 국회가 형성되었다.

② 소련, 중국, 헝가리 등 공산 국가와 교류하였다.

③ 민주정의당, 통일민주당, 신민주공화당이 합당하여 민주자유당을 창당하였다.

④ 지방자치제를 전국적으로 실시하였다.

> ✔**해설** ④ 지방자치제를 부분적으로 실시하였다.
> ① 여소야대 국회 형성
> ② 북방외교
> ③ 3당 합당

Answer 1.② 2.④

3 다음의 (가)에 들어갈 수 없는 사건은?

병인양요	→	(가)	→	척화비 건립

⊙ 흥선대원군이 프랑스 신부를 포함하여 수천명의 천주교도를 처형하였다.
ⓒ 미국의 선원들이 약탈과 살상을 자행하자 박규수를 포함한 평양 군민들이 미국의 배를 격침시켰다.
ⓒ 미국의 로저스 제독은 강화도를 침략하였고, 이에 맞서 어재연 장군이 광성보 전투에서 항전하였다.
ⓔ 독일 상인인 오페르트가 흥선대원군의 아버지인 남연군의 무덤을 도굴하려다 실패하였다.

① ⊙, ⓒ
② ⊙, ⓒ
③ ⓒ, ⓒ
④ ⓒ, ⓔ

✔해설 ⊙ 병인박해(1866) → ⓒ 제너럴셔먼호 사건(1866) → 병인양요(1866) → ⓔ 오페르트 도굴 사건(1868) → ⓒ 신미양요(1871) → 척화비 건립(1871)

4 다음의 내용과 관련된 정부에 대한 설명으로 옳은 것은?

• 남과 북은 나라의 통일 문제를 그 주인인 우리 민족끼리 서로 힘을 합쳐 자주적으로 해결해 나가기로 하였다.
• 남과 북은 나라의 통일을 위한 남측의 연합제안과 북측의 낮은 단계의 연방제안이 서로 공통성이 있다고 인정하고, 앞으로 이 방향에서 통일을 지향시켜 나가기로 하였다.
• 남과 북은 경제 협력을 통하여 민족 경제를 균형적으로 발전시키고 사회·문화·체육·보건·환경 등 제반 분야의 협력과 교류를 활성화하여 서로의 신뢰를 다져 나가기로 하였다.

① IMF 기금 지원
② 제24회 서울올림픽 개최
③ 천안함 피격사건
④ 여야 간 최초의 평화적 정권교체

✔해설 제시된 내용은 6·15 남북공동선언문의 내용이다. 이는 김대중 정부와 관련된 내용으로 김대중 정부의 특징인 ④가 정답이 된다.
① 김영삼 정부 ② 전두환 정부 ③ 이명박 정부

5 청산리 대첩을 승리로 이끈 우리나라의 독립운동가로, 호가 백야(白冶)라 '백야장군'으로 불리기도 하는 이 사람은?

① 김좌진
② 김두환
③ 홍범도
④ 이범석

✔해설 청산리 대첩은 1920년 10월 김좌진, 이범석 등이 지휘한 북로군정서군과 홍범도가 이끄는 대한독립군 등을 주력으로 한 독립군부대가 독립군 토벌을 위해 간도에 출병한 일본군을 청산리 일대에서 10여 회의 전투 끝에 대파한 전투이다.

6 동학농민운동에 관한 설명으로 옳지 않은 것은?

① 고부군수 조병갑의 탐학에 반발하여 일어났다.
② 지조법을 실시하고 혜상공국을 폐지하였다.
③ 농민군이 전주성을 점령하자 정부와 농민군 사이에 전주화약이 맺어졌다.
④ 청과 일본이 개입하면서 청일전쟁이 발발하였다.

✔해설 ② 갑신정변 개혁안에 포함된 내용이다.

7 개항 이후 조선 정부가 개화정책을 추진하면서 외국에 파견한 사절이 아닌 것은?

① 수신사
② 통신사
③ 영선사
④ 신사유람단

✔해설 ② 개항 이전 조선에서 일본에 파견되었던 공식적인 외교사절
① 개항 이후 일본에 파견한 외교사절로 개화의 필요성을 느낌
③ 청의 톈진에서 무기제조법, 근대적 군사훈련법을 배우게 함
④ 일본의 정부기관 및 각종 산업시설을 시찰한 사절

1 근세 조선이 외국과 근대적 조약을 체결한 올바른 순서는?

① 일본 – 청 – 영국 – 미국 – 프랑스 – 독일

② 일본 – 미국 – 영국 – 독일 – 러시아 – 프랑스

③ 청 – 일본 – 화란 – 프랑스 – 미국 – 영국

④ 영국 – 일본 – 미국 – 독일 – 러시아 – 프랑스

> **해설** 우리나라의 근대적 조약은 일본과 1876년 2월 처음으로 맺음을 계기로 1882년 3월 미국, 1882년 4월 영국, 1882년 5월 독일, 1884년 5월 이탈리아, 1884년 6월 러시아, 1886년 5월 프랑스와 각각 수교를 맺었다.

2 다음은 근대 개혁 방안에 관한 자료이다. 이를 시기 순으로 바르게 나열한 것은?

> ㉠ 내시부를 없애고 그 가운데서 재능있는 자가 있으면 뽑아 쓴다.
> ㉡ 왕실 사무와 국정 사무를 모름지기 나누어 서로 뒤섞지 아니한다.
> ㉢ 대한국 대황제는 육해군을 통솔하고 편제를 정하며 계엄과 해엄을 명한다.
> ㉣ 재정은 모두 탁지부에서 전담하여 맡고, 예산과 결산은 인민에게 공포한다.

① ㉠→㉡→㉢→㉣   ② ㉠→㉡→㉣→㉢

③ ㉡→㉠→㉢→㉣   ④ ㉡→㉠→㉣→㉢

> **해설** 근대 개혁 방안
> ㉠ 갑신정변 14개조 중 제4항의 내용으로 갑신정변 14개조 정강은 1884년에 작성되었다.
> ㉡ 왕실 사무와 국정 사무를 분리한 것은 제1차 갑오개혁(1894년 7월부터 11월까지) 때이다.
> ㉢ 대한국 국제 제5조의 내용으로 대한국 국제(大韓國 國制)는 1899년인 광무 2년 8월 14일에 반포된 대한제국 헌법을 말한다.
> ㉣ 헌의 6조 제3조의 내용으로 헌의 6조는 1896년 7월에 독립협회가 나라의 개혁을 위해 관민공동회를 개최하고 결의한 6개조의 개혁안이다.

3 1948년 남북연석회의에 관한 옳은 설명으로만 묶인 것은?

> ⊙ 김구, 김규식이 제안했으며, 김일성, 김두봉이 이에 응함으로써 성사되었다.
> ⓛ 남북연석회의에서는 남한 단독정부 수립을 반대하는 의사를 명확히 했다.
> ⓒ 이승만은 향후 자신의 정치적 입지를 강화하기 위해 막판에 참석했다.
> ⓔ 미국은 '한국문제의 유엔 이관'을 대신할 수 있는 현실적인 대안으로 생각하고 적극 지원했다.
> ⓜ 이 회의에서 미, 소 양군의 동시 철수를 요구하는 결의를 하였다.

① ⊙, ⓛ, ⓜ   ② ⊙, ⓔ, ⓜ
③ ⓛ, ⓒ, ⓔ   ④ ⓛ, ⓒ, ⓜ

> ✔ 해설 남북연석회의
> ⓒ 단독정부수립을 주장한 이승만은 남북연석회의에 참석하지 않았다.
> ⓔ 미국은 남북제정당 사회단체 연석회의를 지원하지 않았다.

4 다음과 같은 사건으로 인해 나타난 사실로 옳은 것은?

> • 박종철 사건
> • 4 · 13 호헌 조치
> • 6 · 10 국민대회 개최

① 5년 단임의 대통령 직선제 개헌이 이루어졌다.

② 국회를 해산하고 전국에 계엄령을 선포하였다.

③ 국가 재건 최고 회의와 중앙정보부를 설치하여 혁명 공약을 발표하였다.

④ 부정 선거를 규탄하는 시위가 마산에서 발생했다.

> ✔ 해설 위 사건들은 6월 항쟁과 관련이 있다. 1987년 4월 13일 전두환 대통령이 개헌논의 중지와 제5공화국
> 헌법에 의한 정부 이양을 골자로 한 4 · 13호헌조치를 발표하였다. 또한 박종철 고문치사사건이 조작된
> 사실임이 밝혀지면서 정부에 대한 국민의 분노가 확산되었다. 이에 민주헌법쟁취 국민운동본부는 6월
> 10일 국민대회를 개최하였다.
> ② 7차 개헌에 관한 내용으로 국가 비상 사태를 선언한 후, 국회를 해산하고 전국에 계엄령을 선포하여
>   10월 유신을 단행하였다.
> ③ 5 · 16 군사정변에 관한 내용이다.
> ④ 3 · 15 부정선거를 규탄하는 시위가 마산에서 발생하였다.

Answer 1.② 2.② 3.① 4.①

5 밑줄 친 '운동'에 대한 설명으로 옳은 것은?

> 조선 사람은 조선 사람이 만든 물건만 쓰고 살자고 하는 <u>운동</u>이 일어나고 있다. 그렇게 하면 조선인 자본가의 공업이 일어난다고 한다. …(중략)… 이 <u>운동</u>이 잘 되면 조선인 공업이 발전해야 하지만 아직 그렇지 않다. …(중략)… 이 <u>운동</u>을 위해 곧 발행된다는 잡지에 회사를 만들라고 호소하지만 말고 기업을 하는 방법 같은 것을 소개해야 한다.
>
> 「개벽」

① 조선총독부가 회사령을 폐지하는 계기가 되었다.
② 원산총파업을 계기로 조직적으로 전개될 수 있었다.
③ 조만식 등에 의해 평양에서 시작되어 전국으로 확산되었다.
④ 조선노농총동맹의 적극적 참여로 대중적인 기반이 확충되었다.

> ✔해설 밑줄 친 '운동'은 물산장려운동(1922)이다. 물산장려운동은 3·1운동 후 개화한 근대 지식인층 및 대지주들이 중심이 되어 물자 아껴 쓰기 및 우리 산업 경제를 육성시켜 민족경제의 자립을 달성하는 것을 목표로 하였다.

6 대한제국 당시에 써진 다음 글과 관련된 민족운동은?

> 근대 우리나라는 국유광산이라든지, 철도기지·서북삼림·연해어업 등 이 모든 것에 대한 외국인들의 권리 취득 요구가 그칠 줄 모르는데, 오늘에 이르러서는 일인들이 또다시 국내 산림과 원야개발권까지 허가해 줄 것을 요청하기에 이를 정도로 극심해졌으니, 정부는 또 이 요구를 허가할 작정인가. 만일 이것마저 허가한다면 외국인들이 이 위에 또다시 요구할 만한 무엇이 남아 있겠으며, 우리도 또한 무엇이 남아서 이런 요구에 응할 것이 있겠는가.
>
> 〈이상재의 상소문〉

① 항일 의병운동   ② 상권 수호운동
③ 근대적 주식회사 설립   ④ 이권 침탈 저지운동

> ✔해설 아관파천 이후 열강들의 이권침탈을 저지할 것을 주장한 글이다. 열강들은 금광채굴권, 철도부설권, 삼림채벌권 등 경제적 이권을 침탈하였는데, 이것은 우리나라의 발전에 절대 필요한 자원들이었다.

7 〈보기〉의 독립운동단체 결성 시기를 순서대로 바르게 나열한 것은?

〈보기〉

㉠ 조선의용대　　　　　　　　　㉡ 의열단
㉢ 참의부　　　　　　　　　　　㉣ 대한광복회
㉤ 근우회

---

① ㉠ - ㉡ - ㉢ - ㉣ - ㉤　　　　② ㉡ - ㉢ - ㉤ - ㉠ - ㉣

③ ㉢ - ㉣ - ㉤ - ㉡ - ㉠　　　　④ ㉣ - ㉡ - ㉢ - ㉤ - ㉠

> ✔ 해설　㉣ 대한광복회(1915) : 박상진과 김좌진을 중심으로 결성된 단체로 공화정을 추구하며 친일파를 처단하고 군자금 모금활동을 전개하였다.
> ㉡ 의열단(1919) : 김원봉을 중심으로 결성된 무장단체로 김상옥, 나석주 등으로 하여금 식민통치기관을 파괴하는 활동을 전개하였다. 신채호는 의열단 선언문인 〈조선혁명선언〉을 작성하기도 하였다.
> ㉢ 참의부(1923) : 대한민국 임시정부의 직할부대이다.
> ㉤ 근우회(1927) : 민족유일당 운동으로 사회주의와 민족주의 계열 간 통합이 이루어지면서 신간회가 창립되었고, 그 자매단체로 여성 인권운동을 위한 근우회가 설립되었다.
> ㉠ 조선의용대(1938) : 김원봉이 중심이 되어 조직된 군대로 중국 관내에서 조직된 최초의 한인 무장부대였다. 이후 충칭 임시정부 산하 한국광복군에 합류하였다.

8 다음 학교들이 지니는 공통점을 지적한 것 중 사실과 다른 것은?

㉠ 서전서숙　　　　　　　　　　㉡ 보성학교
㉢ 대성학교　　　　　　　　　　㉣ 동덕여학교
㉤ 진명여학교　　　　　　　　　㉥ 숙명학교

---

① 근대식 학문과 사상을 보급시킨 학교들이었다.

② 애국계몽운동시기에 설립된 학교들이었다.

③ 외국 선교사들의 지원을 받아 설립된 학교들이었다.

④ 항일민족운동을 일깨우는 데 공헌한 학교들이었다.

> ✔ 해설　③ 외국인 선교사가 설립한 학교에는 배재학당, 이화학당, 경신학교, 정신여학교 등이 있다.

9 다음 글을 저술한 인물에 대한 설명으로 옳은 것은?

> 대개 국교·국학·국어·국문·국사는 혼(魂)에 속하는 것이요, 전곡·군대·성지·함선·기계 등은 백(魄)에 속하는 것으로 혼의 됨됨은 백에 따라서 죽고 사는 것이 아니다. 그러므로 국교와 국사가 망하지 않으면 그 나라도 망하지 않는 것이다. 오호라! 한국의 백은 이미 죽었으나 소위 혼은 남아 있는 것인가?

① 유교구신론을 발표하여 유교 개혁을 주장하였다.

② 조선심을 강조하며 역사 대중화를 위해 노력하였다.

③ 의열단의 기본 정신이 나타난 조선혁명선언을 저술하였다.

④ 민족문화의 고유성과 세계성을 찾으려는 조선학 운동에 참여하였다.

> ✔해설 민족의 혼(정신)을 강조한 대표적 민족주의 역사학자 박은식은 성리학석 유교질서 체제를 비판하고 실천적 유학정신을 강조하면서 '유교구신론'(1909)을 저술하였다. 이후 일제강점기에도 민족정신을 강조하면서 「한국통사」, 「한국독립운동지혈사」를 저술하였다.
> ② 문일평
> ③ 신채호
> ④ 정인보

10 다음과 같은 주장을 한 이들에 대한 설명으로 옳지 않은 것은?

> 원통함을 어찌하리. 국모(國母)의 원수를 생각하면 이미 이를 갈았는데, 참혹한 일이 더욱 심하여 임금께서 또 머리를 깎으시는 지경에 이르렀으니 의관(衣冠)을 찢긴 나머지 또 이런 망극한 화를 만났으매, 천지가 번복되어 우리 고유의 이성을 보전할 길이 없습니다. 우리 부모에게 받은 몸을 금수로 만드니 무슨 일이며, 우리 부모에게 받은 머리털을 풀 베듯이 베어 버리니 이 무슨 변고입니까

① 반침략·반외세·반봉건의 의지를 표명하였다.

② 의병운동을 주도하였으며, 항일구국운동으로 계승되었다.

③ 이항로·최익현·이만손 등과 같은 보수적 유학자들이 중심이 되었다.

④ 1860년대에는 통상반대론 1870년대에는 왜양일체론 등을 주장하였다.

> ✔해설 제시된 자료는 대표적인 위정척사파 유인석의 글로 단발령에 대해서 분노를 표하고 있다.
> ① 위정척사파는 반침략·반외세적인 성격을 지니며 체제 내부의 개혁을 꾀하지 않고 기존의 체제를 강화하고자 하였다.

11 다음의 연설문과 관련된 단체의 특징으로 옳은 것은?

> 나는 대한의 가장 천한 사람이고 무지몰각합니다. 그러나 충군애국의 뜻은 대강 알고 있습니다. 이에, 이국편민(利國便民)의 길인즉, 관민이 합심한 연후에야 가하다고 생각합니다. 저 차일에 비유하건대, 한 개의 장대로 받친즉 역부족이나, 많은 장대를 합한즉 그 힘이 공고합니다. 원컨대, 관민이 합심하여 우리 황제의 성덕에 보답하고, 국운(國運)이 만만세 이어지게 합시다.

① 자주국권, 자유민권, 자강혁신의 성격을 지녔다.
② 신분제 철폐를 주장하며 반봉건적 입장을 보였다.
③ 공화정으로의 근대 정치 개혁을 주장하였다.
④ 구본신참(舊本新參)의 정신에 입각한 개혁을 추진하였다

✔해설 제시된 내용은 백정 박성춘의 관민공동회 연설문이다. 관민공동회는 독립협회가 이권수호운동 및 민중계몽을 위해 만민공동회와 더불어 실시한 제도로, 이를 통해 자주국권, 자강혁신, 자유민권의 성격을 엿볼 수 있다. 뿐만 아니라 독립협회는 기존의 전제 왕조를 부정하고 새로운 입헌군주제로의 전환을 주장하기도 하여 이후 대한제국의 탄압으로 해체되었다.
② 신분제 철폐를 주장하며 반봉건적 입장을 보인 것은 동학농민운동에서이다.
③ 공화정으로의 근대 정치 개혁을 주장한 단체는 신민회이다.
④ 구본신참(舊本新參)의 정신에 입각한 개혁을 추진한 것은 대한제국의 광무개혁에서이다.

12 다음 중 흥선대원군의 정책으로 짝지어진 것은?

㉠ 규장각 설치	㉡ 호포법 실시
㉢ 서원 철폐	㉣ 비변사 강화

① ㉠㉡
② ㉠㉢
③ ㉡㉢
④ ㉢㉣

✔해설 흥선대원군의 정책
㉠ 왕권강화정책 : 세도 가문 축출(능력에 따른 인재채용), 비변사 축소, 법전〈대전회통〉정비, 경복궁 중건
㉡ 민생안정정책 : 삼정의 문란(토지겸병금지, 호포법 시행, 사창제 실시)시정, 서원정리

Answer 9.① 10.① 11.① 12.③

13 다음 내용에 해당하는 조약은?

> • 조선국은 자주의 나라이며, 일본국과 평등한 권리를 가진다.
> • 조선국은 부산 외에 두 곳을 개항하고 일본인의 왕래 통상함을 허가한다.

① 강화도조약
② 제1차 한 · 일 협약
③ 상민수륙무역장정
④ 조 · 미 수호통상조약

> **✔해설** 제시된 내용은 강화도조약의 일부이다. 강화도조약은 최초의 근대적 조약으로 부산 · 원산 · 인천 등 세 항구의 개항이 이루어지고, 치외법권 · 해안측량권 등이 규정된 불평등조약이다. 또한 일본은 경제적 침략을 위한 발판을 마련하였다.

14 다음 중 신미양요(가)와 갑신정변(나)가 들어갈 적절한 시기는?

> (㉠) – 병인양요 – (㉡) – 임오군란 – (㉢) – 동학농민운동 – (㉣)

	(가)	(나)
①	㉠	㉡
②	㉠	㉢
③	㉡	㉢
④	㉡	㉣

> **✔해설** 병인양요(1866) – 신미양요(1871) – 임오군란(1882) – 갑신정변(1884) – 동학농민운동(1894)

15 다음 밑줄에 들어갈 사건으로 알맞은 것은?

> _____은 비록 실패로 끝났지만 이 운동을 계기로 우리나라가 근대 사회로 발전하는 데 중요한 영향을 주었을 뿐 아니라 동아시아 정세에도 큰 영향을 끼쳤다. 왜냐하면 안으로는 갑오개혁이 추진되었고, 밖으로는 청일전쟁이 일어나게 되었기 때문이다.

① 임오군란
② 갑신정변
③ 동학농민운동
④ 을미개혁

> **✔해설** 동학농민운동은 대내적으로 갑오개혁에 영향을 주어 봉건체제의 붕괴를 촉진시켰으며, 대외적으로는 청일전쟁을 일으켜 청나라의 붕괴를 촉진하고 국내에서의 일본의 영향력이 강화되는 원인이 되었다.

16 다음 내용과 관련이 깊은 사건은?

> • 일본인 교관 살해   • 일본 공사관 습격
> • 대원군의 재집권   • 구식군대 차별대우

① 임오군란
② 갑신정변
③ 갑오개혁
④ 을미개혁

> **✔해설** 임오군란(1882) … 민씨정권이 일본인 교관을 채용하여 훈련시킨 신식군대인 별기군을 우대하고, 구식군대를 차별대우한 데 대한 구식군인들의 불만에서 발발하였다. 구식군인들은 대원군에게 도움을 청하고, 정부 고관들의 집을 습격·파괴하는 한편, 일본인 교관을 죽이고 일본 공사관을 습격하였다. 그 결과 대원군이 재집권하게 되었으며, 일본과 제물포조약을 체결하였다.

17 다음은 일제의 식민 통치에 대한 서술이다. 시대 순으로 바르게 나열된 것은?

㉠ 재판 없이 태형을 가할 수 있는 즉결 처분권을 헌병 경찰에게 부여하였다.

㉡ 한반도를 대륙 침략을 위한 병참기지로 삼았다.

㉢ 국가 총동원령을 발표하여 인적, 물적 자원의 수탈을 강화하였다.

㉣ 사상통제와 탄압을 위하여 고등경찰제도를 실시하였다.

---

① ㉠㉡㉢㉣

② ㉠㉣㉡㉢

③ ㉣㉠㉡㉢

④ ㉣㉠㉢㉡

✔ 해설 ㉠ 1910년대 ㉡ 1930년대 ㉢ 1940년대 ㉣ 1920년대

※ 일제식민시기 시대별 특징

㉠ 무단통치기(1910~1919)
- 헌병경찰이 치안·행정·사법 등에 관여하였다.
- 재판을 거치지 않고 벌금이나 구류 등의 처벌을 내릴 수 있었다.
- 갑오개혁 때 폐지된 태형을 부활시켰다.
- 1차 조선교육령, 개정사립학교규칙 등을 공포하여 공교육을 장악하고, 사교육을 억제하였다.
- 토지조사사업을 실시하였다.
- 회사령을 실시하여 회사의 설립 시 허가를 받도록 하였다.

㉡ 문화통치기(1919~1931)
- 3·1운동을 계기로 통치의 형태가 바뀌었다.
- 보통경찰로 전환하였으나 치안유지법을 제정하여 탄압이 강화되었다.
- 사상 판·검사제, 고등경찰제 등이 실시되었다.
- 언론·집회·결사의 자유가 일부 허용되었다.
- 조선교육령을 개정·공포하였으며, 경성제국대학(1924년)을 설치하는 등 실질적인 식민주의 교육을 강화시켰다.
- 민족분열책으로 친일파를 양성하였다.
- 산미증식계획을 실시하였으나 증산량을 초과한 수탈이 이루어졌다.
- 회사령을 폐지하고 신고제로 전환하였다.

㉢ 민족말살통치기(1931~1945)
- 〈1931~1937〉
  - 1931년 만주사변 이후 군사력과 경찰력을 증대하였다.
  - 대륙 침략을 위한 병참기지화 정책을 실시하여 광업·중화학 공업을 육성하였다.
  - 군수사업을 위한 광산개발이 이루어졌다.
- 〈1937년 이후〉
  - 국가총동원법을 적용하여 노동력을 착취하고 남자들은 군대에, 여성들은 여자정신대근로령으로 강제 동원하였다.
  - 1938년에는 한국어 및 한국사의 사용을 금지하고 신문이나 잡지, 한국학단체를 해산시켰다.
  - 내선일체를 주장하고 황국신민서사를 외우게 하는 등 황국신민화 정책을 실시하였다.
  - 신사참배를 강요하고, 창씨개명을 실시하였다.
  - 1939년부터는 배급제를 실시하였다.

18 다음 중 을미개혁과 관련된 내용이 아닌 것으로만 짝지어진 것은?

> ㉠ 신분제 폐지　　　　　　　㉡ 은본위제 실시
> ㉢ 종두법 보급　　　　　　　㉣ 태양력 사용
> ㉤ 단발령 시행　　　　　　　㉥ 우편 사무 시작

① ㉠
② ㉠㉡
③ ㉠㉡㉢
④ ㉠㉡㉢㉣

✔해설　㉠㉡은 1차 갑오개혁의 내용이다.

19 다음은 항일 의병의 주요 활동에 관한 내용이다. 다음 내용과 관련된 의병은?

> • 배경 : 고종의 강제 퇴위
> • 특징 : 해산군인의 합류로 전투력 향상
> • 한계 : 서울 진공 작전에서 평민 의병장 제외

① 을미의병
② 을사의병
③ 정미의병
④ 활빈당

✔해설　제시된 내용은 정미의병에 관한 내용이다.
활빈당…탐관오리 및 탐악한 부호들의 수탈을 비판하며 등장한 빈민 중심의 단체로 이들의 재물을 무력으로 약탈해 빈민에 분배하였다. 일본군에 탄압에 의해 소멸하였으며 이후 을사의병으로 흡수되었다.

20 다음은 어떤 단체의 활동 내용이다. 이 단체는 무엇인가?

> 이 단체는 비밀결사조직으로 국권회복과 공화정체의 국민국가 건설을 목표로 하였다. 국내적으로 오산학교·대성학교 등의 교육시설과 평양 자기회사·방직공장 등의 산업시설을 건설하여 실력 양성 운동을 전개하였고 국외로는 독립 운동 기지를 건설하여 무장 독립 투쟁의 기반을 마련하였다. 하지만 105인 사건으로 단체의 주요 인사들이 검거되면서 해산되었다.

① 대한 자강회　　　　　　　　　　② 신민회
③ 신간회　　　　　　　　　　　　④ 보안회

> **✔해설** 제시된 자료는 신민회(1907)에 관한 설명이다. 한일병합 전, 이 시기 개화·자강 계열의 지식인들은 국권 회복을 위한 단체를 건립되었고 이들은 교육과 산업 진흥의 실력 양성을 통한 애국 계몽 운동을 전개하였다.

21 다음과 같은 항일 투쟁을 한 인물은?

> 1932년 상하이 사변에서 승리한 일제는 상하이 홍커우 공원에서 기념식을 개최하였다. 이때 폭탄을 투척하여 일본군 장성과 고관들을 다수 살상하였다. 이 사건을 계기로 중국 국민당이 한국 독립 운동 지원을 강화하였다.

① 김원봉　　　　　　　　　　　　② 안중근
③ 이봉창　　　　　　　　　　　　④ 윤봉길

> **✔해설** 윤봉길 의사는 한인 애국단원으로 상하이 홍커우 공원에서 열린 기념식에서 폭탄을 투척하여 일본군 다수를 살상하였다. 이런 윤봉길의 의거에 감명을 받은 국민당의 장제스는 임시정부의 활동을 지원하게 되고 이는 한·중 연합군 결성의 계기를 마련하게 되었다.

22 다음 선언을 채택한 단체와 관련된 설명으로 옳지 않은 것은?

> ······ 이상의 이유에 의하여 우리는 우리의 생존의 적인 강도일본과 타협하려는 자나 강도정치 하에서 기생하려는 주의를 가진 자나 다 우리의 적임을 선언하노라. ······ 민중은 우리 혁명의 중심부이다. 폭력은 우리 혁명의 유일한 무기이다. 우리는 민중 속에 가서 민중과 손을 잡아 ······(중략)······ 이상적 조선을 건설할지니라.

① 만주 지린성에서 김원봉이 주도하여 창립하였다.
② 일제 요인 암살 및 식민 통치 기구 파괴를 활동 목표로 삼았다.
③ 이 단체의 단원인 이봉창은 일왕의 마차에 폭탄을 투척하였다.
④ 단원들을 중국의 군관학교에 파견하여 간부훈련을 받게 하였다.

> ✔해설 제시된 자료는 1920년대 무장투쟁단체 의열단의 창립선언문인 신채호의 조선혁명선언(1923)이다.
> ③ 이봉창은 한인애국단 소속이다.

23 다음의 사건들을 시대 순으로 올바르게 배열한 것을 고르시오.

> ㉠ 민족자존과 통일번영에 관한 특별선언(7.7선언)
> ㉡ 7.4 남북공동성명 발표
> ㉢ 6.15 남북공동선언

① ㉢㉡㉠   ② ㉡㉢㉠
③ ㉡㉠㉢   ④ ㉠㉡㉢

> ✔해설 ㉠ 1988년 7월 7일
>   ㉡ 1972년 7월 4일
>   ㉢ 2000년 6월 15일

24 다음은 대한민국 정부 수립 과정의 일이다. 좌·우합작운동과 남북협상이 들어갈 적절한 시기는?

> 건국준비위원회 – 모스크바 3상회의 – (㉠) – 1차 미·소공동위원회 – (㉡) – 2차 미·소공동위원회 – (㉢) – UN총결의 – (㉣) – 대한민국 정부 수립

	좌·우합작운동	남북협상
①	㉠	㉡
②	㉠	㉢
③	㉡	㉢
④	㉡	㉣

✔ 해설 건국준비위원회(1945.8.15) 모스크바 3상회의(1945.12) – 1차 미·소공동위원회(1946.3) – 좌·우합작운동(1946.10) 2차 미·소공동위원회(1947.5) – UN총결의(1948.2) – 남북협상(1948.4) – 대한민국정부수립(1948.8.15.)

25 다음 역사적 사건을 순서대로 나열한 것은?

> ㉠ 5·18 민주화 운동   ㉡ 6월 민주 항쟁
> ㉢ 유신헌법 공포   ㉣ 4·19 혁명

① ㉠㉡㉢㉣   ② ㉠㉢㉣㉡

③ ㉣㉢㉠㉡   ④ ㉣㉡㉢㉠

✔ 해설 ㉣ 4·19 혁명(1960)은 3·15 부정선거를 원인으로 이승만 독재 정치 타도를 위해 일어난 민주혁명이다.
㉢ 유신헌법 공포(1972)는 박정희 정부 때 대통령에게 초법적 권한을 부여한 권위주의적 체제이다.
㉠ 5·18 민주화 운동(1980)은 10·26 사태 이후 등장한 신군부에 저항한 운동이다.
㉡ 6월 민주 항쟁(1987)은 전두환 정권 때 대통령 직선제 개헌을 요구하며 일어난 민주화 운동이다.

26 다음 ( )에 대한 설명으로 알맞지 않은 것은?

> 심행일기는 ( ) 체결 당시 조선의 대표 신헌과 일본 측 대표인 구로다가 벌인 협상을 대화체로 상세하게 기록한 문신이다. 이를 통해 양국의 협상 진행을 알 수 있다.

① 청의 간섭을 차단하기 위함이다.
② 조선에서 일본인은 일본의 법에 의해 보호 받을 수 있다.
③ 인천을 개항하는 계기가 되었다.
④ 조약 체결에 항거하여 민영환이 자결하였다.

✔해설 신헌이 일본과 체결 한 조약은 강화도 조약이다.
④는 을사조약(1905) 당시 발생한 사건이다.

27 (가)에 들어갈 의병의 활동에 대한 설명으로 옳은 것은?

> 일본 공사는 '여우사냥'이라는 암호명 아래 일본군과 불량배를 동원하여 명성황후를 시해하였다. 이 사건 직후 일본은 조선 내의 각계각층이 결집하여 (가)를 일으켰다.

① 의병장의 모친상으로 의병을 해산시켰다.
② 단발령에 반대하였다.
③ 순종의 권고로 해산하였다.
④ 고종이 러시아 공사관으로 처소를 옮겼다.

✔해설 위 글은 1895년 을미사변, 을미개혁, 을미의병, 아관파천에 대한 내용이다.
따라서 답은 을미개혁 당시 단발령 실시에 대한 반발(을미의병)이 정답이다.
④는 아관파천 당시 발생한 사건이지만 의병의 활동이 아니므로 정답으로 보기 어렵다.

28 (가)에 들어갈 내용으로 옳은 것은?

> (가)
>
> 첫째, 통일은 외세에 의존하거나 외세에 간섭을 받음이 없이 자주적으로 해결한다.
> 둘째, 통일은 서로 상대방을 반대하는 무력행사에 의거하지 않고 평화적 방법으로 실현 한다.
> 셋째, 사상과 이념, 제도의 차이를 초월하여 우선 하나의 민족으로서 민족 대단결을 도모한다.

① 화해와 불가침 및 교류 협력에 관한 합의서
② 민족화합 민주통일방안
③ 7 · 4 남북 공동 성명
④ 남북협상론

> ✔해설 보기는 1970년대 통일 정책 중 냉전의 완화로 인한 '7 · 4 남북 공동 성명'에 대한 내용이다.
> ①-1990년대, ②-1980년대, ④-1960년대

29 다음 내용과 관련된 사건은?

> "이보게 이번 대통령 선거에 많은 후보가 나온다고 하는군. 이제는 우리들이 대통령을 직접 뽑을 수 있는 시대가 왔어."

① 6월 민주 항쟁
② 5 · 18 민주화 운동
③ 6 · 25 전쟁
④ 4 · 19 혁명

> ✔해설 전두환 정부의 강압 통치와 정권의 부도덕성으로 대통령 직선제 개헌 및 민주화를 요구하는 시위가 지속되었다. 이로 인해 대통령 직선제를 수용하는 6 · 29 민주화 선언이 발표되고 5년 단임의 대통령 직선제가 개헌되었다.

30 다음 글을 통해 알 수 있는 내용으로 옳지 않은 것은?

> "나는 천 리(千里)를 끌어다 지척(咫尺)을 삼겠으며 태산을 깎아내려 평지를 만들 것이요, 남대문을 3층으로 높이려 하노라. 백성을 해치는 자는 공자가 다시 살아온다고 해도 내 용서치 않겠노라."

① 남인 대우
② 노론 세력 강화
③ 서원철폐 의지
④ 왕권 강화

✔해설 위 글은 흥선대원군의 개혁의지 표명에 대한 내용이다. 왕실의 종친 우대, 왕권 강화, 국가 재정 확보, 세도가문(노론) 억압, 세도가문 때문에 쫓겨난 남인 대우 등이 개혁정치의 목적이다.

31 다음은 무엇을 설명하는 것인가?

> 일본 재정 고문관인 메가다의 주도로 일본 제일 은행권을 본위 화폐로 삼았다. 상인들은 기존에 사용하던 백동화의 가치 절화로 많은 손실을 보게 되었다.

① 경제적 침탈에 대한 저항
② 전매 제도 실시
③ 화폐 정리 사업
④ 국채 보상 운동

✔해설 화폐 정리 사업은 1905년부터 1909년까지 일제의 주도로 대한제국 내 백동화와 엽전을 정리하고 일본 제일은행이 발행한 화폐로 대체한 것을 말한다.

32 ⊙과 ⓛ에 들어갈 단어를 순서대로 나열한 것은?

> 김원봉이 조직한 ⊙에서 ⓛ은 조선 총독부에 폭탄을 투척하였다.

① 한인 애국단, 이봉창

② 의열단, 김익상

③ 한인 애국단, 윤봉길

④ 의열단, 김상옥

> ✔해설 김원봉이 조직한 단체는 의열단이다. 조선 총독부(김익상), 종로 경찰서(김상옥), 동양 척식 주식회사(나석주)에 폭탄을 투척하였다.
> 김구가 조직한 항일 단체는 한인 애국단이다. 일본 국왕 처단 시도(이봉창)와 상하이 훙커우 공원에 도시락 폭탄 투척(윤봉길)을 하였다.

33 다음 보기 중 2000년대 이전 경제 성장과 관련된 것을 모두 고른 것은?

> ⊙ 산업화에 따른 노동자 감소
> ⓛ 자유 무역 협정(FTA) 체결
> ⓒ 경제 협력 개발 기구(OECD) 가입
> ⓔ 삼백산업과 같은 소비재 공업 발달

① ⓒⓔ

② ⊙ⓔ

③ ⊙ⓛ

④ ⊙ⓒⓔ

> ✔해설 ⊙ 산업화에 따른 노동자 증가로 저임금과 장시간 노동에 시달림. 이는 사회 변화다.
> ⓛ 2000년대 이후 발생
> ⓒ 1990년대 발생
> ⓔ 1950년대 한국 산업에서 중추적 역할을 했던 제품이 흰색을 띄는 세 가지(밀가루, 설탕, 면직물) 산업을 지칭

34 보기와 같은 업적을 남긴 정부에 대한 설명으로 옳은 것은?

- 금강산 관광 성사
- 남북 정상 회담 개최
- 대북 화해 협력 정책 추진

---

① 3단계 민족 공동체 통일 방안제를 발표하였다.

② '6·15 남북 공동 선언'을 발표하였다.

③ 제2차 남북 정상 회담을 개최하였다.

④ '한반도 비핵화 공동 선언'을 채택하였다.

> ✔해설 보기는 김대중 정부의 남북 관계 전진을 위한 업적에 대한 내용이다. 김대중 정부는 대북 화해 협력 정책을 추진하며 남북 정상 회담(2000)을 통해 '6·15 남북 공동 선언'을 발표하였다.
> ① 김영삼 정부, ③ 노무현 정부, ④ 노태우 정부

35 일제의 경제 체제 구축 종류와 그 내용이 바르게 짝지어진 것은?

① 토지 조사 사업 : 소작농이 증가하고 지주제의 기반이 약화되었다.

② 산업 침탈 : 전매 제도 실시로 조선민족의 수입이 증가하였다.

③ 산미 증식 계획 : 일본은 자국에서 식량 부족 문제를 해결하고자 하였다.

④ 경제 침탈 확대 : 회사령 철폐로 한국은 값싼 노동력을 제공하였다.

> ✔해설 • 토지 조사 사업 : 지주제의 강화로 소작농이 증가하고 농민층이 몰락함
> • 산업 침탈 : 전매 제도 실시로 조선 총독부의 수입이 증가하고 민족 산업이 침체됨
> • 산미 증식 계획 : 일본의 식량 부족 문제를 한반도에서 해결하고자 함
> • 경제 침탈 확대 : 회사령 철폐로 일본 기업이 한국에 자유롭게 투자할 수 있도록 신고제로 변경하였으며, 한국의 값싼 노동력을 이용하였다.

36 갑신정변에 대한 설명으로 옳지 않은 것은?

① 청군의 개입으로 3일 만에 실패하고 김옥균과 박영효 등이 일본으로 망명했다.

② 일본의 지원을 약속받은 급진개화파가 정변을 일으켰다.

③ 한성조약으로 조선에서 청과 일본 양국의 군대가 철수했다.

④ 청의 내정 간섭이 심해져서 발생한 사건이다.

> ✔해설 갑신정변은 청의 내정 간섭 심화와 정부의 소극적인 개화정책에 불만을 배경으로 1884년에 발생한 사건이다.
> • 한성조약(조선 - 일본) : 일본에 배상금 지불
> • 텐진조약(청 - 일본) : 조선에서 청과 일본 양국의 군대 철수, 조선에 파병 시 상대국에 미리 알릴 것을 약속

37 다음 사건을 시대 순으로 옳게 배열한 것은?

㈎ 5월 광주 민주화 항쟁
㈏ 대한민국 정부 수립
㈐ 베트남 파병
㈑ 서울 올림픽

---

① ㈏-㈎-㈑-㈐

② ㈏-㈐-㈎-㈑

③ ㈎-㈐-㈏-㈑

④ ㈎-㈏-㈑-㈐

> ✔해설 ㈎ 5월 광주 민주화 항쟁(1980년) - 전두환 정부
> ㈏ 대한민국 정부 수립(1948년)
> ㈐ 베트남 파병(1964년) - 박정희 정부의 정책
> ㈑ 서울 올림픽(1988년)

38 독립협회의 활동과 그에 대한 설명이 바르게 연결된 것은?

① 관민 공동회 개최 – 정부의 대신들이 참여하여 헌의 6조를 제시하였다.

② 만민 공동회 개최 – 언론 집회의 자유, 국민의 신체와 재산권 보호를 요구하였다.

③ 자유 민권 운동 전개 – 각 계층의 시민들이 참여하여 근대적 의회 설립을 추진하였다.

④ 보안회 설립 – 일본의 황무지 개간권 요구를 지지하였다.

> ✔해설 ① 관민 공동회 개최 – 정부 대신들의 참여, 헌의 6조 제시, 근대적 의회 설립 추진
> ② 만민 공동회 개최 – 각 계층의 시민들이 자발적으로 참여, 자주국권운동 전개, 근대적인 정치 개혁 요구
> ③ 자유 민권 운동 건개 – 언론 집회의 자유, 국민의 신체와 재산권 보호 등을 요구
> ④ 보안회 – 애국 계몽 단체로서 일본의 황무지 개간권 요구를 저지하였다.

39 다음을 발생한 순서대로 나열한 것은?

> ㉠ 고종이 러시아 공사관으로 처소를 옮김
> ㉡ 종두법 시행과 우편제도 실시
> ㉢ 유생들의 주도로 항일 의병 운동 전개
> ㉣ 명성 황후 시해

① ㉣－㉡－㉢－㉠

② ㉣－㉢－㉡－㉠

③ ㉡－㉣－㉢－㉠

④ ㉡－㉢－㉣－㉠

> ✔해설 ㉣ 을미사변(1895) → ㉡ 을미개혁(1895) → ㉢ 을미의병(1895) → ㉠ 아관파천(1896)

40 빈칸에 들어갈 사건으로 알맞은 것은?

> 대한 제국은 1900년에 칙령 제41호를 반포하여 울릉도 군수를 통해 독도를 관할하였다. 그러나 일제는 (   ) 중 독도를 불법으로 자국 영토에 편입시킨 사건이 발생하였다.

① 러 · 일 전쟁
② 청 · 일 전쟁
③ 만주 사변
④ 태평양 전쟁

> **해설** 러 · 일 전쟁(1904~1905) : 만주와 한반도를 둘러싼 러시아와 일본의 대립 심화→일본이 영국과 동맹 후 러시아 공격 → 일본 승리, 포츠머스 조약 체결(1905)
> ② 1894년 일본과 중국이 조선 지배권으로 벌인 전쟁
> ③ 1931년 9월에 일제의 만주 침략 사건
> ④ 제2차 세계 대전 당시 일제가 일으킨 전쟁

41 산미 증식 계획에 대한 설명으로 알맞지 않은 것은?

① 증산량보다 많은 쌀을 일본으로 가져가서 조선의 식량난이 가중되었다.
② 한반도의 식량 부족 문제를 해결하고자 하였다.
③ 생산량은 증가하였지만 목표에 미치지 못했다.
④ 품종 개량, 수리 시설 확충, 개간 등을 통해 논농사 중심구조로 쌀을 증산하였다.

> **해설** ② 일본의 식량 부족 문제를 한반도에서 해결하고자 하였다.

42 다음 활동을 한 단체로 옳은 것은?

> • '우리말 큰사전' 편찬 작업을 준비함
> • 1933년 '한글 맞춤법 통일안' 발표

① 진단 학회
② 조선어 연구회
③ 조선사 편수회
④ 조선어 학회

> ✔해설 • 진단 학회 – 1934년 한국의 역사와 문화 연구를 위해 설립된 학술단체
> • 조선어 연구회 – 한글날을 제정하고 한글 잡지를 발행
> • 조선어 편수회 – 1925년 일제가 한국사를 연구 편술하기 위해 조선 총독부 부설로 설치한 한국사 연구 기관

43 다음 자료를 통해 알 수 있는 단체에 대한 설명으로 옳은 것은?

> 인류 사회는 많은 불합리를 생산하는 동시에 그 해결을 우리에게 요구하려 마지아니한다. 부인 문제는 그중 하나이다. … 일어나라. 오너라! 단결하자! 분투하자! 조선의 자매들아, 미래는 우리의 것이다.

① 신간회와 연계하여 활동을 하였다.
② 농촌 계몽 운동을 전개하였다.
③ 105인 사건으로 해제되었다.
④ 광주 학생 항일 운동을 지원하였다.

> ✔해설 제시된 자료 속 '조선의 자매들아'를 통해 여성 자매단체인 '근우회'임을 알 수 있다. 근우회는 신간회와 연계하여 활동하였다.
> ② 동아일보–브나로드 운동 / 조선·동아일보–문맹 퇴치 운동
> ③ 신민회 해체
> ④ 신간회 활동

Answer 40.① 41.② 42.④ 43.①

44 다음 글을 보고 추측할 수 있는 사건에 대한 내용으로 알맞은 것은?

> <황성신문>
>
> "저 개, 돼지 같은 정부의 대신들이 나라를 팔았다. 4천년 강토와 5백년 종사를 남의 나라에 넘기고, 2천만 동포는 노예가 되고 말았구나! 아 분하다! 우리 2천만 동포가 사느냐 죽느냐? …동포여, 어찌 우리 이 날 땅을 치며 울지 않을 것이냐?"

① 간도 협약을 맺었다.

② 헤이그에 특사를 파견하였다.

③ 포츠머스 조약을 체결하였다.

④ 서재필이 정부의 지원을 받아 독립신문을 창간하였다.

> **✔해설** 보기는 횡성신문에 실린 장지연의 '시일야방성대곡'에 대한 내용이다. 이를 통해 발생한 사건으로 을사조약(1905)을 유추할 수 있다. 을사조약 당시 고종이 헤이그에서 열린 만국 평화 회의에 특사를 파견하였다.(1907)

45 통일 정책을 시대별로 알맞게 설명한 것은?

① 1990년대 – 남한이 '민족화합 민주통일방안' 제시

② 1980년대 – '중립화 통일론·남북협상론' 제기

③ 1970년대 – '7·4 남북공동성명' 발표

④ 1960년대 – 남·북한 간에 '화해와 불가침 및 교류 협력에 관한 합의서' 채택

> **✔해설** 1990년대–남·북한 간에 '화해와 불가침 및 교류 협력에 관한 합의서' 채택, '한반도 비핵화 공동선언' 채택
> 1980년대–남한의 '민족화합 민주통일방안'과 북한의 '고려민주주의 연방공화국 방안' 제시
> 1960년대–중립화 통일론·남북협상론 제기

46 다음 내용의 주제로 알맞은 것은?

> 주요내용
> • 관련 법령 공포 : 1949년 6월
> • 토지 분배 방식 : 유상 매수, 유상 분배
> • 1인 가구당 토지 소유 한도 : 3정보
> • 의의 : 지주 중심의 토지 수유가 폐지되었고, 농민들은 자기 소유의 토지를 갖게 됨

① 금융 실명제
② 새마을 운동
③ 농지 개혁
④ 경제 개발 5년 계획

> ✔해설 1946년 제헌국회에서 제정한 것이다.농지 개혁법의 주요 내용
> ㉠ 1가구당 최대 농지 소유 면적을 3정보로 제한한다.
> ㉡ 3정보 이상의 소유 농지는 정부가 '지가 증서'로 유상 매수하고 농민에게 유상 분배한다.

47 독립문이 건립된 시기에 대한 설명으로 가장 옳지 않은 것은?

① 서양 열강의 이권 침탈이 약화되었다.
② 서재필이 정부의 지원을 받아 독립신문을 창간하였다.
③ 구본신참의 원칙에 따라 점진적 개혁을 실시하였다.
④ 고종이 러시아에서 덕수궁으로 환궁하였다.

> ✔해설 독립문은 1896~1897년에 건립되었다.
> ① 서양 열강의 이권 침탈이 약화된 것이 아니라 심화되었다.
> ② 1896년
> ③ 1897~1907년, 고종이 황제에 등극하고 대한제국을 선포 후 실시
> ④ 1987년, 고종이 1년 만에 경운궁(덕수궁)으로 환궁

48 보기가 설명하는 단체는?

> • 광주 학생 항일 운동 지원과 진상 조사단 파견
> • 비타협적 민족주의자들과 사회주의자들이 협력하여 조직

① 대한 광복회
② 신간회
③ 국채 보상 기성회
④ 한정 연구회

> ✔해설 신간회는 1927년에 결성된 국내 최대의 민족운동 단체이다.
> ㉠ 일제의 식민지 지배기관 철폐와 조선인에 대한 차별교육 금지를 주장
> ㉡ 민중 대회를 개최하고 전국 순회강연을 통한 민족의식 고취
> ㉢ 근검 절약운동 전개, 청년운동 지원
> ㉣ 여성 단체인 근우회와 자매단체로 활약

49 민족 문화 수호 운동에 대한 내용이 바르게 짝지어진 것은?

① 실증 사학 – 박은식, 신채호 등이 민족정신과 주체적 발전을 강조하였다.
② 조선어 학회 – 한글 강습회를 개최하고 표준어를 제정하였다.
③ 개신교 – 한용운을 중심으로 교육 사업을 발전시키기 위해 노력하였다.
④ 영화 – 이육사, 윤동주, 한용운 등이 영화를 통해 일제에 저항하였다.

> ✔해설 ① 실증 사학에서는 이병도와 손진태 등이 진단학회를 조직하여 한국사의 실증적 연구를 위해 노력하
> 였다. 박은식·신채호는 민족주의 사학으로 민족정식과 주체적 발전을 강조하였다.
> ③ 개신교는 교육 사업에 힘쓰며 일제 말기 신사 참배 거부 운동을 하였다. 한용운은 불교계 대표자로
> 서 민족 불교의 전통을 계승하기 위해 노력하였다.
> ④ 이육사, 윤동주, 한용운은 문학자로서 영화가 아닌 문학을 통해 민족의식을 고취하고 일제에 저항하
> 였다.

50 (가) 인물이 집권하던 시기에 대한 설명으로 옳은 것은?

> 우리나라 대통령을 순서대로 나열하면 '이승만 – 윤보선 – (가) – (나) – (다) – 노태우 – 김영삼 – 김대중 – 노무현 – 이명박 – 박근혜 – 문재인'이다.

① 광주 민주화 운동으로 계엄령이 전국에 확대되었다.

② 부정선거로 인해 4·19혁명이 발생하였다.

③ 최초로 정권이 평화적으로 교체되었다.

④ 한·일 협정을 체결하였다.

✔ 해설 (가) 박정희, (나) 최규하, (다) 전두환
① 전두환 정부, ② 이승만 정부, ③ 김대중 정부

PART

04

인성검사

CHAPTER 01

인성검사의 개요

1 인성(성격)검사의 개념과 목적

인성(성격)이란 개인을 특징짓는 평범하고 일상적인 사회적 이미지, 즉 지속적이고 일관된 공적 성격(Public – personality)이며, 환경에 대응함으로써 선천적·후천적 요소의 상호작용으로 결정화된 심리적·사회적 특성 및 경향을 의미한나.

인성검사는 직무적성검사를 실시하는 대부분의 기업체에서 병행하여 실시하고 있으며, 인성검사만 독자적으로 실시하는 기업도 있다.

기업체에서는 인성검사를 통하여 각 개인이 어떠한 성격 특성이 발달되어 있고, 어떤 특성이 얼마나 부족한지, 그것이 해당 직무의 특성 및 조직문화와 얼마나 맞는지를 알아보고 이에 적합한 인재를 선발하고자 한다. 또한 개인에게 적합한 직무 배분과 부족한 부분을 교육을 통해 보완하도록 할 수 있다.

인성검사의 측정요소는 검사방법에 따라 차이가 있다. 또한 각 기업체들이 사용하고 있는 인성검사는 기존에 개발된 인성검사방법에 각 기업체의 인재상을 적용하여 자신들에게 적합하게 재개발하여 사용하는 경우가 많다. 그러므로 기업체에서 요구하는 인재상을 파악하여 그에 따른 대비책을 준비하는 것이 바람직하다. 본서에서 제시된 인성검사는 크게 '특성'과 '유형'의 측면에서 측정하게 된다.

2 성격의 특성

(1) 정서적 측면

정서적 측면은 평소 마음의 당연시하는 자세나 정신상태가 얼마나 안정하고 있는지 또는 불안정한지를 측정한다.

정서의 상태는 직무수행이나 대인관계와 관련하여 태도나 행동으로 드러난다. 그러므로 정서적 측면을 측정하는 것에 의해, 장래 조직 내의 인간관계에 어느 정도 잘 적응할 수 있을까(또는 적응하지 못할까)를 예측하는 것이 가능하다.

그렇기 때문에, 정서적 측면의 결과는 채용 시에 상당히 중시된다. 아무리 능력이 좋아도 장기적으로 조직 내의 인간관계에 잘 적응할 수 없다고 판단되는 인재는 기본적으로는 채용되지 않는다.

일반적으로 인성(성격)검사는 채용과는 관계없다고 생각하나 정서적으로 조직에 적응하지 못하는 인재는 채용단계에서 가려내지는 것을 유의하여야 한다.

① 민감성(신경도) … 꼼꼼함, 섬세함, 성실함 등의 요소를 통해 일반적으로 신경질적인지 또는 자신의 존재를 위협받는다는 불안을 갖기 쉬운지를 측정한다.

질문	그렇다	약간 그렇다	그저 그렇다	별로 그렇지 않다	그렇지 않다
• 배려적이라고 생각한다. • 어지러진 방에 있으면 불안하다. • 실패 후에는 불안하다. • 세세한 것까지 신경쓴다. • 이유 없이 불안할 때가 있다.					

▶측정결과

㉠ '그렇다'가 많은 경우(상처받기 쉬운 유형) : 사소한 일에 신경 쓰고 다른 사람의 사소한 한마디 말에 상처를 받기 쉽다.

• 면접관의 심리 : '동료들과 잘 지낼 수 있을까?', '실패할 때마다 위축되지 않을까?'

• 면접대책 : 다소 신경질적이라도 능력을 발휘할 수 있다는 평가를 얻도록 한다. 주변과 충분한 의사소통이 가능하고, 결정한 것을 실행할 수 있다는 것을 보여주어야 한다.

㉡ '그렇지 않다'가 많은 경우(정신적으로 안정적인 유형) : 사소한 일에 신경 쓰지 않고 금방 해결하며, 주위 사람의 말에 과민하게 반응하지 않는다.

• 면접관의 심리 : '계약할 때 필요한 유형이고, 사고 발생에도 유연하게 대처할 수 있다.'

• 면접대책 : 일반적으로 '민감성'의 측정치가 낮으면 플러스 평가를 받으므로 더욱 자신감 있는 모습을 보여준다.

② **자책성(과민도)** … 자신을 비난하거나 책망하는 정도를 측정한다.

질문	그렇다	약간 그렇다	그저 그렇다	별로 그렇지 않다	그렇지 않다
• 후회하는 일이 많다. • 자신이 하찮은 존재라 생각된다. • 문제가 발생하면 자기의 탓이라고 생각한다. • 무슨 일이든지 끙끙대며 진행하는 경향이 있다. • 온순한 편이다.					

▶측정결과

㉠ '그렇다'가 많은 경우(자책하는 유형) : 비관적이고 후회하는 유형이다.
 • 면접관의 심리 : '끙끙대며 괴로워하고, 일을 진행하지 못할 것 같다.'
 • 면접대책 : 기분이 저조해도 항상 의욕을 가지고 생활하는 것과 책임감이 강하다는 것을 보여준다.

㉡ '그렇지 않다'가 많은 경우(낙천적인 유형) : 기분이 항상 밝은 편이다.
 • 면접관의 심리 : '안정된 대인관계를 맺을 수 있고, 외부의 압력에도 흔들리지 않는다.'
 • 면접대책 : 일반적으로 '자책성'의 측정치가 낮아야 좋은 평가를 받는다.

③ **기분성(불안도)** … 기분의 굴곡이나 감정적인 면의 미숙함이 어느 정도인지를 측정하는 것이다.

질문	그렇다	약간 그렇다	그저 그렇다	별로 그렇지 않다	그렇지 않다
• 다른 사람의 의견에 자신의 결정이 흔들리는 경우가 많다. • 기분이 쉽게 변한다. • 종종 후회한다. • 다른 사람보다 의지가 약한 편이라고 생각한다. • 금방 싫증을 내는 성격이라는 말을 자주 듣는다.					

▶측정결과

㉠ '그렇다'가 많은 경우(감정의 기복이 많은 유형) : 의지력보다 기분에 따라 행동하기 쉽다.
 • 면접관의 심리 : '감정적인 것에 약하며, 상황에 따라 생산성이 떨어지지 않을까?'
 • 면접대책 : 주변 사람들과 항상 협조한다는 것을 강조하고 한결같은 상태로 일할 수 있다는 평가를 받도록 한다.

㉡ '그렇지 않다'가 많은 경우(감정의 기복이 적은 유형) : 감정의 기복이 없고, 안정적이다.
 • 면접관의 심리 : '안정적으로 업무에 임할 수 있다.'
 • 면접대책 : 기분성의 측정치가 낮으면 플러스 평가를 받으므로 자신감을 가지고 면접에 임한다.

④ 독자성(개인도) … 주변에 대한 견해나 관심, 자신의 견해나 생각에 어느 정도의 속박감을 가지고 있는지를 측정한다.

질문	그렇다	약간 그렇다	그저 그렇다	별로 그렇지 않다	그렇지 않다
• 창의적 사고방식을 가지고 있다. • 융통성이 없는 편이다. • 혼자 있는 편이 많은 사람과 있는 것보다 편하다. • 개성적이라는 말을 듣는다. • 교제는 번거로운 것이라고 생각하는 경우가 많다.					

▶측정결과

㉠ '그렇다'가 많은 경우 : 자기의 관점을 중요하게 생각하는 유형으로, 주위의 상황보다 자신의 느낌과 생각을 중시한다.
 • 면접관의 심리 : '제멋대로 행동하지 않을까?'
 • 면접대책 : 주위 사람과 협조하여 일을 진행할 수 있다는 것과 상식에 얽매이지 않는다는 인상을 심어준다.

㉡ '그렇지 않다'가 많은 경우 : 상식적으로 행동하고 주변 사람의 시선에 신경을 쓴다.
 • 면접관의 심리 : '다른 직원들과 협조하여 업무를 진행할 수 있겠다.'
 • 면접대책 : 협조성이 요구되는 기업체에서는 플러스 평가를 받을 수 있다.

⑤ **자신감(자존심도)** … 자기 자신에 대해 얼마나 긍정적으로 평가하는지를 측정한다.

질문	그렇다	약간 그렇다	그저 그렇다	별로 그렇지 않다	그렇지 않다
• 다른 사람보다 능력이 뛰어나다고 생각한다. • 다소 반대의견이 있어도 나만의 생각으로 행동할 수 있다. • 나는 다른 사람보다 기가 센 편이다. • 동료가 나를 모욕해도 무시할 수 있다. • 대개의 일을 목적한 대로 헤쳐나갈 수 있다고 생각한다.					

▶측정결과

㉠ '그렇다'가 많은 경우 : 자기 능력이나 외모 등에 자신감이 있고, 비판당하는 것을 좋아하지 않는다.

• 면접관의 심리 : '자만하여 지시에 잘 따를 수 있을까?'

• 면접대책 : 다른 사람의 조언을 잘 받아들이고, 겸허하게 반성하는 면이 있다는 것을 보여주고, 동료들과 잘 지내며 리더의 자질이 있다는 것을 강조한다.

㉡ '그렇지 않다'가 많은 경우 : 자신감이 없고 다른 사람의 비판에 약하다.

• 면접관의 심리 : '패기가 부족하지 않을까?', '쉽게 좌절하지 않을까?'

• 면접대책 : 극도의 자신감 부족으로 평가되지는 않는다. 그러나 마음이 약한 면은 있지만 의욕적으로 일을 하겠다는 마음가짐을 보여준다.

⑥ **고양성**(분위기에 들뜨는 정도) ··· 자유분방함, 명랑함과 같이 감정(기분)의 높고 낮음의 정도를 측정한다.

질문	그렇다	약간 그렇다	그저 그렇다	별로 그렇지 않다	그렇지 않다
• 침착하지 못한 편이다. • 다른 사람보다 쉽게 우쭐해진다. • 모든 사람이 아는 유명인사가 되고 싶다. • 모임이나 집단에서 분위기를 이끄는 편이다. • 취미 등이 오랫동안 지속되지 않는 편이다.					

▶측정결과

㉠ '그렇다'가 많은 경우 : 자극이나 변화가 있는 일상을 원하고 기분을 들뜨게 하는 사람과 친밀하게 지내는 경향이 강하다.

• 면접관의 심리 : '일을 진행하는 데 변덕스럽지 않을까?'

• 면접대책 : 밝은 태도는 플러스 평가를 받을 수 있지만, 착실한 업무능력이 요구되는 직종에서는 마이너스 평가가 될 수 있다. 따라서 자기조절이 가능하다는 것을 보여준다.

㉡ '그렇지 않다'가 많은 경우 : 감정이 항상 일정하고, 속을 드러내 보이지 않는다.

• 면접관의 심리 : '안정적인 업무 태도를 기대할 수 있겠다.'

• 면접대책 : '고양성'의 낮음은 대체로 플러스 평가를 받을 수 있다. 그러나 '무엇을 생각하고 있는지 모르겠다' 등의 평을 듣지 않도록 주의한다.

⑦ **허위성**(진위성) … 필요 이상으로 자기를 좋게 보이려 하거나 기업체가 원하는 '이상형'에 맞춘 대답을 하고 있는지, 없는지를 측정한다.

질문	그렇다	약간 그렇다	그저 그렇다	별로 그렇지 않다	그렇지 않다
• 약속을 깨뜨린 적이 한 번도 없다. • 다른 사람을 부럽다고 생각해 본 적이 없다. • 꾸지람을 들은 적이 없다. • 사람을 미워한 적이 없다. • 화를 낸 적이 한 번도 없다.					

▶측정결과

㉠ '그렇다'가 많은 경우 : 실제의 자기와는 다른, 말하자면 원칙으로 해답할 가능성이 있다.
• 면접관의 심리 : '거짓을 말하고 있다.'
• 면접대책 : 조금이라도 좋게 보이려고 하는 '거짓말쟁이'로 평가될 수 있다. '거짓을 말하고 있다.'는 마음 따위가 전혀 없다 해도 결과적으로는 정직하게 답하지 않는다는 것이 되어 버린다. '허위성'의 측정 질문은 구분되지 않고 다른 질문 중에 섞여 있다. 그러므로 모든 질문에 솔직하게 답하여야 한다. 또한 자기 자신과 너무 동떨어진 이미지로 답하면 좋은 결과를 얻지 못한다. 그리고 면접에서 '허위성'을 기본으로 한 질문을 받게 되므로 당황하거나 또다른 모순된 답변을 하게 된다. 겉치레를 하거나 무리한 욕심을 부리지 말고 '이런 사회인이 되고 싶다.'는 현재의 자신보다, 조금 성장한 자신을 표현하는 정도가 적당하다.
㉡ '그렇지 않다'가 많은 경우 : 냉정하고 정직하며, 외부의 압력과 스트레스에 강한 유형이다. '대쪽 같음'의 이미지가 굳어지지 않도록 주의한다.

(2) 행동적인 측면

행동적 측면은 인격 중에 특히 행동으로 드러나기 쉬운 측면을 측정한다. 사람의 행동 특징 자체에는 선도 악도 없으나, 일반적으로는 일의 내용에 의해 원하는 행동이 있다. 때문에 행동적 측면은 주로 직종과 깊은 관계가 있는데 자신의 행동 특성을 살려 적합한 직종을 선택한다면 플러스가 될 수 있다.

행동 특성에서 보여 지는 특징은 면접장면에서도 드러나기 쉬운데 본서의 모의 TEST의 결과를 참고하여 자신의 태도, 행동이 면접관의 시선에 어떻게 비치는지를 점검하도록 한다.

① 사회적 내향성 … 대인관계에서 나타나는 행동경향으로 '낯가림'을 측정한다.

질문	선택
A : 파티에서는 사람을 소개받은 편이다. B : 파티에서는 사람을 소개하는 편이다.	
A : 처음 보는 사람과는 어색하게 시간을 보내는 편이다. B : 처음 보는 사람과는 즐거운 시간을 보내는 편이다.	
A : 친구가 적은 편이다. B : 친구가 많은 편이다.	
A : 자신의 의견을 말하는 경우가 적다. B : 자신의 의견을 말하는 경우가 많다.	
A : 사교적인 모임에 참석하는 것을 좋아하지 않는다. B : 사교적인 모임에 항상 참석한다.	

▶측정결과

㉠ 'A'가 많은 경우 : 내성적이고 사람들과 접하는 것에 소극적이다. 자신의 의견을 말하지 않고 조심스러운 편이다.
• 면접관의 심리 : '소극적인데 동료와 잘 지낼 수 있을까?'
• 면접대책 : 대인관계를 맺는 것을 싫어하지 않고 의욕적으로 츠일을 할 수 있다는 것을 보여준다.
㉡ 'B'가 많은 경우 : 사교적이고 자기의 생각을 명확하게 전달할 수 있다.
• 면접관의 심리 : '사교적이고 활동적인 것은 좋지만, 자기주장이 너무 강하지 않을까?'
• 면접대책 : 협조성을 보여주고, 자기주장이 너무 강하다는 인상을 주지 않도록 주의한다.

② 내성성(침착도) … 자신의 행동과 일에 대해 침착하게 생각하는 정도를 측정한다.

질문	선택
A : 시간이 걸려도 침착하게 생각하는 경우가 많다. B : 짧은 시간에 결정을 하는 경우가 많다.	
A : 실패의 원인을 찾고 반성하는 편이다. B : 실패를 해도 그다지(별로) 개의치 않는다.	
A : 결론이 도출되어도 몇 번 정도 생각을 바꾼다. B : 결론이 도출되면 신속하게 행동으로 옮긴다.	
A : 여러 가지 생각하는 것이 능숙하다. B : 여러 가지 일을 재빨리 능숙하게 처리하는 데 익숙하다.	
A : 여러 가지 측면에서 사물을 검토한다. B : 행동한 후 생각을 한다.	

▶측정결과

㉠ 'A'가 많은 경우 : 행동하기 보다는 생각하는 것을 좋아하고 신중하게 계획을 세워 실행한다.
• 면접관의 심리 : '행동으로 실천하지 못하고, 대응이 늦은 경향이 있지 않을까?'
• 면접대책 : 발로 뛰는 것을 좋아하고, 일을 더디게 한다는 인상을 주지 않도록 한다.
㉡ 'B'가 많은 경우 : 차분하게 생각하는 것보다 우선 행동하는 유형이다.
• 면접관의 심리 : '생각하는 것을 싫어하고 경솔한 행동을 하지 않을까?'
• 면접대책 : 계획을 세우고 행동할 수 있는 것을 보여주고 '사려깊다'라는 인상을 남기도록 한다.

③ 신체활동성 … 몸을 움직이는 것을 좋아하는가를 측정한다.

질문	선택
A : 민첩하게 활동하는 편이다. B : 준비행동이 없는 편이다.	
A : 일을 척척 해치우는 편이다. B : 일을 더디게 처리하는 편이다.	
A : 활발하다는 말을 듣는다. B : 얌전하다는 말을 듣는다.	
A : 몸을 움직이는 것을 좋아한다. B : 가만히 있는 것을 좋아한다.	
A : 스포츠를 하는 것을 즐긴다. B : 스포츠를 보는 것을 좋아한다.	

▶측정결과

㉠ 'A'가 많은 경우 : 활동적이고, 몸을 움직이게 하는 것이 컨디션이 좋다.

• 면접관의 심리 : '활동적으로 활동력이 좋아 보인다.'

• 면접대책 : 활동하고 얻은 성과 등과 주어진 상황의 대응능력을 보여준다.

㉡ 'B'가 많은 경우 : 침착한 인상으로, 차분하게 있는 타입이다.

• 면접관의 심리 : '좀처럼 행동하려 하지 않아 보이고, 일을 빠르게 처리할 수 있을까?'

④ **지속성(노력성)** ··· 무슨 일이든 포기하지 않고 끈기 있게 하려는 정도를 측정한다.

질문	선택
A : 일단 시작한 일은 시간이 걸려도 끝까지 마무리한다. B : 일을 하다 어려움에 부딪히면 단념한다.	
A : 끈질긴 편이다. B : 바로 단념하는 편이다.	
A : 인내가 강하다는 말을 듣는다. B : 금방 싫증을 낸다는 말을 듣는다.	
A : 집념이 깊은 편이다. B : 담백한 편이다.	
A : 한 가지 일에 구애되는 것이 좋다고 생각한다. B : 간단하게 체념하는 것이 좋다고 생각한다.	

▶측정결과

㉠ 'A'가 많은 경우 : 시작한 것은 어려움이 있어도 포기하지 않고 인내심이 높다.
• 면접관의 심리 : '한 가지의 일에 너무 구애되고, 업무의 진행이 원활할까?'
• 면접대책 : 인내력이 있는 것은 플러스 평가를 받을 수 있지만 집착이 강해 보이기도 한다.

㉡ 'B'가 많은 경우 : 뒤끝이 없고 조그만 실패로 일을 포기하기 쉽다.
• 면접관의 심리 : '질리는 경향이 있고, 일을 정확히 끝낼 수 있을까?'
• 면접대책 : 지속적인 노력으로 성공했던 사례를 준비하도록 한다.

⑤ 신중성(주의성) … 자신이 처한 주변상황을 즉시 파악하고 자신의 행동이 어떤 영향을 미치는지를 측정한다.

질문	선택
A : 여러 가지로 생각하면서 완벽하게 준비하는 편이다. B : 행동할 때부터 임기응변적인 대응을 하는 편이다.	
A : 신중해서 타이밍을 놓치는 편이다. B : 준비 부족으로 실패하는 편이다.	
A : 자신은 어떤 일에도 신중히 대응하는 편이다. B : 순간적인 충동으로 활동하는 편이다.	
A : 시험을 볼 때 끝날 때까지 재검토하는 편이다. B : 시험을 볼 때 한 번에 모든 것을 마치는 편이다.	
A : 일에 대해 계획표를 만들어 실행한다. B : 일에 대한 계획표 없이 진행한다.	

▶측정결과

㉠ 'A'가 많은 경우 : 주변 상황에 민감하고, 예측하여 계획 있게 일을 진행한다.

• 면접관의 심리 : '너무 신중해서 적절한 판단을 할 수 있을까?', '앞으로의 상황에 불안을 느끼지 않을까?'

• 면접대책 : 예측을 하고 실행을 하는 것은 플러스 평가가 되지만, 너무 신중하면 일의 진행이 정체될 가능성을 보이므로 추진력이 있다는 강한 의욕을 보여준다.

㉡ 'B'가 많은 경우 : 주변 상황을 살펴보지 않고 착실한 계획 없이 일을 진행시킨다.

• 면접관의 심리 : '사려 깊지 않고, 실패하는 일이 많지 않을까?', '판단이 빠르고 유연한 사고를 할 수 있을까?'

• 면접대책 : 사전준비를 중요하게 생각하고 있다는 것 등을 보여주고, 경솔한 인상을 주지 않도록 한다. 또한 판단력이 빠르거나 유연한 사고 덕분에 일 처리를 잘 할 수 있다는 것을 강조한다.

(3) 의욕적인 측면

의욕적인 측면은 의욕의 정도, 활동력의 유무 등을 측정한다. 여기서의 의욕이란 우리들이 보통 말하고 사용하는 '하려는 의지'와는 조금 뉘앙스가 다르다. '하려는 의지'란 그 때의 환경이나 기분에 따라 변화하는 것이지만, 여기에서는 조금 더 변화하기 어려운 특징, 말하자면 정신적 에너지의 양으로 측정하는 것이다.

의욕적 측면은 행동적 측면과는 다르고, 전반적으로 어느 정도 점수가 높은 쪽을 선호한다. 모의검사의 의욕적 측면의 결과가 낮다면, 평소 일에 몰두할 때 조금 의욕 있는 자세를 가지고 서서히 개선하도록 노력해야 한다.

① 달성의욕 … 목적의식을 가지고 높은 이상을 가지고 있는지를 측정한다.

질문	선택
A : 경쟁심이 강한 편이다. B : 경쟁심이 약한 편이다.	
A : 어떤 한 분야에서 제1인자가 되고 싶다고 생각한다. B : 어느 분야에서든 성실하게 임무를 진행하고 싶다고 생각한다.	
A : 규모가 큰일을 해보고 싶다. B : 맡은 일에 충실히 임하고 싶다.	
A : 아무리 노력해도 실패한 것은 아무런 도움이 되지 않는다. B : 가령 실패했을 지라도 나름대로의 노력이 있었으므로 괜찮다.	
A : 높은 목표를 설정하여 수행하는 것이 의욕적이다. B : 실현 가능한 정도의 목표를 설정하는 것이 의욕적이다.	

▶측정결과
㉠ 'A'가 많은 경우 : 큰 목표와 높은 이상을 가지고 승부욕이 강한 편이다.
• 면접관의 심리 : '열심히 일을 해줄 것 같은 유형이다.'
• 면접대책 : 달성의욕이 높다는 것은 어떤 직종이라도 플러스 평가가 된다.
㉡ 'B'가 많은 경우 : 현재의 생활을 소중하게 여기고 비약적인 발전을 위하여 기를 쓰지 않는다.
• 면접관의 심리 : '외부의 압력에 약하고, 기획입안 등을 하기 어려울 것이다.'
• 면접대책 : 일을 통하여 하고 싶은 것들을 구체적으로 어필한다.

② **활동의욕** … 자신에게 잠재된 에너지의 크기로, 정신적인 측면의 활동력이라 할 수 있다.

질문	선택
A : 하고 싶은 일을 실행으로 옮기는 편이다. B : 하고 싶은 일을 좀처럼 실행할 수 없는 편이다.	
A : 어려운 문제를 해결해 가는 것이 좋다. B : 어려운 문제를 해결하는 것을 잘하지 못한다.	
A : 일반적으로 결단이 빠른 편이다. B : 일반적으로 결단이 느린 편이다.	
A : 곤란한 상황에도 도전하는 편이다. B : 사물의 본질을 깊게 관찰하는 편이다.	
A : 시원시원하다는 말을 잘 듣는다. B : 꼼꼼하다는 말을 잘 듣는다.	

▶측정결과

㉠ 'A'가 많은 경우 : 꾸물거리는 것을 싫어하고 재빠르게 결단해서 행동하는 타입이다.
• 면접관의 심리 : '일을 처리하는 솜씨가 좋고, 일을 척척 진행할 수 있을 것 같다.'
• 면접대책 : 활동의욕이 높은 것은 플러스 평가가 된다. 사교성이나 활동성이 강하다는 인상을 준다.
㉡ 'B'가 많은 경우 : 안전하고 확실한 방법을 모색하고 차분하게 시간을 아껴서 일에 임하는 타입이다.
• 면접관의 심리 : '재빨리 행동을 못하고, 일의 처리속도가 느린 것이 아닐까?'
• 면접대책 : 활동성이 있는 것을 좋아하고 움직임이 더디다는 인상을 주지 않도록 한다.

3 성격의 유형

(1) 인성검사유형의 4가지 척도

정서적인 측면, 행동적인 측면, 의욕적인 측면의 요소들은 성격 특성이라는 관점에서 제시된 것들로 각 개인의 장·단점을 파악하는 데 유용하다. 그러나 전체적인 개인의 인성을 이해하는 데는 한계가 있다.

성격의 유형은 개인의 '성격적인 특색'을 가리키는 것으로, 사회인으로서 적합한지, 아닌지를 말하는 관점과는 관계가 없다. 따라서 채용의 합격 여부에는 사용되지 않는 경우가 많으며, 입사 후의 적정 부서 배치의 자료가 되는 편이라 생각하면 된다. 그러나 채용과 관계가 없다고 해서 아무런 준비도 필요없는 것은 아니다. 자신을 아는 것은 면접 대책의 밑거름이 되므로 모의검사 결과를 충분히 활용하도록 하여야 한다.

본서에서는 4개의 척도를 사용하여 기본적으로 16개의 패턴으로 성격의 유형을 분류하고 있다. 각 개인의 성격이 어떤 유형인지 재빨리 파악하기 위해 사용되며, '적성'에 맞는지, 맞지 않는지의 관점에 활용된다.

- 흥미·관심의 방향 : 내향형 ←———→ 외향형
- 사물에 대한 견해 : 직관형 ←———→ 감각형
- 판단하는 방법 : 감정형 ←———→ 사고형
- 환경에 대한 접근방법 : 지각형 ←———→ 판단형

(2) 성격유형

① 흥미·관심의 방향(내향⇌외향) … 흥미·관심의 방향이 자신의 내면에 있는지, 주위환경 등 외면에 향하는 지를 가리키는 척도이다.

질문	선택
A : 내성적인 성격인 편이다. B : 개방적인 성격인 편이다.	
A : 항상 신중하게 생각을 하는 편이다. B : 바로 행동에 착수하는 편이다.	
A : 수수하고 조심스러운 편이다. B : 자기 표현력이 강한 편이다.	
A : 다른 사람과 함께 있으면 침착하지 않다. B : 혼자서 있으면 침착하지 않다.	

▶측정결과
㉠ 'A'가 많은 경우(내향) : 관심의 방향이 자기 내면에 있으며, 조용하고 낯을 가리는 유형이다. 행동력은 부족하나 집중력이 뛰어나고 신중하고 꼼꼼하다.
㉡ 'B'가 많은 경우(외향) : 관심의 방향이 외부환경에 있으며, 사교적이고 활동적인 유형이다. 꼼꼼함이 부족하여 대충하는 경향이 있으나 행동력이 있다.

② 일(사물)을 보는 **방법**(직감 ⇆ 감각) … 일(사물)을 보는 법이 직감적으로 형식에 얽매이는지, 감각적으로 상식적인지를 가리키는 척도이다.

질문	선택
A : 현실주의적인 편이다. B : 상상력이 풍부한 편이다. A : 정형적인 방법으로 일을 처리하는 것을 좋아한다. B : 만들어진 방법에 변화가 있는 것을 좋아한다. A : 경험에서 가장 적합한 방법으로 선택한다. B : 지금까지 없었던 새로운 방법을 개척하는 것을 좋아한다. A : 성실하다는 말을 듣는다. B : 호기심이 강하다는 말을 듣는다.	

▶측정결과
㉠ 'A'가 많은 경우(감각) : 현실적이고 경험주의적이며 보수적인 유형이다.
㉡ 'B'가 많은 경우(직관) : 새로운 주제를 좋아하며, 독자적인 시각을 가진 유형이다.

③ **판단하는 방법**(감정 ⇆ 사고) … 일을 감정적으로 판단하는지, 논리적으로 판단하는지를 가리키는 척도이다.

질문	선택
A : 인간관계를 중시하는 편이다. B : 일의 내용을 중시하는 편이다. A : 결론을 자기의 신념과 감정에서 이끌어내는 편이다. B : 결론을 논리적 사고에 의거하여 내리는 편이다. A : 다른 사람보다 동정적이고 눈물이 많은 편이다. B : 다른 사람보다 이성적이고 냉정하게 대응하는 편이다. A : 다른 사람보다 동정적이고 눈물이 많은 편이다. B : 다른 사람보다 이성적이고 냉정하게 대응하는 편이다.	

▶측정결과
㉠ 'A'가 많은 경우(감정) : 일을 판단할 때 마음·감정을 중요하게 여기는 유형이다. 감정이 풍부하고 친절하나 엄격함이 부족하고 우유부단하며, 합리성이 부족하다.
㉡ 'B'가 많은 경우(사고) : 일을 판단할 때 논리성을 중요하게 여기는 유형이다. 이성적이고 합리적이나 타인에 대한 배려가 부족하다.

④ 환경에 대한 접근방법 … 주변상황에 어떻게 접근하는지, 그 판단기준을 어디에 두는지를 측정한다.

질문	선택
A : 사전에 계획을 세우지 않고 행동한다. B : 반드시 계획을 세우고 그것에 의거해서 행동한다.	
A : 자유롭게 행동하는 것을 좋아한다. B : 조직적으로 행동하는 것을 좋아한다.	
A : 조직성이나 관습에 속박당하지 않는다. B : 조직성이나 관습을 중요하게 여긴다.	
A : 계획 없이 낭비가 심한 편이다. B : 예산을 세워 물건을 구입하는 편이다.	

▶측정결과
㉠ 'A'가 많은 경우(지각) : 일의 변화에 융통성을 가지고 유연하게 대응하는 유형이다. 낙관적이며 질서보다는 자유를 좋아하나 임기응변식의 대응으로 무계획적인 인상을 줄 수 있다.
㉡ 'B'가 많은 경우(판단) : 일의 진행시 계획을 세워서 실행하는 유형이다. 순차적으로 진행하는 일을 좋아하고 끈기가 있으나 변화에 대해 적절하게 대응하지 못하는 경향이 있다.

(3) 성격유형의 판정

성격유형은 합격 여부의 판정보다는 배치를 위한 자료로써 이용된다. 즉, 기업은 입사시험단계에서 입사 후에도 사용할 수 있는 정보를 입수하고 있다는 것이다. 성격검사에서는 어느 척도가 얼마나 고득점이었는지에 주시하고 각각의 측면에서 반드시 하나씩 고르고 편성한다. 편성은 모두 16가지가 되나 각각의 측면을 더 세분하면 200가지 이상의 유형이 나온다.

여기에서는 16가지 편성을 제시한다. 성격검사에 어떤 정보가 게재되어 있는지를 이해하면서 자기의 성격유형을 파악하기 위한 실마리로 활용하도록 한다.

① 내향 – 직관 – 감정 – 지각(TYPE A)
관심이 내면에 향하고 조용하고 소극적이다. 사물에 대한 견해는 새로운 것에 대해 호기심이 강하고, 독창적이다. 감정은 좋아하는 것과 싫어하는 것의 판단이 확실하고, 감정이 풍부하고 따뜻한 느낌이 있는 반면, 합리성이 부족한 경향이 있다. 환경에 접근하는 방법은 순응적이고 상황의 변화에 대해 유연하게 대응하는 것을 잘한다.

② 내향 – 직관 – 감정 – 사고(TYPE B)

관심이 내면으로 향하고 조용하고 쑥쓰러움을 잘 타는 편이다. 사물을 보는 관점은 독창적이며, 자기 나름대로 궁리하며 생각하는 일이 많다. 좋고 싫음으로 판단하는 경향이 강하고 타인에게는 친절한 반면, 우유부단하기 쉬운 편이다. 환경 변화에 대해 유연하게 대응하는 것을 잘한다.

③ 내향 – 직관 – 사고 – 지각(TYPE C)

관심이 내면으로 향하고 얌전하고 교제범위가 좁다. 사물을 보는 관점은 독창적이며, 현실에서 먼 추상적인 것을 생각하기를 좋아한다. 논리적으로 생각하고 판단하는 경향이 강하고 이성적이지만, 남의 감정에 대해서는 무반응인 경향이 있다. 환경의 변화에 순응적이고 융통성 있게 임기응변으로 대응할 수가 있다.

④ 내향 – 직관 – 사고 – 판단(TYPE D)

관심이 내면으로 향하고 주의깊고 신중하게 행동을 한다. 사물을 보는 관점은 독창적이며 논리를 좋아해서 이치를 따지는 경향이 있다. 논리적으로 생각하고 판단하는 경향이 강하고, 객관적이지만 상대방의 마음에 대한 배려가 부족한 경향이 있다. 환경에 대해서는 순응하는 것보다 대응하며, 한 번 정한 것은 끈질기게 행동하려 한다.

⑤ 내향 – 감각 – 감정 – 지각(TYPE E)

관심이 내면으로 향하고 조용하며 소극적이다. 사물을 보는 관점은 상식적이고 그대로의 것을 좋아하는 경향이 있다. 좋음과 싫음으로 판단하는 경향이 강하고 타인에 대해서 동정심이 많은 반면, 엄격한 면이 부족한 경향이 있다. 환경에 대해서는 순응적이고, 예측할 수 없다해도 태연하게 행동하는 경향이 있다.

⑥ 내향 – 감각 – 감정 – 판단(TYPE F)

관심이 내면으로 향하고 얌전하며 쑥쓰러움을 많이 탄다. 사물을 보는 관점은 상식적이고 논리적으로 생각하는 것보다도 경험을 중요시하는 경향이 있다. 좋고 싫음으로 판단하는 경향이 강하고 사람이 좋은 반면, 개인적 취향이나 소원에 영향을 받는 일이 많은 경향이 있다. 환경에 대해서는 영향을 받지 않고, 자기 페이스 대로 꾸준히 성취하는 일을 잘한다.

⑦ 내향 – 감각 – 사고 – 지각(TYPE G)

관심이 내면으로 향하고 얌전하고 교제범위가 좁다. 사물을 보는 관점은 상식적인 동시에 실천적이며, 틀에 박힌 형식을 좋아한다. 논리적으로 판단하는 경향이 강하고 침착하지만 사람에 대해서는 엄격하여 차가운 인상을 주는 일이 많다. 환경에 대해서 순응적이고, 계획적으로 행동하지 않으며 자유로운 행동을 좋아하는 경향이 있다.

⑧ 내향 - 감각 - 사고 - 판단(TYPE H)

관심이 내면으로 향하고 주의 깊고 신중하게 행동을 한다. 사물을 보는 관점이 상식적이고 새롭고 경험하지 못한 일에 대응을 잘 하지 못한다. 논리적으로 생각하고 판단하는 경향이 강하고, 공평하지만 상대방의 감정에 대해 배려가 부족할 때가 있다. 환경에 대해서는 작용하는 편이고, 질서 있게 행동하는 것을 좋아한다.

⑨ 외향 - 직관 - 감정 - 지각(TYPE I)

관심이 외향으로 향하고 밝고 활동적이며 교제범위가 넓다. 사물을 보는 관점은 독창적이고 호기심이 강하며 새로운 것을 생각하는 것을 좋아한다. 좋음 싫음으로 판단하는 경향이 강하다. 사람은 좋은 반면 개인적 취향이나 소원에 영향을 받는 일이 많은 편이다.

⑩ 외향 - 직관 - 감정 - 판단(TYPE J)

관심이 외향으로 향하고 개방적이며 누구와도 쉽게 친해질 수 있다. 사물을 보는 관점은 독창적이고 자기 나름대로 궁리하고 생각하는 면이 많다. 좋음과 싫음으로 판단하는 경향이 강하고, 타인에 대해 동정적이기 쉽고 엄격함이 부족한 경향이 있다. 환경에 대해서는 작용하는 편이고 질서 있는 행동을 하는 것을 좋아한다.

⑪ 외향 - 직관 - 사고 - 지각(TYPE K)

관심이 외향으로 향하고 태도가 분명하며 활동적이다. 사물을 보는 관점은 독창적이고 현실과 거리가 있는 추상적인 것을 생각하는 것을 좋아한다. 논리적으로 생각하고 판단하는 경향이 강하고, 공평하지만 상대에 대한 배려가 부족할 때가 있다.

⑫ 외향 - 직관 - 사고 - 판단(TYPE L)

관심이 외향으로 향하고 밝고 명랑한 성격이며 사교적인 것을 좋아한다. 사물을 보는 관점은 독창적이고 논리적인 것을 좋아하기 때문에 이치를 따지는 경향이 있다. 논리적으로 생각하고 판단하는 경향이 강하고 침착성이 뛰어나지만 사람에 대해서 엄격하고 차가운 인상을 주는 경우가 많다. 환경에 대해 작용하는 편이고 계획을 세우고 착실하게 실행하는 것을 좋아한다.

⑬ 외향 - 감각 - 감정 - 지각(TYPE M)

관심이 외향으로 향하고 밝고 활동적이고 교제범위가 넓다. 사물을 보는 관점은 상식적이고 종래대로 있는 것을 좋아한다. 보수적인 경향이 있고 좋아함과 싫어함으로 판단하는 경향이 강하며 타인에게는 친절한 반면, 우유부단한 경우가 많다. 환경에 대해 순응적이고, 융통성이 있고 임기응변으로 대응할 가능성이 높다.

⑭ 외향 - 감각 - 감정 - 판단(TYPE N)

관심이 외향으로 향하고 개방적이며 누구와도 쉽게 대면할 수 있다. 사물을 보는 관점은 상식적이고 논리적으로 생각하기보다는 경험을 중시하는 편이다. 좋아함과 싫어함으로 판단하는 경향이 강하고 감정이 풍부하며 따뜻한 느낌이 있는 반면에 합리성이 부족한 경우가 많다. 환경에 대해서 작용하는 편이고, 한 번 결정한 것은 끈질기게 실행하려고 한다.

⑮ 외향 - 감각 - 사고 - 지각(TYPE O)

관심이 외향으로 향하고 시원한 태도이며 활동적이다. 사물을 보는 관점이 상식적이며 동시에 실천적이고 명백한 형식을 좋아하는 경향이 있다. 논리적으로 생각하고 판단하는 경향이 강하고, 객관적이지만 상대 마음에 대해 배려가 부족한 경향이 있다.

⑯ 외향 - 감각 - 사고 - 판단(TYPE P)

관심이 외향으로 향하고 밝고 명랑하며 사교적인 것을 좋아한다. 사물을 보는 관점은 상식적이고 경험하지 못한 새로운 것에 대응을 잘 하지 못한다. 논리적으로 생각하고 판단하는 경향이 강하고 이성적이지만 사람의 감정에 무심한 경향이 있다. 환경에 대해서는 작용하는 편이고, 자기 페이스대로 꾸준히 성취하는 것을 잘한다.

4 인성검사의 대책

(1) 미리 알아두어야 할 점

① 출제 문항 수 … 인성검사의 출제 문항 수는 특별히 정해진 것이 아니며 각 기업체의 기준에 따라 달라질 수 있다. 보통 100문항 이상에서 500문항까지 출제된다고 예상하면 된다.

② 출제형식

    ㉠ '예' 아니면 '아니오'의 형식

다음 문항을 읽고 자신에게 해당되는지 안 되는지를 판단하여 해당될 경우 '예'를, 해당되지 않을 경우 '아니오'를 고르시오.

질문	예	아니오
1. 자신의 생각이나 의견은 좀처럼 변하지 않는다.	○	
2. 구입한 후 끝까지 읽지 않은 책이 많다.		○

다음 문항에 대해서 평소에 자신이 생각하고 있는 것이나 행동하고 있는 것에 ○표를 하시오.

질문	그렇다	약간 그렇다	그저 그렇다	별로 그렇지 않다	그렇지 않다
1. 시간에 쫓기는 것이 싫다.		○			
2. 여행가기 전에 계획을 세운다			○		

ⓛ A와 B의 선택형식

A와 B에 주어진 문장을 읽고 자신에게 해당되는 것을 고르시오.

질문	선택
A : 걱정거리가 있어서 잠을 못 잘 때가 있다.	(○)
B : 걱정거리가 있어도 잠을 잘 잔다.	( )

(2) 임하는 자세

① **솔직하게 있는 그대로 표현한다** … 인성검사는 평범한 일상생활 내용들을 다룬 짧은 문장과 어떤 대상이나 일에 대한 선로를 선택하는 문장으로 구성되었으므로 평소에 자신이 생각한 바를 너무 골똘히 생각하지 말고 문제를 보는 순간 떠오른 것을 표현한다.

② **모든 문제를 신속하게 대답한다** … 인성검사는 시간 제한이 없는 것이 원칙이지만 기업체들은 일정한 시간 제한을 두고 있다. 인성검사는 개인의 성격과 자질을 알아보기 위한 검사이기 때문에 정답이 없다. 다만, 기업체에서 바람직하게 생각하거나 기대되는 결과가 있을 뿐이다. 따라서 시간에 쫓겨서 대충 대답을 하는 것은 바람직하지 못하다.

CHAPTER

02

실전 인성검사

┃1~400┃ 다음 (   ) 안에 당신에게 적합하다면 YES, 그렇지 않다면 NO를 선택하시오(인성검사는 응시자의 인성을 파악하기 위한 자료이므로 정답이 존재하지 않습니다).

	YES	NO
1. 조금이라도 나쁜 소식은 절망의 시작이라고 생각해버린다. …………………………………………	( )	( )
2. 언제나 실패가 걱정이 되어 어쩔 줄 모른다. …………………………………………………………	( )	( )
3. 다수결의 의견에 따르는 편이다. …………………………………………………………………………	( )	( )
4. 혼자서 식당에 들어가는 것은 전혀 두려운 일이 아니다. …………………………………………	( )	( )
5. 승부근성이 강하다. …………………………………………………………………………………………	( )	( )
6. 자주 흥분해서 침착하지 못하다. …………………………………………………………………………	( )	( )
7. 지금까지 살면서 타인에게 폐를 끼친 적이 없다. ……………………………………………………	( )	( )
8. 소곤소곤 이야기하는 것을 보면 자기에 대해 험담하고 있는 것으로 생각된다. ………………	( )	( )
9. 무엇이든지 자기가 나쁘다고 생각하는 편이다. ………………………………………………………	( )	( )
10. 자신을 변덕스러운 사람이라고 생각한다. ……………………………………………………………	( )	( )
11. 고독을 즐기는 편이다. ……………………………………………………………………………………	( )	( )
12. 자존심이 강하다고 생각한다. ……………………………………………………………………………	( )	( )
13. 금방 흥분하는 성격이다. …………………………………………………………………………………	( )	( )
14. 거짓말을 한 적이 없다. ……………………………………………………………………………………	( )	( )
15. 신경질적인 편이다. …………………………………………………………………………………………	( )	( )
16. 끙끙대며 고민하는 타입이다. ……………………………………………………………………………	( )	( )
17. 감정적인 사람이라고 생각한다. …………………………………………………………………………	( )	( )
18. 자신만의 신념을 가지고 있다. …………………………………………………………………………	( )	( )

19. 다른 사람을 바보 같다고 생각한 적이 있다. ··( )( )

20. 금방 말해버리는 편이다. ··( )( )

21. 싫어하는 사람이 없다. ··( )( )

22. 대재앙이 오지 않을까 항상 걱정을 한다. ···( )( )

23. 쓸데없는 고생을 하는 일이 많다. ···( )( )

24. 자주 생각이 바뀌는 편이다. ···( )( )

25. 문제점을 해결하기 위해 여러 사람과 상의한다. ···( )( )

26. 내 방식대로 일을 한다. ··( )( )

27. 영화를 보고 운 적이 많다. ··( )( )

28. 어떤 것에 대해서도 화낸 적이 없다. ···( )( )

29. 사소한 충고에도 걱정을 한다. ···( )( )

30. 자신은 도움이 안되는 사람이라고 생각한다. ··( )( )

31. 금방 싫증을 내는 편이다. ··( )( )

32. 개성적인 사람이라고 생각한다. ···( )( )

33. 자기 주장이 강한 편이다. ··( )( )

34. 뒤숭숭하다는 말을 들은 적이 있다. ··( )( )

35. 학교를 쉬고 싶다고 생각한 적이 한 번도 없다. ··( )( )

36. 사람들과 관계맺는 것을 보면 잘하지 못한다. ··( )( )

37. 사려깊은 편이다. ···( )( )

38. 몸을 움직이는 것을 좋아한다. ···( )( )

39. 끈기가 있는 편이다. ··( )( )

40. 신중한 편이라고 생각한다. ··( )( )

41. 인생의 목표는 큰 것이 좋다. ···( )( )

42. 어떤 일이라도 바로 시작하는 타입이다. ···( )( )

43. 낯가림을 하는 편이다. ··( )( )

44. 생각하고 나서 행동하는 편이다. ···( )( )

45. 쉬는 날은 밖으로 나가는 경우가 많다. ·····································( )( )

46. 시작한 일은 반드시 완성시킨다. ···( )( )

47. 면밀한 계획을 세운 여행을 좋아한다. ·····································( )( )

48. 야망이 있는 편이라고 생각한다. ···( )( )

49. 활동력이 있는 편이다. ···( )( )

50. 많은 사람들과 와자지껄하게 식사하는 것을 좋아하지 않는다. ········( )( )

51. 돈을 허비한 적이 없다. ···( )( )

52. 운동회를 아주 좋아하고 기대했다. ···( )( )

53. 하나의 취미에 열중하는 타입이다. ···( )( )

54. 모임에서 회장에 어울린다고 생각한다. ···································( )( )

55. 입신출세의 성공이야기를 좋아한다. ·······································( )( )

56. 어떠한 일도 의욕을 가지고 임하는 편이다. ·····························( )( )

57. 학급에서는 존재가 희미했다. ···( )( )

58. 항상 무언가를 생각하고 있다. ···( )( )

59. 스포츠는 보는 것보다 하는 게 좋다. ·······································( )( )

60. '참 잘했네요'라는 말을 듣는다. ···( )( )

61. 흐린 날은 반드시 우산을 가지고 간다. ···································( )( )

62. 주연상을 받을 수 있는 배우를 좋아한다. ·································( )( )

63. 공격하는 타입이라고 생각한다. ···( )( )

64. 리드를 받는 편이다. ···( )( )

65. 너무 신중해서 기회를 놓친 적이 있다. ···································( )( )

66. 시원시원하게 움직이는 타입이다. ···( )( )

67. 야근을 해서라도 업무를 끝낸다. ···( )( )

68. 누군가를 방문할 때는 반드시 사전에 확인한다. ·······················( )( )

69. 노력해도 결과가 따르지 않으면 의미가 없다. ·························( )( )

70. 무조건 행동해야 한다. ···( )( )

71. 유행에 둔감하다고 생각한다. ···( )( )

72. 정해진대로 움직이는 것은 시시하다. ···( )( )

73. 꿈을 계속 가지고 있고 싶다. ···( )( )

74. 질서보다 자유를 중요시하는 편이다. ···( )( )

75. 혼자서 취미에 몰두하는 것을 좋아한다. ···( )( )

76. 직관적으로 판단하는 편이다. ···( )( )

77. 영화나 드라마를 보면 등장인물의 감정에 이입된다. ·······················( )( )

78. 시대의 흐름에 역행해서라도 자신을 관철하고 싶다. ·······················( )( )

79. 다른 사람의 소문에 관심이 없다. ···( )( )

80. 창조적인 편이다. ···( )( )

81. 비교적 눈물이 많은 편이다. ···( )( )

82. 융통성이 있다고 생각한다. ···( )( )

83. 친구의 휴대전화 번호를 잘 모른다. ···( )( )

84. 스스로 고안하는 것을 좋아한다. ···( )( )

85. 정이 두터운 사람으로 남고 싶다. ···( )( )

86. 조직의 일원으로 별로 안 어울린다. ···( )( )

87. 세상의 일에 별로 관심이 없다. ···( )( )

88. 변화를 추구하는 편이다. ···( )( )

89. 업무는 인간관계로 선택한다. ···( )( )

90. 환경이 변하는 것에 구애되지 않는다. ···( )( )

91. 불안감이 강한 편이다. ···( )( )

92. 인생은 살 가치가 없다고 생각한다. ···( )( )

93. 의지가 약한 편이다. ···( )( )

94. 다른 사람이 하는 일에 별로 관심이 없다. ·······················( )( )

95. 사람을 설득시키는 것은 어렵지 않다. ···( )( )

96. 심심한 것을 못 참는다. ···( )( )

97. 다른 사람을 욕한 적이 한 번도 없다. ·······································( )( )

98. 다른 사람에게 어떻게 보일지 신경을 쓴다. ···························( )( )

99. 금방 낙심하는 편이다. ···( )( )

100. 다른 사람에게 의존하는 경향이 있다. ·································( )( )

101. 그다지 융통성이 있는 편이 아니다. ···································( )( )

102. 다른 사람이 내 의견에 간섭하는 것이 싫다. ···················( )( )

103. 낙천적인 편이다. ···( )( )

104. 숙제를 잊어버린 적이 한 번두 없다. ·································( )( )

105. 밤길에는 발소리가 들리기만 해도 불안하다. ···················( )( )

106. 상냥하다는 말을 들은 적이 있다. ·····································( )( )

107. 자신은 유치한 사람이다. ···( )( )

108. 잡담을 하는 것보다 책을 읽는게 낫다. ·····························( )( )

109. 나는 영업에 적합한 타입이라고 생각한다. ·······················( )( )

110. 술자리에서 술을 마시지 않아도 흥을 돋울 수 있다. ·········( )( )

111. 한 번도 병원에 간 적이 없다. ···( )( )

112. 나쁜 일은 걱정이 되어서 어쩔 줄을 모른다. ···················( )( )

113. 쉽게 무기력해지는 편이다. ···( )( )

114. 비교적 고분고분한 편이라고 생각한다. ·····························( )( )

115. 독자적으로 행동하는 편이다. ···( )( )

116. 적극적으로 행동하는 편이다. ···( )( )

117. 금방 감격하는 편이다. ···( )( )

118. 어떤 것에 대해서는 불만을 가진 적이 없다. ···················( )( )

119. 밤에 못 잘 때가 많다. ···( )( )

120. 자주 후회하는 편이다. ···( )( )

121. 뜨거워지기 쉽고 식기 쉽다. ···( )( )

122. 자신만의 세계를 가지고 있다. ···( )( )

123. 많은 사람 앞에서도 긴장하는 일은 없다. ·······································( )( )

124. 말하는 것을 아주 좋아한다. ···( )( )

125. 인생을 포기하는 마음을 가진 적이 한 번도 없다. ·······················( )( )

126. 어두운 성격이다. ··( )( )

127. 금방 반성한다. ··( )( )

128. 활동범위가 넓은 편이다. ··( )( )

129. 자신을 끈기있는 사람이라고 생각한다. ······································( )( )

130. 좋다고 생각하더라도 좀 더 검토하고 나서 실행한다. ···················( )( )

131. 위대한 인물이 되고 싶다. ··( )( )

132. 한 번에 많은 일을 떠맡아도 힘들지 않다. ··································( )( )

133. 사람과 만날 약속은 부담스럽다. ··( )( )

134. 질문을 받으면 충분히 생각하고 나서 대답하는 편이다. ················( )( )

135. 머리를 쓰는 것보다 땀을 흘리는 일이 좋다. ·····························( )( )

136. 결정한 것에는 철저히 구속받는다. ··( )( )

137. 외출 시 문을 잠그었는지 몇 번을 확인한다. ·····························( )( )

138. 이왕 할 거라면 일등이 되고 싶다. ··( )( )

139. 과감하게 도전하는 타입이다. ···( )( )

140. 자신은 사교적이 아니라고 생각한다. ··( )( )

141. 무심코 도리에 대해서 말하고 싶어진다. ····································( )( )

142. '항상 건강하네요'라는 말을 듣는다. ··( )( )

143. 단념하면 끝이라고 생각한다. ···( )( )

144. 예상하지 못한 일은 하고 싶지 않다. ··( )( )

145. 파란만장하더라도 성공하는 인생을 걷고 싶다. ··························( )( )

146. 활기찬 편이라고 생각한다. ··( )( )

147. 소극적인 편이라고 생각한다. ···( )( )

148. 무심코 평론가가 되어 버린다. ··( )( )

YES NO

149. 자신은 성급하다고 생각한다. ···( )( )

150. 꾸준히 노력하는 타입이라고 생각한다. ···( )( )

151. 내일의 계획이라도 메모한다. ···( )( )

152. 리더십이 있는 사람이 되고 싶다. ···( )( )

153. 열정적인 사람이라고 생각한다. ···( )( )

154. 다른 사람 앞에서 이야기를 잘 하지 못한다. ···( )( )

155. 통찰력이 있는 편이다. ··( )( )

156. 엉덩이가 가벼운 편이다. ···( )( )

157. 여러 가지로 구애됨이 있다. ···( )( )

158. 돌다리도 두들겨 보고 건너는 쪽이 좋다. ···( )( )

159. 자신에게는 권력욕이 있다. ···( )( )

160. 업무를 할당받으면 기쁘다. ···( )( )

161. 사색적인 사람이라고 생각한다. ···( )( )

162. 비교적 개혁적이다. ··( )( )

163. 좋고 싫음으로 정할 때가 많다. ···( )( )

164. 전통에 구애되는 것은 버리는 것이 적절하다. ··( )( )

165. 교제 범위가 좁은 편이다. ···( )( )

166. 발상의 전환을 할 수 있는 타입이라고 생각한다. ···································( )( )

167. 너무 주관적이어서 실패한다. ···( )( )

168. 현실적이고 실용적인 면을 추구한다. ···( )( )

169. 내가 어떤 배우의 팬인지 아무도 모른다. ··( )( )

170. 현실보다 가능성이다. ···( )( )

171. 마음이 담겨 있으면 선물은 아무 것이나 좋다. ·······································( )( )

172. 여행은 마음대로 하는 것이 좋다. ···( )( )

173. 추상적인 일에 관심이 있는 편이다. ··( )( )

174. 일은 대담히 하는 편이다. ···( )( )

175. 괴로워하는 사람을 보면 우선 동정한다. ·································( )( )

176. 가치기준은 자신의 안에 있다고 생각한다. ·····························( )( )

177. 조용하고 조심스러운 편이다. ···( )( )

178. 상상력이 풍부한 편이라고 생각한다. ···································( )( )

179. 의리, 인정이 두터운 상사를 만나고 싶다. ·····························( )( )

180. 인생의 앞날을 알 수 없어 재미있다. ···································( )( )

181. 밝은 성격이다. ···( )( )

182. 별로 반성하지 않는다. ··( )( )

183. 활동범위가 좁은 편이다. ···( )( )

184. 자신을 시원시원한 사람이라고 생각한다. ·····························( )( )

185. 좋다고 생각하면 바로 행동한다. ··( )( )

186. 좋은 사람이 되고 싶다. ··( )( )

187. 한 번에 많은 일을 떠맡는 것은 골칫거리라고 생각한다. ············( )( )

188. 사람과 만날 약속은 즐겁다. ···( )( )

189. 질문을 받으면 그때의 느낌으로 대답하는 편이다. ···················( )( )

190. 땀을 흘리는 것보다 머리를 쓰는 일이 좋다. ·························( )( )

191. 결정한 것이라도 그다지 구속받지 않는다. ···························( )( )

192. 외출 시 문을 잠갔는지 별로 확인하지 않는다. ······················( )( )

193. 지위에 어울리면 된다. ··( )( )

194. 안전책을 고르는 타입이다. ··( )( )

195. 자신은 사교적이라고 생각한다. ···( )( )

196. 도리는 상관없다. ···( )( )

197. 침착하다는 말을 듣는다. ···( )( )

198. 단념이 중요하다고 생각한다. ··( )( )

199. 예상하지 못한 일도 해보고 싶다. ·······································( )( )

200. 평범하고 평온하게 행복한 인생을 살고 싶다. ·······················( )( )

201. 몹시 귀찮아하는 편이라고 생각한다. ··(　)(　)

202. 특별히 소극적이라고 생각하지 않는다. ···(　)(　)

203. 이것저것 평하는 것이 싫다. ··(　)(　)

204. 자신은 성급하지 않다고 생각한다. ···(　)(　)

205. 꾸준히 노력하는 것을 잘 하지 못한다. ···(　)(　)

206. 내일의 계획은 머릿속에 기억한다. ···(　)(　)

207. 협동성이 있는 사람이 되고 싶다. ···(　)(　)

208. 열정적인 사람이라고 생각하지 않는다. ···(　)(　)

209. 다른 사람 앞에서 이야기를 잘한다. ···(　)(　)

210. 행동력이 있는 편이다. ··(　)(　)

211. 엉덩이가 무거운 편이다. ··(　)(　)

212. 특별히 구애받는 것이 없다. ··(　)(　)

213. 돌다리는 두들겨 보지 않고 건너도 된다. ···(　)(　)

214. 자신에게는 권력욕이 없다. ··(　)(　)

215. 업무를 할당받으면 부담스럽다. ···(　)(　)

216. 활동적인 사람이라고 생각한다. ···(　)(　)

217. 비교적 보수적이다. ··(　)(　)

218. 손해인지 이익인지를 기준으로 결정할 때가 많다. ······································(　)(　)

219. 전통을 견실히 지키는 것이 적절하다. ···(　)(　)

220. 교제 범위가 넓은 편이다. ··(　)(　)

221. 상식적인 판단을 할 수 있는 타입이라고 생각한다. ·····································(　)(　)

222. 너무 객관적이어서 실패한다. ··(　)(　)

223. 보수적인 면을 추구한다. ··(　)(　)

224. 내가 누구의 팬인지 주변의 사람들이 안다. ···(　)(　)

225. 가능성보다 현실이다. ··(　)(　)

226. 그 사람이 필요한 것을 선물하고 싶다. ···(　)(　)

227. 여행은 계획적으로 하는 것이 좋다. ·····································( )( )

228. 구체적인 일에 관심이 있는 편이다. ·····································( )( )

229. 일은 착실히 하는 편이다. ··( )( )

230. 괴로워하는 사람을 보면 우선 이유를 생각한다. ·······················( )( )

231. 가치기준은 자신의 밖에 있다고 생각한다. ···························( )( )

232. 밝고 개방적인 편이다. ··( )( )

233. 현실 인식을 잘하는 편이라고 생각한다. ·····························( )( )

234. 공평하고 공적인 상사를 만나고 싶다. ·······························( )( )

235. 시시해도 계획적인 인생이 좋다. ·····································( )( )

236. 적극적으로 사람들과 관계를 맺는 편이다. ···························( )( )

237. 활동적인 편이다. ··( )( )

238. 몸을 움직이는 것을 좋아하지 않는다. ·······························( )( )

239. 쉽게 질리는 편이다. ···( )( )

240. 경솔한 편이라고 생각한다. ··( )( )

241. 인생의 목표는 손이 닿을 정도면 된다. ·······························( )( )

242. 무슨 일도 좀처럼 시작하지 못한다. ·································( )( )

243. 초면인 사람과도 바로 친해질 수 있다. ·······························( )( )

244. 행동하고 나서 생각하는 편이다. ·····································( )( )

245. 쉬는 날은 집에 있는 경우가 많다. ··································( )( )

246. 완성되기 전에 포기하는 경우가 많다. ·······························( )( )

247. 계획 없는 여행을 좋아한다. ···( )( )

248. 욕심이 없는 편이라고 생각한다. ·····································( )( )

249. 활동력이 별로 없다. ···( )( )

250. 많은 사람들과 와자지껄하게 식사하는 것을 좋아한다. ·················( )( )

251. 이유 없이 불안할 때가 있다. ··( )( )

252. 주위 사람의 의견을 생각해서 발언을 자제할 때가 있다. ···············( )( )

253. 자존심이 강한 편이다. ··( )( )

254. 생각 없이 함부로 말하는 경우가 많다. ···( )( )

255. 정리가 되지 않은 방에 있으면 불안하다. ·····································( )( )

256. 거짓말을 한 적이 한 번도 없다. ···( )( )

257. 슬픈 영화나 TV를 보면 자주 운다. ···( )( )

258. 자신을 충분히 신뢰할 수 있다고 생각한다. ·································( )( )

259. 노래방을 아주 좋아한다. ··( )( )

260. 자신만이 할 수 있는 일을 하고 싶다. ··( )( )

261. 자신을 과소평가하는 경향이 있다. ···( )( )

262. 책상 위나 서랍 안은 항상 깔끔히 정리한다. ·······························( )( )

263. 건성으로 일을 할 때가 자주 있다. ···( )( )

264. 남의 험담을 한 적이 없다. ··( )( )

265. 쉽게 화를 낸다는 말을 듣는다. ··( )( )

266. 초초하면 손을 떨고, 심장박동이 빨라진다. ·································( )( )

267. 토론하여 진 적이 한 번도 없다. ···( )( )

268. 덩달아 떠든다고 생각할 때가 자주 있다. ····································( )( )

269. 아첨에 넘어가기 쉬운 편이다. ··( )( )

270. 주변 사람이 자기 험담을 하고 있다고 생각할 때가 있다. ··········( )( )

271. 이론만 내세우는 사람과 대화하면 짜증이 난다. ························( )( )

272. 상처를 주는 것도, 받는 것도 싫다. ··( )( )

273. 매일 그날을 반성한다. ··( )( )

274. 주변 사람이 피곤해 하여도 자신은 원기왕성하다. ····················( )( )

275. 친구를 재미있게 하는 것을 좋아한다. ··( )( )

276. 아침부터 아무것도 하고 싶지 않을 때가 있다. ··························( )( )

277. 지각을 하면 학교를 결석하고 싶어졌다. ······································( )( )

278. 이 세상에 없는 세계가 존재한다고 생각한다. ····························( )( )

279. 하기 싫은 것을 하고 있으면 무심코 불만을 말한다. ··(　)(　)

280. 투지를 드러내는 경향이 있다. ··(　)(　)

281. 뜨거워지기 쉽고 식기 쉬운 성격이다. ···(　)(　)

282. 어떤 일이라도 헤쳐 나가는 데 자신이 있다. ···(　)(　)

283. 착한 사람이라는 말을 들을 때가 많다. ···(　)(　)

284. 자신을 다른 사람보다 뛰어나다고 생각한다. ··(　)(　)

285. 개성적인 사람이라는 말을 자주 듣는다. ···(　)(　)

286. 누구와도 편하게 대화할 수 있다. ··(　)(　)

287. 특정 인물이나 집단에서라면 가볍게 대화할 수 있다. ··(　)(　)

288. 사물에 대해 깊이 생각하는 경향이 있다. ··(　)(　)

289. 스트레스를 해소하기 위해 집에서 조용히 지낸다. ···(　)(　)

290. 계획을 세워서 행동하는 것을 좋아한다. ···(　)(　)

291. 현실적인 편이다. ···(　)(　)

292. 주변의 일을 성급하게 해결한다. ···(　)(　)

293. 이성적인 사람이 되고 싶다고 생각한다. ···(　)(　)

294. 생각한 일을 행동으로 옮기지 않으면 기분이 찜찜하다. ··(　)(　)

295. 생각했다고 해서 꼭 행동으로 옮기는 것은 아니다. ···(　)(　)

296. 목표 달성을 위해서는 온갖 노력을 다한다. ···(　)(　)

297. 적은 친구랑 깊게 사귀는 편이다. ··(　)(　)

298. 경쟁에서 절대로 지고 싶지 않다. ··(　)(　)

299. 내일해도 되는 일을 오늘 안에 끝내는 편이다. ···(　)(　)

300. 새로운 친구를 곧 사귈 수 있다. ···(　)(　)

301. 문장은 미리 내용을 결정하고 나서 쓴다. ···(　)(　)

302. 사려 깊은 사람이라는 말을 듣는 편이다. ···(　)(　)

303. 활발한 사람이라는 말을 듣는 편이다. ···(　)(　)

304. 기회가 있으면 꼭 얻는 편이다. ···(　)(　)

305. 외출이나 초면의 사람을 만나는 일은 잘 하지 못한다. ·····················( )( )

306. 단념하는 것은 있을 수 없다. ·····················( )( )

307. 위험성을 무릅쓰면서 성공하고 싶다고 생각하지 않는다. ·····················( )( )

308. 학창시절 체육수업을 좋아했다. ·····················( )( )

309. 휴일에는 집 안에서 편안하게 있을 때가 많다. ·····················( )( )

310. 무슨 일도 결과가 중요하다. ·····················( )( )

311. 성격이 유연하게 대응하는 편이다. ·····················( )( )

312. 더 높은 능력이 요구되는 일을 히고 싶다. ·····················( )( )

313. 자기 능력의 범위 내에서 정확히 일을 하고 싶다. ·····················( )( )

314. 새로운 사람을 만날 때는 두근거린다. ·····················( )( )

315. '누군가 도와주지 않을까'라고 생각하는 편이다. ·····················( )( )

316. 건강하고 활발한 사람을 동경한다. ·····················( )( )

317. 친구가 적은 편이다. ·····················( )( )

318. 문장을 쓰면서 생각한다. ·····················( )( )

319. 정해진 친구만 교제한다. ·····················( )( )

320. 한 우물만 파고 싶다. ·····················( )( )

321. 여러가지 일을 경험하고 싶다. ·····················( )( )

322. 스트레스를 해소하기 위해 몸을 움직인다. ·····················( )( )

323. 사물에 대해 가볍게 생각하는 경향이 있다. ·····················( )( )

324. 기한이 정해진 일은 무슨 일이 있어도 끝낸다. ·····················( )( )

325. 결론이 나도 여러 번 생각을 하는 편이다. ·····················( )( )

326. 일단 무엇이든지 도전하는 편이다. ·····················( )( )

327. 쉬는 날은 외출하고 싶다. ·····················( )( )

328. 사교성이 있는 편이라고 생각한다. ·····················( )( )

329. 남의 앞에 나서는 것을 잘 하지 못하는 편이다. ·····················( )( )

330. 모르는 것이 있어도 행동하면서 생각한다. ·····················( )( )

331. 납득이 안 되면 행동이 안 된다. ··( )( )

332. 약속시간에 여유를 가지고 약간 빨리 나가는 편이다. ·······················( )( )

333. 현실적이다. ··( )( )

334. 곰곰이 끝까지 해내는 편이다. ···( )( )

335. 유연히 대응하는 편이다. ···( )( )

336. 휴일에는 운동 등으로 몸을 움직일 때가 많다. ·································( )( )

337. 학창시절 체육수업을 못했다. ··( )( )

338. 성공을 위해서는 어느 정도의 위험성을 감수한다. ·····························( )( )

339. 단념하는 것이 필요할 때도 있다. ···( )( )

340. '내가 안하면 누가 할 것인가'라고 생각하는 편이다. ·······················( )( )

341. 새로운 사람을 만날 때는 용기가 필요하다. ·······································( )( )

342. 친구가 많은 편이다. ··( )( )

343. 차분하고 사려 깊은 사람을 동경한다. ··( )( )

344. 결론이 나면 신속히 행동으로 옮겨진다. ··( )( )

345. 기한 내에 끝내지 못하는 일이 있다. ···( )( )

346. 이유 없이 불안할 때가 있다. ··( )( )

347. 주위 사람의 의견을 생각해서 발언을 자제할 때가 있다. ···················( )( )

348. 자존심이 강한 편이다. ··( )( )

349. 생각 없이 함부로 말하는 경우가 많다. ···( )( )

350. 정리가 되지 않은 방에 있으면 불안하다. ··( )( )

351. 거짓말을 한 적이 한 번도 없다. ··( )( )

352. 슬픈 영화나 TV를 보면 자주 운다. ···( )( )

353. 자신을 충분히 신뢰할 수 있다고 생각한다. ·······································( )( )

354. 노래방을 아주 좋아한다. ···( )( )

355. 자신만이 할 수 있는 일을 하고 싶다. ···( )( )

356. 자신을 과소평가하는 경향이 있다. ···( )( )

357. 책상 위나 서랍 안은 항상 깔끔히 정리한다. ·····································( )( )

358. 건성으로 일을 할 때가 자주 있다. ···( )( )

359. 남의 험담을 한 적이 없다. ··( )( )

YES NO

360. 쉽게 화를 낸다는 말을 듣는다. ································( )( )

361. 초초하면 손을 떨고, 심장박동이 빨라진다. ···············( )( )

362. 토론하여 진 적이 한 번도 없다. ··························( )( )

363. 덩달아 떠든다고 생각할 때가 자주 있다. ·················( )( )

364. 아첨에 넘어가기 쉬운 편이다. ···························( )( )

365. 주변 사람이 자기 험담을 하고 있다고 생각할 때가 있다. ···( )( )

366. 이론만 내세우는 사람과 대화하면 짜증이 난다. ············( )( )

367. 상처를 주는 것도, 받는 것도 싫다. ·······················( )( )

368. 매일 그날을 반성한다. ·································( )( )

369. 주변 사람이 피곤해하여도 자신은 원기왕성하다. ···········( )( )

370. 친구를 재미있게 하는 것을 좋아한다. ·····················( )( )

371. 아침부터 아무것도 하고 싶지 않을 때가 있다. ·············( )( )

372. 지각을 하면 학교를 결석하고 싶어진다. ···················( )( )

373. 이 세상에 없는 세계가 존재한다고 생각한다. ··············( )( )

374. 하기 싫은 것을 하고 있으면 무심코 불만을 말한다. ·········( )( )

375. 투지를 드러내는 경향이 있다. ···························( )( )

376. 뜨거워지기 쉽고 식기 쉬운 성격이다. ·····················( )( )

377. 어떤 일이라도 헤쳐 나가는데 자신이 있다. ················( )( )

378. 착한 사람이라는 말을 들을 때가 많다. ····················( )( )

379. 자신을 다른 사람보다 뛰어나다고 생각한다. ··············( )( )

380. 개성적인 사람이라는 말을 자주 듣는다. ···················( )( )

381. 누구와도 편하게 대화할 수 있다. ·························( )( )

382. 특정 인물이나 집단에서라면 가볍게 대화할 수 있다. ········( )( )

383. 사물에 대해 깊이 생각하는 경향이 있다. ·················( )( )

384. 스트레스를 해소하기 위해 집에서 조용히 지낸다. ··········( )( )

385. 계획을 세워서 행동하는 것을 좋아한다. ···················( )( )

386. 현실적인 편이다. ·······································( )( )

387. 주변의 일을 성급하게 해결한다. ·························( )( )

388. 이성적인 사람이 되고 싶다고 생각한다. ···················( )( )

389. 생각한 일을 행동으로 옮기지 않으면 기분이 찜찜하다. ·······( )( )

390. 생각했다고 해서 꼭 행동으로 옮기는 것은 아니다. ……………………………(   )(   )

391. 목표 달성을 위해서는 온갖 노력을 다한다. ……………………………………(   )(   )

392. 적은 친구랑 깊게 사귀는 편이다. ………………………………………………(   )(   )

393. 경쟁에서 절대로 지고 싶지 않다. ………………………………………………(   )(   )

394. 내일해도 되는 일을 오늘 안에 끝내는 편이다. …………………………………(   )(   )

395. 새로운 친구를 곧 사귈 수 있다. ………………………………………………(   )(   )

396. 문장은 미리 내용을 결정하고 나서 쓴다. ………………………………………(   )(   )

397. 사려 깊은 사람이라는 말을 듣는 편이다. ………………………………………(   )(   )

398. 활발한 사람이라는 말을 듣는 편이다. …………………………………………(   )(   )

399. 기회가 있으면 꼭 얻는 편이다. …………………………………………………(   )(   )

400. 외출이나 초면의 사람을 만나는 일은 잘 하지 못한다. …………………………(   )(   )

면접 기출문제

PART

05

면접

CHAPTER 01 면접의 기본

1 면접준비

(1) 면접의 기본 원칙

① **면접의 의미** ··· 면접이란 다양한 면접기법을 활용하여 지원한 직무에 필요한 능력을 지원자가 보유하고 있는지를 확인하는 절차라고 할 수 있다. 즉, 지원자의 입장에서는 채용 직무수행에 필요한 요건들과 관련하여 자신의 환경, 경험, 관심사, 성취 등에 대해 기업에 직접 어필할 수 있는 기회를 제공받는 것이며, 기업의 입장에서는 서류전형만으로 알 수 없는 지원자에 대한 정보를 직접적으로 수집하고 평가하는 것이다.

② **면접의 특징** ··· 면접은 기업의 입장에서 서류전형이나 필기전형에서 드러나지 않는 지원자의 능력이나 성향을 볼 수 있는 기회로, 면대면으로 이루어지며 즉흥적인 질문들이 포함될 수 있기 때문에 지원자가 완벽하게 준비하기 어려운 부분이 있다. 하지만 지원자 입장에서도 서류전형이나 필기전형에서 모두 보여주지 못한 자신의 능력 등을 기업의 인사담당자에게 어필할 수 있는 추가적인 기회가 될 수도 있다.

[서류 · 필기전형과 차별화되는 면접의 특징]

- 직무수행과 관련된 다양한 지원자 행동에 대한 관찰이 가능하다.
- 면접관이 알고자 하는 정보를 심층적으로 파악할 수 있다.
- 서류상의 미비한 사항과 의심스러운 부분을 확인할 수 있다.
- 커뮤니케이션 능력, 대인관계 능력 등 행동 · 언어적 정보도 얻을 수 있다.

③ **면접의 유형**

　㉠ **구조화 면접** : 구조화 면접은 사전에 계획을 세워 질문의 내용과 방법, 지원자의 답변 유형에 따른 추가 질문과 그에 대한 평가 역량이 정해져 있는 면접 방식으로 표준화 면접이라고도 한다.

　　• 표준화된 질문이나 평가요소가 면접 전 확정되며, 지원자는 편성된 조나 면접관에 영향을 받지 않고 동일한 질문과 시간을 부여받을 수 있다.

- 조직 또는 직무별로 주요하게 도출된 역량을 기반으로 평가요소가 구성되어, 조직 또는 직무에서 필요한 역량을 가진 지원자를 선발할 수 있다.
- 표준화된 형식을 사용하는 특성 때문에 비구조화 면접에 비해 신뢰성과 타당성, 객관성이 높다.

ⓒ 비구조화 면접 : 비구조화 면접은 면접 계획을 세울 때 면접 목적만을 명시하고 내용이나 방법은 면접관에게 전적으로 일임하는 방식으로 비표준화 면접이라고도 한다.
- 표준화된 질문이나 평가요소 없이 면접이 진행되며, 편성된 조나 면접관에 따라 지원자에게 주어지는 질문이나 시간이 다르다.
- 면접관의 주관적인 판단에 따라 평가가 이루어져 평가 오류가 빈번히 일어난다.
- 상황 대처나 언변이 뛰어난 지원자에게 유리한 면접이 될 수 있다.

④ 경쟁력 있는 면접 요령
ⓐ 면접 전에 준비하고 유념할 사항
- 예상 질문과 답변을 미리 작성한다.
- 작성한 내용을 문장으로 외우지 않고 키워드로 기억한다.
- 지원한 회사의 최근 기사를 검색하여 기억한다.
- 지원한 회사가 속한 산업군의 최근 기사를 검색하여 기억한다.
- 면접 전 1주일간 이슈가 되는 뉴스를 기억하고 자신의 생각을 반영하여 정리한다.
- 찬반토론에 대비한 주제를 목록으로 정리하여 자신의 논리를 내세운 예상답변을 작성한다.

ⓑ 면접장에서 유념할 사항
- 질문의 의도 파악 : 답변을 할 때에는 질문 의도를 파악하고 그에 충실한 답변이 될 수 있도록 질문사항을 유념해야 한다. 많은 지원자가 하는 실수 중 하나로 답변을 하는 도중 자기 말에 심취되어 질문의 의도와 다른 답변을 하거나 자신이 알고 있는 지식만을 나열하는 경우가 있는데, 이럴 경우 의사소통능력이 부족한 사람으로 인식될 수 있으므로 주의하도록 한다.
- 답변은 두괄식 : 답변을 할 때에는 두괄식으로 결론을 먼저 말하고 그 이유를 설명하는 것이 좋다. 미괄식으로 답변을 할 경우 용두사미의 답변이 될 가능성이 높으며, 결론을 이끌어 내는 과정에서 논리성이 결여될 우려가 있다. 또한 면접관이 결론을 듣기 전에 말을 끊고 다른 질문을 추가하는 예상치 못한 상황이 발생될 수 있으므로 답변은 자신이 전달하고자 하는 바를 먼저 밝히고 그에 대한 설명을 하는 것이 좋다.

- 지원한 회사의 기업정신과 인재상을 기억 : 답변을 할 때에는 회사가 원하는 인재라는 인상을 심어 주기 위해 지원한 회사의 기업정신과 인재상 등을 염두에 두고 답변을 하는 것이 좋다. 모든 회사에 해당되는 두루뭉술한 답변보다는 지원한 회사에 맞는 맞춤형 답변을 하는 것이 좋다.
- 나보다는 회사와 사회적 관점에서 답변 : 답변을 할 때에는 자기중심적인 관점을 피하고 좀 더 넓은 시각으로 회사와 국가, 사회적 입장까지 고려하는 인재임을 어필하는 것이 좋다. 자기중심적 시각을 바탕으로 자신의 출세만을 위해 회사에 입사하려는 인상을 심어줄 경우 면접에서 불이익을 받을 가능성이 높다.
- 난처한 질문은 정직한 답변 : 난처한 질문에 답변을 해야 할 때에는 피하기보다는 정면 돌파로 정직하고 솔직하게 답변하는 것이 좋다. 난처한 부분을 감추고 드러내지 않으려 회피하려는 지원자의 모습은 인사담당자에게 입사 후에도 비슷한 상황에 처했을 때 회피할 수도 있다는 우려를 심어줄 수 있다. 따라서 직장생활에 있어 중요한 덕목 중 하나인 정직을 바탕으로 솔직하게 답변을 하도록 한다.

(2) 면접의 종류 및 준비 전략

① 인성면접
  ㉠ 면접 방식 및 판단기준
  - 면접 방식 : 인성면접은 면접관이 가지고 있는 개인적 면접 노하우나 관심사에 의해 질문을 실시한다. 주로 입사지원서나 자기소개서의 내용을 토대로 지원동기, 과거의 경험, 미래 포부 등을 이야기하도록 하는 방식이다.
  - 판단기준 : 면접관의 개인적 가치관과 경험, 해당 역량의 수준, 경험의 구체성·진실성 등
  ㉡ 특징 : 인성면접은 그 방식으로 인해 역량과 무관한 질문들이 많고 지원자에게 주어지는 면접질문, 시간 등이 다를 수 있다. 또한 입사지원서나 자기소개서의 내용을 토대로 하기 때문에 지원자별 질문이 달라질 수 있다.

ⓒ 예시 문항 및 준비전략

• 예시 문항

> • 3분 동안 자기소개를 해 보십시오.
> • 자신의 장점과 단점을 말해 보십시오.
> • 학점이 좋지 않은데 그 이유가 무엇입니까?
> • 최근에 인상 깊게 읽은 책은 무엇입니까?
> • 회사를 선택할 때 중요시하는 것은 무엇입니까?
> • 일과 개인생활 중 어느 쪽을 중시합니까?
> • 10년 후 자신은 어떤 모습일 것이라고 생각합니까?
> • 휴학 기간 동안에는 무엇을 했습니까?

• 준비전략 : 인성면접은 입사지원서나 자기소개서의 내용을 바탕으로 하는 경우가 많으므로 자신이 작성한 입사지원서와 자기소개서의 내용을 충분히 숙지하도록 한다. 또한 최근 사회적으로 이슈가 되고 있는 뉴스에 대한 견해를 묻거나 시사상식 등에 대한 질문을 받을 수 있으므로 이에 대한 대비도 필요하다. 자칫 부담스러워 보이지 않는 질문으로 가볍게 대답하지 않도록 주의하고 모든 질문에 입사 의지를 담아 성실하게 답변하는 것이 중요하다.

② 발표면접

㉠ 면접 방식 및 판단기준

• 면접 방식 : 지원자가 특정 주제와 관련된 자료를 검토하고 그에 대한 자신의 생각을 면접관 앞에서 주어진 시간 동안 발표하고 추가 질의를 받는 방식으로 진행된다.

• 판단기준 : 지원자의 사고력, 논리력, 문제해결력 등

㉡ 특징 : 발표면접은 지원자에게 과제를 부여한 후, 과제를 수행하는 과정과 결과를 관찰·평가한다. 따라서 과제수행 결과뿐 아니라 수행과정에서의 행동을 모두 평가할 수 있다.

ⓒ 예시 문항 및 준비전략

• 예시 문항

[신입사원 조기 이직 문제]

※ 지원자는 아래에 제시된 자료를 검토한 뒤, 신입사원 조기 이직의 원인을 크게 3가지로 정리하고 이에 대한 구체적인 개선안을 도출하여 발표해 주시기 바랍니다.

※ 본 과제에 정해진 정답은 없으나 논리적 근거를 들어 개선안을 작성해 주십시오.

• A기업은 동종업계 유사기업들과 비교해 볼 때, 비교적 높은 재무안정성을 유지하고 있으며 업무강도가 그리 높지 않은 것으로 외부에 알려져 있음.

• 최근 조사결과, 동종업계 유사기업들과 연봉을 비교해 보았을 때 연봉 수준도 그리 나쁘지 않은 편이라는 것이 확인되었음.

• 그러나 지난 3년간 1~2년차 직원들의 이직률이 계속해서 증가하고 있는 추세이며, 경영진 회의에서 최우선 해결과제 중 하나로 거론되었음.

• 이에 따라 인사팀에서 현재 1~2년차 사원들을 대상으로 개선되어야 하는 A기업의 조직문화에 대한 설문조사를 실시한 결과, '상명하복식의 의사소통'이 36.7%로 1위를 차지했음.

• 이러한 설문조사와 함께, 신입사원 조기 이직에 대한 원인을 분석한 결과 파랑새 증후군, 셀프홀릭 증후군, 피터팬 증후군 등 3가지로 분류할 수 있었음.

〈동종업계 유사기업들과의 연봉 비교〉　　〈우리 회사 조직문화 중 개선되었으면 하는 것〉

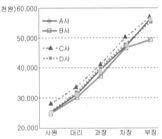 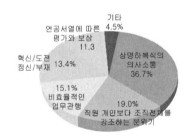

〈신입사원 조기 이직의 원인〉

• 파랑새 증후군
- 현재의 직장보다 더 좋은 직장이 있을 것이라는 막연한 기대감으로 끊임없이 새로운 직장을 탐색함.
- 학력 수준과 맞지 않는 '하향지원', 전공과 적성을 고려하지 않고 일단 취업하고 보자는 '묻지마 지원'이 파랑새 증후군을 초래함.

• 셀프홀릭 증후군
- 본인의 역량에 비해 가치가 낮은 일을 주로 하면서 갈등을 느낌.

• 피터팬 증후군
- 기성세대의 문화를 무조건 수용하기보다는 자유로움과 변화를 추구함.
- 상명하복, 엄격한 규율 등 기성세대가 당연시하는 관행에 거부감을 가지며 직장에 답답함을 느낌.

• 준비전략 : 발표면접의 시작은 과제 안내문과 과제 상황, 과제 자료 등을 정확하게 이해하는 것에서 출발한다. 과제 안내문을 침착하게 읽고 제시된 주제 및 문제와 관련된 상황의 맥락을 파악한 후 과제를 검토한다. 제시된 기사나 그래프 등을 충분히 활용하여 주어진 문제를 해결할 수 있는 해결책이나 대안을 제시하며, 발표를 할 때에는 명확하고 자신 있는 태도로 전달할 수 있도록 한다.

③ 토론면접

㉠ 면접 방식 및 판단기준

• 면접 방식 : 상호갈등적 요소를 가진 과제 또는 공통의 과제를 해결하는 내용의 토론 과제를 제시하고, 그 과정에서 개인 간의 상호작용 행동을 관찰하는 방식으로 면접이 진행된다.

• 판단기준 : 팀워크, 적극성, 갈등 조정, 의사소통능력, 문제해결능력 등

㉡ 특징 : 토론을 통해 도출해 낸 최종안의 타당성도 중요하지만, 결론을 도출해 내는 과정에서의 의사소통능력이나 갈등상황에서 의견을 조정하는 능력 등이 중요하게 평가되는 특징이 있다.

㉢ 예시 문항 및 준비전략

• 예시 문항

• 군 가산점제 부활에 대한 찬반토론
• 담뱃값 인상에 대한 찬반토론
• 비정규직 철폐에 대한 찬반토론
• 대학의 영어 강의 확대 찬반토론
• 워크숍 장소 선정을 위한 토론

• 준비전략 : 토론면접은 무엇보다 팀워크와 적극성이 강조된다. 따라서 토론과정에 적극적으로 참여하며 자신의 의사를 분명하게 전달하며, 갈등상황에서 자신의 의견만 내세울 것이 아니라 다른 지원자의 의견을 경청하고 배려하는 모습도 중요하다. 갈등상황을 일목요연하게 정리하여 조정하는 등의 의사소통능력을 발휘하는 것도 좋은 전략이 될 수 있다.

④ 상황면접

㉠ 면접 방식 및 판단기준

• 면접 방식 : 상황면접은 직무 수행 시 접할 수 있는 상황들을 제시하고, 그러한 상황에서 어떻게 행동할 것인지를 이야기하는 방식으로 진행된다.

• 판단기준 : 해당 상황에 적절한 역량의 구현과 구체적 행동지표

ⓛ 특징 : 실제 직무 수행 시 접할 수 있는 상황들을 제시하므로 입사 이후 지원자의 업무수행능력을 평가하는 데 적절한 면접 방식이다. 또한 지원자의 가치관, 태도, 사고방식 등의 요소를 통합적으로 평가하는 데 용이하다.

ⓒ 예시 문항 및 준비전략

• 예시 문항

> 당신은 생산관리팀의 팀원으로, 생산팀이 기한에 맞춰 효율적으로 제품을 생산할 수 있도록 관리하는 역할을 맡고 있습니다. 3개월 뒤에 제품A를 정상적으로 출시하기 위해 생산팀의 생산 계획을 수립한 상황입니다. 그러나 원가가 곧 실적으로 이어지는 구매팀에서는 최대한 원가를 줄여 전반적 단가를 낮추려고 원가절감을 위한 제안을 하였으나, 연구개발팀에서는 구매팀이 제안한 방식으로 제품을 생산할 경우 대부분이 구매팀의 실적으로 산정될 것이므로 제대로 확인도 해보지 않은 채 적합하지 않은 방식이라고 판단하고 있습니다. 당신은 어떻게 하겠습니까?

• 준비전략 : 상황면접은 먼저 주어진 상황에서 핵심이 되는 문제가 무엇인지를 파악하는 것에서 시작한다. 주질문과 세부질문을 통하여 질문의 의도를 파악하였다면, 그에 대한 구체적인 행동이나 생각 등에 대해 응답할수록 높은 점수를 얻을 수 있다.

⑤ 역할면접

㉠ 면접 방식 및 판단기준

• 면접 방식 : 역할면접 또는 역할연기 면접은 기업 내 발생 가능한 상황에서 부딪히게 되는 문제와 역할을 가상적으로 설정하여 특정 역할을 맡은 사람과 상호작용하고 문제를 해결해 나가도록 하는 방식으로 진행된다. 역할연기 면접에서는 면접관이 직접 역할연기를 하면서 지원자를 관찰하기도 하지만, 역할연기 수행만 전문적으로 하는 사람을 투입할 수도 있다.

• 판단기준 : 대처능력, 대인관계능력, 의사소통능력 등

ⓛ 특징 : 역할면접은 실제 상황과 유사한 가상 상황에서의 행동을 관찰함으로서 지원자의 성격이나 대처 행동 등을 관찰할 수 있다.

ⓒ 예시 문항 및 준비전략

• 예시 문항

> [금융권 역할면접의 예]
> 당신은 ○○은행의 신입 텔러이다. 사람이 많은 월말 오전 한 할아버지(면접관 또는 역할담당자)께서 ○○은행을 사칭한 보이스피싱으로 500만 원을 피해 보았다며 소란을 일으키고 있다. 실제 업무상황이라고 생각하고 상황에 대처해 보시오.

- 준비전략 : 역할연기 면접에서 측정하는 역량은 주로 갈등의 원인이 되는 문제를 해결 하고 제시된 해결방안을 상대방에게 설득하는 것이다. 따라서 갈등해결, 문제해결, 조정 · 통합, 설득력과 같은 역량이 중요시된다. 또한 갈등을 해결하기 위해서 상대방에 대한 이해도 필수적인 요소이므로 고객 지향을 염두에 두고 상황에 맞게 대처해야 한다.
  역할면접에서는 변별력을 높이기 위해 면접관이 압박적인 분위기를 조성하는 경우가 많기 때문에 스트레스 상황에서 불안해하지 않고 유연하게 대처할 수 있도록 시간과 노력을 들여 충분히 연습 하는 것이 좋다.

2 면접 이미지 메이킹

(1) 성공적인 이미지 메이킹 포인트

① 복장 및 스타일

  ㉠ 남성

- 양복 : 양복은 단색으로 하며 넥타이나 셔츠로 포인트를 주는 것이 효과적이다. 짙은 회색이나 감청색이 가장 단정하고 품위 있는 인상을 준다.
- 셔츠 : 흰색이 가장 선호되나 자신의 피부색에 맞추는 것이 좋다. 푸른색이나 베이지색은 산뜻한 느낌을 줄 수 있다. 양복과의 배색도 고려하도록 한다.
- 넥타이 : 의상에 포인트를 줄 수 있는 아이템이지만 너무 화려한 것은 피한다. 지원자의 피부색은 물론, 정장과 셔츠의 색을 고려하며, 체격에 따라 넥타이 폭을 조절하는 것이 좋다.
- 구두 & 양말 : 구두는 검정색이나 짙은 갈색이 어느 양복에나 무난하게 어울리며 깔끔하게 닦아 준비한다. 양말은 정장과 동일한 색상이나 검정색을 착용한다.
- 헤어스타일 : 머리스타일은 단정한 느낌을 주는 짧은 헤어스타일이 좋으며 앞 머리가 있다면 이마나 눈썹을 가리지 않는 선에서 정리하는 것이 좋다.

ⓒ 여성

- 의상 : 단정한 스커트 투피스 정장이나 슬랙스 슈트가 무난하다. 블랙이나 그레이, 네이비, 브라운 등 차분해 보이는 색상을 선택하는 것이 좋다.
- 소품 : 구두, 핸드백 등은 같은 계열로 코디하는 것이 좋으며 구두는 너무 화려한 디자인이나 굽이 높은 것을 피한다. 스타킹은 의상과 구두에 맞춰 단정한 것으로 선택한다.
- 액세서리 : 액세서리는 너무 크거나 화려한 것은 좋지 않으며 과하게 많이 하는 것도 좋은 인상을 주지 못한다. 착용하지 않거나 작고 깔끔한 디자인으로 포인트를 주는 정도가 적당하다.
- 메이크업 : 화장은 자연스럽고 밝은 이미지를 표현하는 것이 좋으며 진한 색조는 인상이 강해 보일 수 있으므로 피한다.
- 헤어스타일 : 커트나 단발처럼 짧은 머리는 활동적이면서도 단정한 이미지를 줄 수 있도록 정리한다. 긴 머리의 경우 하나로 묶거나 단정한 머리망으로 정리하는 것이 좋으며, 짙은 염색이나 화려한 웨이브는 피한다.

② 인사

　ⓐ 인사의 의미 : 인사는 예의범절의 기본이며 상대방의 마음을 여는 기본적인 행동이라고 할 수 있다. 인사는 처음 만나는 면접관에게 호감을 살 수 있는 가장 쉬운 방법이 될 수 있기도 하지만 제대로 예의를 지키지 않으면 지원자의 인성 전반에 대한 평가로 이어질 수 있으므로 각별히 주의해야 한다.

　ⓑ 인사의 핵심 포인트

- 인사말 : 인사말을 할 때에는 밝고 친근감 있는 목소리로 하며, 자신의 이름과 수험번호 등을 간략하게 소개한다.
- 시선 : 인사는 상대방의 눈을 보며 하는 것이 중요하며 너무 빤히 쳐다본다는 느낌이 들지 않도록 주의한다.
- 표정 : 인사는 마음에서 우러나오는 존경이나 반가움을 표현하고 예의를 차리는 것이므로 살짝 미소를 지으며 하는 것이 좋다.
- 자세 : 인사를 할 때에는 가볍게 목만 숙인다거나 흐트러진 상태에서 인사를 하지 않도록 주의하며 절도 있고 확실하게 하는 것이 좋다.

③ 시선처리와 표정, 목소리

　㉠ **시선처리와 표정** : 표정은 면접에서 지원자의 첫인상을 결정하는 중요한 요소이다. 얼굴표정은 사람의 감정을 가장 잘 표현할 수 있는 의사소통 도구로 표정 하나로 상대방에게 호감을 주거나, 비호감을 사기도 한다. 호감이 가는 인상의 특징은 부드러운 눈썹, 자연스러운 미간, 적당히 볼록한 광대, 올라간 입 꼬리 등으로 가볍게 미소를 지을 때의 표정과 일치한다. 따라서 면접 중에는 밝은 표정으로 미소를 지어 호감을 형성할 수 있도록 한다. 시선은 면접관과 고르게 맞추되 생기 있는 눈빛을 띄도록 하며, 너무 빤히 쳐다본다는 인상을 주지 않도록 한다.

　㉡ **목소리** : 면접은 주로 면접관과 지원자의 대화로 이루어지므로 목소리가 미치는 영향이 상당하다. 답변을 할 때에는 부드러우면서도 활기차고 생동감 있는 목소리로 하는 것이 면접관에게 호감을 줄 수 있으며 적당한 제스처가 더해진다면 상승효과를 얻을 수 있다. 그러나 적절한 답변을 하였음에도 불구하고 콧소리나 날카로운 목소리, 자신감 없는 작은 목소리는 답변의 신뢰성을 떨어뜨릴 수 있으므로 주의하도록 한다.

④ 자세

　㉠ **걷는 자세**

　　• 면접장에 입실할 때에는 상체를 곧게 유지하고 발끝은 평행이 되게 하며 무릎을 스치듯 11자로 걷는다.
　　• 시선은 정면을 향하고 턱은 가볍게 당기며 어깨나 엉덩이가 흔들리지 않도록 주의한다.
　　• 발바닥 전체가 닿는 느낌으로 안정감 있게 걸으며 발소리가 나지 않도록 주의한다.
　　• 보폭은 어깨넓이만큼이 적당하지만, 스커트를 착용했을 경우 보폭을 줄인다.
　　• 걸을 때도 미소를 유지한다.

　㉡ **서있는 자세**

　　• 몸 전체를 곧게 펴고 가슴을 자연스럽게 내민 후 등과 어깨에 힘을 주지 않는다.
　　• 정면을 바라본 상태에서 턱을 약간 당기고 아랫배에 힘을 주어 당기며 바르게 선다.
　　• 양 무릎과 발뒤꿈치는 붙이고 발끝은 11자 또는 V형을 취한다.
　　• 남성의 경우 팔을 자연스럽게 내리고 양손을 가볍게 쥐어 바지 옆선에 붙이고, 여성의 경우 공수 자세를 유지한다.

ⓒ 앉은 자세

• 남성

> • 의자 깊숙이 앉고 등받이와 등 사이에 주먹 1개 정도의 간격을 두며 기대듯 앉지 않도록 주의한다.
> (남녀 공통 사항)
> • 무릎 사이에 주먹 2개 정도의 간격을 유지하고 발끝은 11자를 취한다.
> • 시선은 정면을 바라보며 턱은 가볍게 당기고 미소를 짓는다. (남녀 공통 사항)
> • 양손은 가볍게 주먹을 쥐고 무릎 위에 올려놓는다.
> • 앉고 일어날 때에는 자세가 흐트러지지 않도록 주의한다. (남녀 공통 사항)

• 여성

> • 스커트를 입었을 경우 왼손으로 뒤쪽 스커트 자락을 누르고 오른손으로 앞쪽 자락을 누르며 의자에 앉는다.
> • 무릎은 붙이고 발끝을 가지런히 한다.
> • 양손을 모아 무릎 위에 모아 놓으며 스커트를 입었을 경우 스커트 위를 가볍게 누르듯이 올려놓는다.

(2) 면접 예절

① 행동 관련 예절

ⓐ **지각은 절대금물** : 시간을 지키는 것은 예절의 기본이다. 지각을 할 경우 면접에 응시할 수 없거나, 면접 기회가 주어지더라도 불이익을 받을 가능성이 높아진다. 따라서 면접장소가 결정되면 교통편과 소요시간을 확인하고 가능하다면 사전에 미리 방문해 보는 것도 좋다. 면접 당일에는 서둘러 출발하여 면접 시간 20~30분 전에 도착하여 회사를 둘러보고 환경에 익숙해지는 것도 성공적인 면접을 위한 요령이 될 수 있다.

ⓑ **면접 대기 시간** : 지원자들은 대부분 면접장에서의 행동과 답변 등으로만 평가를 받는다고 생각하지만 그렇지 않다. 면접관이 아닌 면접진행자 역시 대부분 인사실무자이며 면접관이 면접 후 지원자에 대한 평가에 있어 확신을 위해 면접진행자의 의견을 구한다면 면접진행자의 의견이 당락에 영향을 줄 수 있다. 따라서 면접 대기 시간에도 행동과 말을 조심해야 하며, 면접을 마치고 돌아가는 순간까지도 긴장을 늦춰서는 안 된다. 면접 중 압박적인 질문에 답변을 잘 했지만, 면접장을 나와 흐트러진 모습을 보이거나 욕설을 한다면 면접 탈락의 요인이 될 수 있으므로 주의해야 한다.

ⓒ 입실 후 태도 : 본인의 차례가 되어 호명되면 또렷하게 대답하고 들어간다. 만약 면접장 문이 닫혀 있다면 상대에게 소리가 들릴 수 있을 정도로 노크를 두세 번 한 후 대답을 듣고 나서 들어가야 한다. 문을 여닫을 때에는 소리가 나지 않게 조용히 하며 공손한 자세로 인사한 후 성명과 수험번호를 말하고 면접관의 지시에 따라 자리에 앉는다. 이 경우 착석하라는 말이 없는데 먼저 의자에 앉으면 무례한 사람으로 보일 수 있으므로 주의한다. 의자에 앉을 때에는 끝에 앉지 말고 무릎 위에 양손을 가지런히 얹는 것이 예절이라고 할 수 있다.

ⓓ 옷매무새를 자주 고치지 마라. : 일부 지원자의 경우 옷매무새 또는 헤어스타일을 자주 고치거나 확인하기도 하는데 이러한 모습은 과도하게 긴장한 것 같아 보이거나 면접에 집중하지 못하는 것으로 보일 수 있다. 남성 지원자의 경우 넥타이를 자꾸 고쳐 맨다거나 정장 상의 끝을 너무 자주 만지작거리지 않는다. 여성 지원자는 머리를 계속 쓸어 올리지 않고, 특히 짧은 치마를 입고서 신경이 쓰여 치마를 끌어 내리는 행동은 좋지 않다.

ⓔ 다리를 떨거나 산만한 시선은 면접 탈락의 지름길 : 자신도 모르게 다리를 떨거나 손가락을 만지는 등의 행동을 하는 지원자가 있는데, 이는 면접관의 주의를 끌 뿐만 아니라 불안하고 산만한 사람이라는 느낌을 주게 된다. 따라서 가능한 한 바른 자세로 앉아 있는 것이 좋다. 또한 면접관과 시선을 맞추지 못하고 여기저기 둘러보는 듯한 산만한 시선은 지원자가 거짓말을 하고 있다고 여겨지거나 신뢰할 수 없는 사람이라고 생각될 수 있다.

② 답변 관련 예절

ⓐ 면접관이나 다른 지원자와 가치 논쟁을 하지 않는다. : 질문을 받고 답변하는 과정에서 면접관 또는 다른 지원자의 의견과 다른 의견이 있을 수 있다. 특히 평소 지원자가 관심이 많은 문제이거나 잘 알고 있는 문제인 경우 자신과 다른 의견에 대해 이의가 있을 수 있다. 하지만 주의할 것은 면접에서 면접관이나 다른 지원자와 가치 논쟁을 할 필요는 없다는 것이며 오히려 불이익을 당할 수도 있다. 정답이 정해져 있지 않은 경우에는 가치관이나 성장배경에 따라 문제를 받아들이는 태도에서 답변까지 충분히 차이가 있을 수 있으므로 군이 면접관이나 다른 지원자의 가치관을 지적하고 고치려 드는 것은 좋지 않다.

ⓑ 답변은 항상 정직해야 한다. : 면접이라는 것이 아무리 지원자의 장점을 부각시키고 단점을 축소시키는 것이라고 해도 절대로 거짓말을 해서는 안 된다. 거짓말을 하게 되면 지원자는 불안하거나 꺼림칙한 마음이 들게 되어 면접에 집중을 하지 못하게 되고 수많은 지원자를 상대하는 면접관은 그것을 놓치지 않는다. 거짓말은 그 지원자에 대한 신뢰성을 떨어뜨리며 이로 인해 다른 스펙이 아무리 훌륭하다고 해도 채용에서 탈락하게 될 수 있음을 명심하도록 한다.

ⓒ 경력직을 경우 전 직장에 대해 험담하지 않는다. : 지원자가 전 직장에서 무슨 업무를 담당했고 어떤 성과를 올렸는지는 면접관이 관심을 둘 사항일 수 있지만, 이전 직장의 기업문화나 상사들이 어땠는지는 그다지 궁금해 하는 사항이 아니다. 전 직장에 대해 험담을 늘어놓는다든가, 동료와 상사에 대한 악담을 하게 된다면 오히려 지원자에 대한 부정적인 이미지만 심어줄 수 있다. 만약 전 직장에 대한 말을 해야 할 경우가 생긴다면 가능한 한 객관적으로 이야기하는 것이 좋다.

ⓓ 자기 자신이나 배경에 대해 자랑하지 않는다. : 자신의 성취나 부모 형제 등 집안사람들이 사회·경제적으로 어떠한 위치에 있는지에 대한 자랑은 면접관으로 하여금 지원자에 대해 오만한 사람이거나 배경에 의존하려는 나약한 사람이라는 이미지를 갖게 할 수 있다. 따라서 자기 자신이나 배경에 대해 자랑하지 않도록 하고, 자신이 한 일에 대해서 너무 자세하게 얘기하지 않도록 주의해야 한다.

3 면접 질문 및 답변 포인트

(1) 가족 및 대인관계에 관한 질문

① 당신의 가정은 어떤 가정입니까?

면접관들은 지원자의 가정환경과 성장과정을 통해 지원자의 성향을 알고 싶어 이와 같은 질문을 한다. 비록 가정 일과 사회의 일이 완전히 일치하는 것은 아니지만 '가화만사성'이라는 말이 있듯이 가정이 화목해야 사회에서도 화목하게 지낼 수 있기 때문이다. 그러므로 답변 시에는 가족사항을 정확하게 설명하고 집안의 분위기와 특징에 대해 이야기하는 것이 좋다.

② 친구 관계에 대해 말해 보십시오.

지원자의 인간성을 판단하는 질문으로 교우관계를 통해 답변자의 성격과 대인관계능력을 파악할 수 있다. 새로운 환경에 적응을 잘하여 새로운 친구들이 많은 것도 좋지만, 깊고 오래 지속되어온 인간관계를 말하는 것이 더욱 바람직하다.

(2) 성격 및 가치관에 관한 질문

① 당신의 PR포인트를 말해 주십시오.

PR포인트를 말할 때에는 지나치게 겸손한 태도는 좋지 않으며 적극적으로 자기를 주장하는 것이 좋다. 앞으로 입사 후 하게 될 업무와 관련된 자기의 특성을 구체적인 일화를 더하여 이야기하도록 한다.

② 당신의 장·단점을 말해 보십시오.

지원자의 구체적인 장·단점을 알고자 하기 보다는 지원자가 자기 자신에 대해 얼마나 알고 있으며 어느 정도의 객관적인 분석을 하고 있나, 그리고 개선의 노력 등을 시도하는지를 파악하고자 하는 것이다. 따라서 장점을 말할 때는 업무와 관련된 장점을 뒷받침할 수 있는 근거와 함께 제시하며, 단점을 이야기할 때에는 극복을 위한 노력을 반드시 포함해야 한다.

③ 가장 존경하는 사람은 누구입니까?

존경하는 사람을 말하기 위해서는 우선 그 인물에 대해 알아야 한다. 잘 모르는 인물에 대해 존경한다고 말하는 것은 면접관에게 바로 지적당할 수 있으므로, 추상적이라도 좋으니 평소에 존경스럽다고 생각했던 사람에 대해 그 사람의 어떤 점이 좋고 존경스러운지 대답하도록 한다. 또한 자신에게 어떤 영향을 미쳤는지도 언급하면 좋다.

(3) 학교생활에 관한 질문

① 지금까지의 학교생활 중 가장 기억에 남는 일은 무엇입니까?

가급적 직장생활에 도움이 되는 경험을 이야기하는 것이 좋다. 또한 경험만을 간단하게 말하지 말고 그 경험을 통해서 얻을 수 있었던 교훈 등을 예시와 함께 이야기하는 것이 좋으나 너무 상투적인 답변이 되지 않도록 주의해야 한다.

② 성적은 좋은 편이었습니까?

면접관은 이미 서류심사를 통해 지원자의 성적을 알고 있다. 그럼에도 불구하고 이 질문을 하는 것은 지원자가 성적에 대해서 어떻게 인식하느냐를 알고자 하는 것이다. 성적이 나빴던 이유에 대해서 변명하려 하지 말고 담백하게 받아드리고 그것에 대한 개선노력을 했음을 밝히는 것이 적절하다.

③ 학창시절에 시위나 집회 등에 참여한 경험이 있습니까?

기업에서는 노사분규를 기업의 사활이 걸린 중대한 문제로 인식하고 거시적인 차원에서 접근한다. 이러한 기업문화를 제대로 인식하지 못하여 학창시절의 시위나 집회 참여 경험을 자랑스럽게 답변할 경우 감점요인이 되거나 심지어는 탈락할 수 있다는 사실에 주의한다. 시위나 집회에 참가한 경험을 말할 때에는 타당성과 정도에 유의하여 답변해야 한다.

(4) 지원동기 및 직업의식에 관한 질문

① 왜 우리 회사를 지원했습니까?

이 질문은 어느 회사나 가장 먼저 물어보고 싶은 것으로 지원자들은 기업의 이념, 대표의 경영능력, 재무구조, 복리후생 등 외적인 부분을 설명하는 경우가 많다. 이러한 답변도 적절하지만 지원 회사의 주력 상품에 관한 소비자의 인지도, 경쟁사 제품과의 시장점유율을 비교하면서 입사동기를 설명한다면 상당히 주목 받을 수 있을 것이다.

② 만약 이번 채용에 불합격하면 어떻게 하겠습니까?

불합격할 것을 가정하고 회사에 응시하는 지원자는 거의 없을 것이다. 이는 지원자를 궁지로 몰아넣고 어떻게 대응하는지를 살펴보며 입사 의지를 알아보려고 하는 것이다. 이 질문은 너무 깊이 들어가지 말고 침착하게 답변하는 것이 좋다.

③ 당신이 생각하는 바람직한 사원상은 무엇입니까?

직장인으로서 또는 조직의 일원으로서의 자세를 묻는 질문으로 지원하는 회사에서 어떤 인재상을 요구하는 가를 알아두는 것이 좋으며, 평소에 자신의 생각을 미리 정리해 두어 당황하지 않도록 한다.

④ 직무상의 적성과 보수의 많음 중 어느 것을 택하겠습니까?

이런 질문에서 회사 측에서 원하는 답변은 당연히 직무상의 적성에 비중을 둔다는 것이다. 그러나 적성만을 너무 강조하다 보면 오히려 솔직하지 못하다는 인상을 줄 수 있으므로 어느 한 쪽을 너무 강조하거나 경시하는 태도는 바람직하지 못하다.

⑤ 상사와 의견이 다를 때 어떻게 하겠습니까?

과거와 다르게 최근에는 상사의 명령에 무조건 따르겠다는 수동적인 자세는 바람직하지 않다. 회사에서는 때에 따라 자신이 판단하고 행동할 수 있는 직원을 원하기 때문이다. 그러나 지나치게 자신의 의견만을 고집한다면 이는 팀원 간의 불화를 야기할 수 있으며 팀 체제에 악영향을 미칠 수 있으므로 선호하지 않는다는 것에 유념하여 답해야 한다.

⑥ 근무지가 지방인데 근무가 가능합니까?

근무지가 지방 중에서도 특정 지역은 되고 다른 지역은 안 된다는 답변은 바람직하지 않다. 직장에서는 순환 근무라는 것이 있으므로 처음에 지방에서 근무를 시작했다고 해서 계속 지방에만 있는 것은 아님을 유의하고 답변하도록 한다.

(5) 여가 활용에 관한 질문

취미가 무엇입니까?

기초적인 질문이지만 특별한 취미가 없는 지원자의 경우 대답이 애매할 수밖에 없다. 그래서 가장 많이 대답하게 되는 것이 독서, 영화감상, 혹은 음악감상 등과 같은 흔한 취미를 말하게 되는데 이런 취미는 면접관의 주의를 끌기 어려우며 설사 정말 위와 같은 취미를 가지고 있다하더라도 제대로 답변하기는 힘든 것이 사실이다. 가능하면 독특한 취미를 말하는 것이 좋으며 이제 막 시작한 것이라도 열의를 가지고 있음을 설명할 수 있으면 그것을 취미로 답변하는 것도 좋다.

(6) 지원자를 당황하게 하는 질문

① 성적이 좋지 않은데 이 정도의 성적으로 우리 회사에 입사할 수 있다고 생각합니까?

비록 자신의 성적이 좋지 않더라도 이미 서류심사에 통과하여 면접에 참여하였다면 기업에서는 지원자의 성적보다 성적 이외의 요소, 즉 성격·열정 등을 높이 평가했다는 것이라고 할 수 있다. 그러나 이런 질문을 받게 되면 지원자는 당황할 수 있으나 주눅 들지 말고 침착하게 대처하는 면모를 보인다면 더 좋은 인상을 남길 수 있다.

② 우리 회사 회장님 함자를 알고 있습니까?

회장이나 사장의 이름을 조사하는 것은 면접일을 통고받았을 때 이미 사전 조사되었어야 하는 사항이다. 단답형으로 이름만 말하기보다는 그 기업에 입사를 희망하는 지원자의 입장에서 답변하는 것이 좋다.

③ 당신은 이 회사에 적합하지 않은 것 같군요.

이 질문은 지원자의 입장에서 상당히 곤혹스러울 수밖에 없다. 질문을 듣는 순간 그렇다면 면접은 왜 참가시킨 것인가 하는 생각이 들 수도 있다. 하지만 당황하거나 흥분하지 말고 침착하게 자신의 어떤 면이 회사에 적당하지 않는지 겸손하게 물어보고 지적당한 부분에 대해서 고치겠다는 의지를 보인다면 오히려 자신의 능력을 어필할 수 있는 기회로 사용할 수도 있다.

④ 다시 공부할 계획이 있습니까?

이 질문은 지원자가 합격하여 직장을 다니다가 공부를 더 하기 위해 회사를 그만 두거나 학습에 더 관심을 두어 일에 대한 능률이 저하될 것을 우려하여 묻는 것이다. 이때에는 당연히 학습보다는 일을 강조해야 하며, 업무 수행에 필요한 학습이라면 업무에 지장이 없는 범위에서 야간학교를 다니거나 회사에서 제공하는 연수 프로그램 등을 활용하겠다고 답변하는 것이 적당하다.

⑤ 지원한 분야가 전공한 분야와 다른데 여기 일을 할 수 있겠습니까?

수험생의 입장에서 본다면 지원한 분야와 전공이 다르지만 서류전형과 필기전형에 합격하여 면접을 보게 된 경우라고 할 수 있다. 이는 결국 해당 회사의 채용 방침상 전공에 크게 영향을 받지 않는다는 것이므로 무엇보다 자신이 전공하지는 않았지만 어떤 업무도 적극적으로 임할 수 있다는 자신감과 능동적인 자세를 보여주도록 노력하는 것이 좋다.

면접기출

1 한국보훈복지의료공단 면접기출

① 자기소개를 해 보시오.

② 이직 사유와 희망연봉을 밀해 보시오.

③ 우리 공단에 입사하기 위해 어떤 노력을 했는지 말해 보시오.

④ 살면서 가장 기억에 남는 순간과 이유를 말해 보시오.

⑤ 현대 사회에서 국가유공자들에 대한 복지가 개선되지 않는 이유에 대해 말해 보시오.

⑥ 국가유공자의 범위에 대해 아는 대로 말해 보시오.

⑦ 대인관계 기술을 기를 수 있었던 자신만의 경험을 말해 보시오.

⑧ 공공기관에서 가장 중요한 가치는 무엇인지 말해 보시오.

⑨ 상사가 지시한 것이 회사 내규에 벗어나는 일이라면 어떻게 할 것인지 말해 보시오.

⑩ 공공기관이 사회적 가치를 실현해야 하는 이유와 공단이 그것을 실현할 수 있는 구체적 방안에 대해 제시하시오.

⑪ 친한 친구가 비싸게 주고 가방을 샀는데, 당신의 눈에는 매우 이상해 보인다. 뭐라고 말할 것인가?

⑫ 본인의 가치관에 영향을 준 책이나 영화가 있다면 말해 보시오.

⑬ 자신이 보유한 자격증이 공단 업무에 어떻게 도움을 줄 수 있을지 말해 보시오.

⑭ 김영란법에 대한 찬반토론

⑮ 10년 이상 소액 부채를 갚지 못하는 저소득층의 빚을 정부에서 탕감해 주는 것에 대한 찬반토론

⑯ 상부기관이나 고객의 갑질에 어떻게 대처할 것인가?

⑰ 청렴경영·윤리경영 질문

2 공기업 면접기출

① 상사가 부정한 일로 자신의 이득을 취하고 있다. 이를 인지하게 되었을 때 자신이라면 어떻게 행동할 것인가?

② 본인이 했던 일 중 가장 창의적이었다고 생각하는 경험에 대해 말해보시오.

③ 직장 생활 중 적성에 맞지 않는다고 느낀다면 다른 일을 찾을 것인가? 아니면 참고 견뎌내겠는가?

④ 자신만의 특별한 취미가 있는가? 그것을 업무에서 활용할 수 있다고 생각하는가?

⑤ 면접을 보러 가는 길인데 신호등이 빨간불이다. 시간이 매우 촉박한 상황인데, 무단횡단을 할 것인가?

⑥ 원하는 직무에 배치 받지 못할 경우 어떻게 행동할 것인가?

⑦ 상사와 종교 · 정치에 대한 대화를 하던 중 본인의 생각과 크게 다른 경우 어떻게 하겠는가?

⑧ 타인과 차별화 될 수 있는 자신만의 장점 및 역량은 무엇인가?

⑨ 자격증을 한 번에 몰아서 취득했는데 힘들지 않았는가?

⑩ 오늘 경제신문 첫 면의 기사에 대해 브리핑 해보시오.

⑪ 무상급식 전국실시에 대한 본인의 의견을 말하시오.

⑫ 타인과 차별화 될 수 있는 자신만의 장점 및 역량은 무엇인가?

⑬ 외국인 노동자와 비정규직에 대한 자신의 의견을 말해보시오.

⑭ 장래에 자녀를 낳는다면 주말 계획은 자녀와 자신 중 어느 쪽에 맞춰서 할 것인가?

⑮ 공사 진행과 관련하여 민원인과의 마찰이 생기면 어떻게 대응하겠는가?

⑯ 직장 상사가 나보다 다섯 살 이상 어리면 어떤 기분이 들겠는가?

⑰ 현재 심각한 취업난인 반면 중소기업은 인력이 부족하다는데 어떻게 생각하는가?

⑱ 영어 자기소개, 영어 입사동기

⑲ 지방이나 오지 근무에 대해서 어떻게 생각하는가?

⑳ 상사에게 부당한 지시를 받으면 어떻게 행동하겠는가?

㉑ 최근 주의 깊게 본 시사 이슈는 무엇인가?

㉒ 자신만의 스트레스 해소법이 있다면 말해보시오.

상식 용어사전 시리즈

합격GO!

1 금융상식 2주 만에 완성하기

금융은행권, 단기간 공략으로 끝장낸다! 필기 걱정은 이제 NO! <금융상식 2주 만에 완성하기> 한 권으로 시간은 아끼고 학습효율은 높이자!

2 중요한 용어만 한눈에 보는 시사용어사전 1130

매일 접하는 각종 기사와 정보 속에서 현대인이 놓치기 쉬운, 그러나 꼭 알아야 할 최신 시사상식을 쏙쏙 뽑아 이해하기 쉽도록 정리했다!

3 중요한 용어만 한눈에 보는 경제용어사전 961

주요 경제용어는 거의 다 실었다! 경제가 쉬워지는 책, 경제용어사전!

4 중요한 용어만 한눈에 보는 부동산용어사전 1273

부동산에 대한 이해를 높이고 부동산의 개발과 활용, 투자 및 부동산 용어 학습에도 적극적으로 이용할 수 있는 부동산용어사전!

자격증 기출문제 총집합!

자격증 별로 정리된
기출문제로 깔끔하게 합격하자!

기출문제로 자격증 시험 준비하자!

건강운동관리사, 스포츠지도사, 손해사정사, 손해평가사,
농산물품질관리사, 수산물품질관리사, 관광통역안내사, 국내여행안내사, 보세사, 사회조사분석사